MADE IN LOCAL

EMPLOI, CROISSANCE, DURABILITÉ :
ET SI LA SOLUTION ÉTAIT LOCALE ?

Groupe Eyrolles
61, bd Saint-Germain
75240 Paris cedex 05

www.editions-eyrolles.com

L'interview de D. Korten par l'auteur (chapitre 1) a été traduite
de l'anglais par Étienne Schelstraete
© Actes Sud, pour la traduction française

© Groupe Eyrolles, 2013
ISBN : 978-2-212-55770-1

Raphaël Souchier

MADE IN LOCAL

EMPLOI, CROISSANCE, DURABILITÉ : ET SI LA SOLUTION ÉTAIT LOCALE ?

EYROLLES

À Margaux et Liberté.

Sommaire

Préface

Dans ce livre, Raphaël Souchier aborde l'un des problèmes les plus importants et urgents de notre temps. Il s'agit de l'importance relative et du poids fonctionnel de deux facteurs : autonomie locale et soutenabilité, d'une part, connexion et coordination mondialisée, d'autre part. Au cours des dernières années, la mondialisation a fait fureur. Elle était pratiquement devenue synonyme de succès. Si vous aviez mondialisé votre activité, vous aviez vu juste et étiez assuré de réussir demain. Aujourd'hui, certains effets secondaires inattendus mais de plus en plus épineux de cette tendance apparaissent clairement. À l'opposé de la mondialisation, se fait jour de plus en plus fréquemment la nécessité de l'autonomie locale. C'est dans ce nouveau courant de pensée que l'on peut situer le livre de Souchier.

En tant que théoricien ou philosophe des systèmes, je vous propose d'éclairer le dilemme soulevé par les effets négatifs de la mondialisation en le considérant dans son contexte systémique. Cela nous aidera à comprendre que la mondialisation n'est pas la panacée longtemps vantée ; mais aussi qu'elle est, en soi, importante si on la considère comme – et seulement comme – l'un des côtés d'une médaille à deux faces. L'autre face indispensable est la « localisation », l'importance de pouvoir compter sur ses propres ressources tout en préservant son identité et son intégrité dans un monde globalisé.

Permettez-moi maintenant d'aborder cette question dans le contexte – et avec la terminologie – de la théorie des systèmes complexes.

QU'EST-CE QU'UN SYSTÈME COMPLEXE ?

Que signifie l'expression « système complexe ? » On nomme ainsi tout ensemble composé de diverses parties qui parvient à se maintenir dans son environnement grâce à l'entrée, au traitement et à la production d'énergie, de matière et d'information. (C'est ainsi qu'Ilya Prigogine définissait la notion de « système dissipatif ».) La capacité de ces systèmes à poursuivre leur existence dépend essentiellement de leur accès aux flux corrects[1] d'énergie, de matière et d'information, ainsi que du traitement correct des flux auxquels ils accèdent. À travers ces flux et processus, un système complexe forme avec son environnement une unité fonctionnelle.

Nous pouvons considérer l'unité « système et environnement » comme un système à part entière, qu'on appellera supra-système. Et celui-ci constituera avec son propre environnement global une nouvelle unité – ou supra-système – de niveau encore supérieur. C'est ainsi que la hiérarchie imbriquée des systèmes au sein des systèmes s'étend à l'ensemble de la biosphère. Elle inclut aussi bien les systèmes formés par l'humanité que les autres systèmes vivants et l'environnement qui rend possible la vie sur la planète. Le plus vaste supra-système est donc ce que Lovelock a appelé « Gaia », le système complexe d'auto-maintenance qui a

---

1. Par « correct » on entend ici « suffisant pour permettre au système de se maintenir dans son environnement, en reconstituant constamment les énergies entropiques dégénérées et les matières dégradées, grâce à l'apport d'énergies gratuites et de matière néguentropique contenant de l'énergie gratuite, tout en utilisant les informations nécessaires à leur traitement ».

évolué au cours du temps et continue aujourd'hui à se maintenir sur notre planète.

INTÉGRATION ET DIFFÉRENCIATION

Examinons ce système mondial Gaia sous l'angle de sa capacité à se maintenir. Pour ce faire, il doit accéder à l'énergie gratuite du soleil et l'utiliser afin de recycler les matières-ressources dont il a besoin et qui lui sont fournies par la planète. Pour transformer les matières-ressources disponibles, il lui faut aussi obtenir l'information permettant d'utiliser le flux d'énergie entrante. C'est la base de son fonctionnement et la clé de sa permanence.

La dynamique d'un système – Gaia ou tout autre système complexe – présente deux caractéristiques principales : l'intégration et la différenciation. Les composantes du système doivent être suffisamment intégrées pour lui permettre de fonctionner. Tous les éléments doivent coopérer, sous une forme et à un degré précis, afin de remplir les fonctions essentielles à l'utilisation de l'énergie libre pour la conversion de la matière. Cette coopération précise entre les composants suppose une connexion permanente entre eux. Voilà ce qui caractérise l'intégration dans le système.

La fonction de différenciation, quant à elle, consiste à maintenir une diversité suffisante entre les composants du système pour assurer la performance de la fonction d'intégration. Un système dont les composants sont excessivement uniformes est trop « plat » pour remplir cette fonction. L'intérieur d'un système complexe doit nécessairement être diversifié. Il ne fonctionnera que s'il parvient à intégrer ses divers composants de façon suffisamment cohérente pour se maintenir. Des systèmes relativement simples – les organismes unicellulaires – peuvent avoir un faible niveau de diversité : leurs

composants peuvent être à la fois peu nombreux et relativement uniformes. Mais plus le système se complexifie, plus il
doit présenter une diversité structurelle et fonctionnelle. Tant
l'intégration que la différenciation sont donc indispensables
à la persistance des systèmes complexes.

LE SYSTÈME HUMAIN EN DÉSÉQUILIBRE

Appliquons maintenant ce modèle au fonctionnement
contemporain de l'humanité sur la planète. Concentrons-
nous sur un sous-système particulier du système Gaia : le
système constitué des êtres humains, individuellement et
collectivement. Nous observons des individus humains orga-
nisés en divers groupes fonctionnels, allant de la famille
nucléaire au système social, économique, politique et au
système mondial d'information. Nous pouvons alors nous
demander : comment ce système est-il équilibré en termes
d'intégration *versus* différenciation ?

Comme l'ont fait remarquer Souchier et des dizaines d'observateurs perspicaces, le système mondial contemporain apparaît
comme plus intégré et moins différencié. C'est la marque
du processus appelé « mondialisation ». L'élément pertinent
de la mondialisation est l'intégration des systèmes locaux et
régionaux dans une structure globale. Les différents éléments
de cette structure globale sont ordonnés par le contrôle du
système au niveau mondial. Or, à l'heure actuelle, les éléments
individuels manquent d'autonomie : leur diversité se trouve
réduite par les contrôles au niveau global. Pour que le système
fonctionne efficacement, l'équilibre entre l'intégration et la
diversification doit être rétabli. Les contrôles au niveau du
système doivent autoriser une plus grande diversité interne.

D'où vient ce déséquilibre ? Il résulte de l'évolution rapide
du système Gaia, principalement sous l'effet de la révolution

des transports et de la communication depuis deux siècles. L'information, l'énergie et la matière s'écoulent désormais rapidement dans l'ensemble du système, ce qui a contribué à l'accroissement des structures chargées de faciliter les flux. Il s'agit d'un processus évolutif aujourd'hui bien établi, caractérisé par le principe « la structure suit la fonction ». À mesure que les différents systèmes formés par les groupes humains voient s'accroître leur capacité à échanger de l'énergie, de la matière et de l'information, ces flux « durcissent » sous la forme de structures reliant les groupes qui communiquent/interagissent.

Qu'induit cette évolution du système du monde contemporain ? Lorsque le transport de matière était lent et coûteux, les groupes qui échangeaient de la matière demeuraient relativement distincts et différenciés. Le processus s'est transposé à l'échelle mondiale avec la création de la *Compagnie des Indes orientales,* qui commerçait entre ses pays d'origine en Europe – Hollande et Angleterre – et l'Inde et les régions asiatiques avoisinantes. Les moyens de transport se limitaient aux navires et aux caravanes et les technologies restaient relativement lentes, fastidieuses et coûteuses. Avec l'évolution technologique, tant la quantité de marchandises transportées que la vitesse ont considérablement augmenté. On peut aujourd'hui envoyer des matières premières pratiquement n'importe où sur le globe avec rapidité et efficacité. Elles sont transformées localement et les produits ainsi créés sont, à leur tour, expédiés vers des marchés ciblés, n'importe où sur le globe.

La révolution de l'information a ajouté à ce processus une dimension supplémentaire. La vitesse de transmission est devenue instantanée. Elle facilite les contacts et la communication, renforçant les liens déjà établis à l'occasion des échanges de matière. Le système mondial de l'humanité progresse rapidement vers des niveaux toujours plus élevés d'intégration, au détriment de la différenciation. Les sociétés multinationales et transnationales imposent leurs produits, services et procédures aux sociétés qui leur sont subordonnées et aux populations que celles-ci touchent. La diversité est laminée, le système dans son ensemble entre en déséquilibre.

« LOCALISATION » : DU BON USAGE D'UN ANTIDOTE

Les procédés décrits et préconisés dans le livre de Souchier décrivent l'antidote à ce processus : la « localisation ». C'est un antidote opportun et important mais il doit aussi être maintenu dans des limites fonctionnelles. Une localisation excessive conduirait à l'autarcie et à un éclatement du système généré par les flux d'énergie, de matière et d'information préexistants. Avec pour conséquence une viabilité fortement réduite de divers groupes dans le système : tous les sous-systèmes qui ne sont pas en mesure de se maintenir dans leur environnement par leurs propres moyens. Le fait est qu'il ne reste plus guère de systèmes humains dans le monde contemporain capables d'être complètement autosuffisants ; y compris des systèmes grands et puissants comme les États-Unis ou l'économie chinoise. Ressources et marchés extérieurs restent essentiels à la résilience et à la persistance des systèmes contemporains.

Pour mieux comprendre le juste équilibre entre l'intégration et la différenciation, présentons une notion nouvelle. Deux cycles de base sont présents dans et entre les systèmes : le cycle auto-catalytique et le cycle catalytique transversal.

Le physicien Manfred Eigen a montré que les systèmes qui résistent parfaitement dans un environnement changeant combinent ces deux cycles de manière ordonnée. D'une part, chaque composant du système se maintient grâce à l'apport, au traitement et à la production d'énergie, de matière et d'information ; c'est ce qu'on appelle le cycle « auto-catalytique ». Or, comme nous venons de le remarquer, les systèmes humains contemporains ne sont pas en mesure de s'acquitter par eux-mêmes de ces fonctions auto-catalytiques : ils nécessitent un contact et la collaboration avec d'autres systèmes dans leur environnement. Ces cycles inter ou trans-systémiques forment le « cycle catalytique transversal », qui a son propre fonctionnement : chaque cycle auto-catalytique y catalyse d'autres cycles auto-catalytiques. Chaque système offre un environnement fonctionnel à au moins quelques-uns des autres : l'énergie, la matière et l'information qui sortent d'un système viennent donc en alimenter d'autres. Et les cycles se coordonnent. Un système A apporte les éléments nécessaires au fonctionnement du système B, qui à son tour, fournit la base du système C, et ainsi de suite. Certains des nombreux systèmes apportant, à leur tour, les éléments nécessaires au fonctionnement du système A, le cycle se referme sur lui-même. L'ensemble des cycles auto-catalytiques des systèmes locaux forment désormais le cycle catalytique transversal du système plus global.

Le secret du maintien de la vie dans un environnement changeant réside dans la combinaison de ces deux cycles ; c'est également ainsi que les hommes vivent. L'état actuel du système Gaia appelle à renforcer les cycles auto-catalytiques des systèmes humains qui le composent : familles, collectivités, entreprises ou États nationaux. Pour reprendre la métaphore utilisée dans ce livre, Wall Street doit redevenir, si ce n'est entièrement, du moins beaucoup plus locale qu'aujourd'hui.

Les flux mondiaux ont une fonction : ils forment la base des cycles catalytiques transversaux du système. Mais ils ne peuvent pour autant, sans danger, être développés au détriment de l'autonomie des systèmes locaux. L'organisation rationnelle de l'humanité contemporaine se doit d'être fondée sur une autonomie optimale des systèmes locaux, reliés de façon optimale à d'autres systèmes locaux. Pour nous permettre d'y parvenir, il importe que le flot de littérature, de compétences et d'investissements qui déferle dans les processus renforçant la mondialisation soit en partie détourné vers la littérature, les compétences et les investissements orientés vers l'autosuffisance locale. La réussite de Raphaël Souchier est de le montrer en s'appuyant sur des exemples concrets et convaincants.

Ervin Làszlò[1]

---

1. Philosophe des sciences, Ervin Làszlò est spécialiste de la théorie des systèmes. Président du Club de Budapest et chancelier de l'université Giordano-Bruno, il est membre de plusieurs académies scientifiques internationales et auteur ou coauteur de cinquante-quatre livres traduits en vingt-trois langues.

Les Tambours de Cybèle

Il revenait au plus jeune d'annoncer la nouvelle
Les tribus se massaient, bandes bariolées de bandeaux et de soies
De cuivres et de roses des sables

Les anciens, dans un coin
Avaient lentement disposé les pierres et la braise

Le charroi tanguait au pas lent des grands bœufs
Les tambours de Cybèle emmenaient les guerriers
Vers l'engloutissement.

Décembre 2010

Introduction

> *« Il ne s'agit pas de préparer un avenir meilleur mais de vivre autrement le présent. »*
>
> François PARTANT

SUR UN RAYON DE LIBRAIRIE

C'est sur un rayon de la librairie The Phoenix, au cœur de l'éco-village de Findhorn, au nord de l'Écosse, que mon œil fut attiré par le titre *Going Local, Creating Self-Reliant Communities in a Global Age*[1]. Le livre[2] était d'un économiste américain, Michael H. Shuman. En ce début du mois de juin 2002, j'étais à Findhorn pour étudier le fonctionnement des éco-villages et participer à la conférence internationale « Restaurer la terre[3] », à laquelle nous consacrerions le dossier suivant de la revue *Cultures & Développement*[4].

---

1. *Agir localement. Créer des communautés locales autonomes à l'ère du global.*
2. Shuman M. H., *Going Local, Creating Self-Reliant Communities in a Global Age*, New York, Routledge, 2000.
3. Avec notamment Vandana Shiva, Winona LaDuke et Helena Norbert-Hodge.
4. *Cultures & Développement*, n° 45, octobre 2002 – *www.networkcultures.net*. De 1988 à 2003, la revue rendit compte des activités et de la réflexion du réseau Sud-Nord Cultures & Développement.

Shuman soulignait l'importance, pour les communautés locales[1], de reconquérir leur autonomie afin de ne pas être broyées par la mondialisation. Il proposait une approche, des résultats d'enquêtes, des méthodes et des outils. Son discours clair s'appuyait sur des réussites européennes et nord-américaines. Il montrait que les gens pouvaient « reprendre le contrôle sur ce qui arrive à leurs communautés locales » en recréant des économies vivantes.

Cette préoccupation faisait écho à mes propres réflexions et aux travaux du réseau « Sud-Nord Cultures & Développement[2] » dont je coanimais, à Bruxelles, l'équipe européenne. Nous constatons les dégâts culturels, sociaux, économiques et écologiques du rouleau compresseur de la mondialisation. Dans les pays du Sud, bien sûr, mais aussi et de plus en plus, au cœur des pays riches. Renforcer, aux yeux de tous, la légitimité des cultures locales et l'action des collectivités pour préserver, reconstruire, réinventer leurs autonomies, c'était leur reconnaître la capacité de reprendre l'initiative et de se donner un avenir. C'était aussi

---

1. On traduira ici *local community* par « communauté locale » plutôt que par collectivité locale. Cette expression désigne en effet un groupe humain vivant sur un même territoire et non l'organisation administrative de ce territoire. Le lieu fait le lien. Notons que si ce terme connote proximité et solidarité entre habitants d'un lieu, il ne renvoie pas, en revanche, à ce qu'on a coutume en France aujourd'hui d'appeler communautarisme (ethnique ou religieux).
2. Le réseau Sud-Nord Cultures & Développement était animé par Rubem Cesar Fernandes et Andre Porto au Brésil, Siddhartha en Inde, Badika Nsumbu au Congo, Noufissa Sbai au Maroc, Luis Lopez Llera Mendez au Mexique, Thierry Verhelst, Edith Sizoo, Carmelina Carracillo et Raphaël Souchier en Europe. Ses membres considéraient que « c'est la culture qui est à l'œuvre dans les choix que font des êtres humains, qu'ils soient personnels, économiques, sociaux ou politiques. C'est la culture qui donne sens à ce qu'on fait et à ce qu'on vit. En méconnaissant la dynamique culturelle comme fondement implicite de toutes actions et façons de s'organiser socialement et économiquement, on aboutit à l'échec des projets de développement local, ainsi qu'à l'anémie des grands programmes de coopération économique et politique ».

contribuer à décoloniser les esprits et ouvrir un espace de liberté et de créativité d'où, peut-être, naîtrait la « mondialisation heureuse » que nous appelions de nos vœux.

L'angle d'approche proposé par Shuman, celui de l'entreprise, me semblait pertinent. En effet, le monde de l'entreprise est le principal destructeur de notre environnement. Mais il est aussi le seul assez puissant et créatif pour inverser la tendance. Aussi avons-nous besoin, comme le proposait dès 1993 Paul Hawken, « d'une façon de concevoir les entreprises qui fera en sorte que le monde industriel – tel qu'il est actuellement constitué – soit remplacé par des entreprises centrées sur l'humain, devenues des producteurs soutenables[1] »[2]. Pour ce pionnier, il faudrait poser un regard de biologiste et non plus seulement de financier sur les ressources et les activités humaines, pour enfin construire les bases d'une « économie régénératrice », tout en se fixant des objectifs non pas utopiques mais rationnels et atteignables. Cette nécessité, nous étions un certain nombre de professionnels et d'élus du vieux continent à la ressentir face au défi du développement soutenable de nos villes et régions.

Coopération entre collectivités européennes

Depuis 1992 j'ai animé, dans le cadre des programmes de coopération interrégionale de l'Union européenne, une dizaine de projets et réseaux d'échange d'expériences entre

---

1. Le terme anglais *sustainable* est souvent traduit en français par « durable », ce qui a l'inconvénient de laisser croire que c'est le « développement » qu'il s'agit d'amener à durer. Or le propos est plutôt de modifier nos interactions avec l'écosystème de telle manière qu'elles redeviennent compatibles avec les systèmes vivants dont la survie de notre espèce dépend. On conservera donc ici « soutenable », plus proche du sens originel.
2. Hawken P., *The Ecology of Commerce : A Declaration of Sustainability*, New York, Harper & Collins, 1993.

partenaires européens, collectivités (régions, départements ou villes), entreprises et/ou universités. Après avoir piloté pendant quelques années un projet de développement technologique et touristique entre régions viticoles[1], je lançai en 1997 et animai pendant onze ans le réseau de villes historiques AVEC-Alliance de villes européennes de culture[2], ainsi qu'une série d'autres coopérations dans le domaine du développement urbain soutenable. Nous élaborions des approches pour aider les acteurs locaux à définir une vision partagée de l'avenir de leur territoire ; pour mettre en place des stratégies concertées et une gouvernance plus efficace par l'intégration des différents secteurs concernés, trop souvent étrangers les uns aux autres ; enfin, pour renforcer la qualité et le professionnalisme des acteurs publics et privés locaux, par des programmes de formation et des démarches de progrès.

DES RÉGIONS SOUVENT IMPUISSANTES

De l'autre côté de l'Atlantique, des régions autrefois prospères ont, au cours des décennies passées, vu leur économie imploser, comme dans les anciennes régions manufacturières du Midwest et du Nord-Est, où la *Manufacturing Belt* (ceinture manufacturière) devenue, dans les années soixante-dix, la *Rust Belt* (ceinture de la rouille). L'obsolescence des manufactures de l'acier, l'émigration vers les États du Sud d'entreprises à la recherche de moindres contraintes sociales et salariales ; puis de nouveau, avec la vague de dérégulation du commerce extérieur dans les années quatre-vingt,

---

1. Le projet Dionysos, porté par l'AREV, Assemblée des régions européennes viticoles.
2. Créé avec les villes de Tours, Tolède, Cosenza, Evora et Pécs, AVEC compte aujourd'hui une trentaine de villes – *www.avecnet.net*.

vers le Mexique, l'Europe orientale ou l'Asie. Shuman montre comment des compagnies extérieures aux territoires – grande distribution et groupes internationaux – s'emparent d'une part croissante de l'activité et des revenus de l'économie locale et se jouent des contraintes fiscales et réglementaires.

Ce que Shuman rapporte de la perte de contrôle progressive des acteurs locaux sur leur économie, favorisée par les politiques néolibérales, nous le constatons au sein de l'Union, particulièrement dans les nouveaux pays membres, au centre et à l'est du continent. Dans la campagne de Timisoara (Roumanie), de petits paysans qui autrefois vivaient du fruit de leur travail me disaient, interloqués, ne plus pouvoir vendre leurs produits sur les marchés locaux et se voir obligés de travailler pour une multinationale agroalimentaire qui avait acquis des milliers d'hectares de leur riche région. À Pécs, dans le sud de la Hongrie, j'avais proposé au maire, le regretté Péter Tasnàdi, d'organiser en octobre 2007 une réunion de travail avec les dirigeants de la chambre de commerce et de la faculté de gestion et d'économie. Leur constat était clair :

> *« Depuis quelques années, nous voyons à la fois un accroissement de la richesse produite dans notre région et un appauvrissement relatif des acteurs économiques locaux. Les grandes entreprises sont soit de nouvelles venues, filiales de groupes étrangers, soit des entreprises locales passées sous contrôle extérieur. Les profits ne restent pas sur place et les investissements dépendent de décisions sur lesquelles nous n'avons pas d'influence. »*

Ils voyaient se réduire leur capacité d'agir sur l'avenir de leur ville et celui de Baranya, sa région.

Parallèlement, un autre défi se dessine : le cycle de maîtrise occidentale du monde commence à s'estomper. Il fait place à un rééquilibrage progressif au profit de nouveaux acteurs : les « pays émergents ». Le monopole de l'écriture du récit de l'histoire humaine – que l'Ouest croyait détenir en propre – est lui aussi remis en question, particulièrement depuis l'Asie. Désorienté, l'Occident a le *blues*. Alors que, portées par la croissance de leur économie, ces nouvelles puissances investissent massivement, certains pays occidentaux paraissent avoir perdu une part de leur capacité à comprendre et à piloter leur propre économie pour tirer profit de leurs atouts et entrer avec confiance dans un monde plus complexe et mouvant.

CES PETITS QUI JOUENT « GAGNANT »

Alors que, faute de moyens ou de vision, certains États semblent rester à quai, l'impulsion pourrait bien venir des territoires, souvent plus agiles. La taille et la puissance de feu furent longtemps considérées comme les clés du succès économique et politique, permettant de contrôler territoires et ressources stratégiques. Un petit pays, note Peter Drucker, « peut maintenant se rattacher à une région économique et bénéficier ainsi de la double appartenance : indépendance culturelle et politique d'un côté, intégration économique de l'autre. Ce n'est certainement pas un hasard si le petit Luxembourg a été le plus fervent européen de tous. […] Maintenant que l'argent et l'information ignorent les frontières, des unités territoriales même très réduites peuvent devenir économiquement viables. […] les *success stories* les plus brillantes des trente dernières années ont été le fait de petits pays[1] ». Voire de régions.

Les territoires peuvent opter pour des stratégies différenciées et tirer profit d'atouts traditionnels mais aussi de perspectives nouvelles ouvertes par les révolutions en cours (énergie, informatique, chimie verte, nanotechnologies, agriculture,

---

1. Drucker P., *Au-delà du capitalisme, la métamorphose de cette fin de siècle*, Paris, Dunod, 1993, p. 165.

tourisme, etc.). Si l'emplacement géographique demeure un atout, d'autres facteurs comptent. La culture locale joue son rôle, qui peut apporter un supplément de cohésion, de dynamisme et de performance. Chez le plus proche voisin de l'Alsace, le Bade-Wurtemberg, « l'absence de ressources minières et les faibles rendements agricoles sont souvent invoqués pour expliquer l'inventivité des habitants. Longtemps pauvre, c'est aujourd'hui la première région allemande par le nombre de brevets déposés. […] Quel est le secret du succès de ces entreprises, à la fois conservatrices et innovantes, solides et d'une extrême flexibilité, profondément ancrées dans leur région, tout en réalisant 70 % de leurs bénéfices à l'export[1] ? »· Septième fortune d'Allemagne, Reinhold Würth « a fait de l'entreprise de vente de vis héritée de son père le leader mondial de distribution des techniques de montage et de fixation : soixante-cinq mille salariés dans le monde réalisent 8,6 milliards d'euros de chiffre d'affaires ». Pour lui, le Bade-Wurtemberg a un modèle économique propre. Il y a d'abord ce lien particulier avec les salariés. Le système de barons de la Ruhr où les patrons regardent de haut leurs salariés, n'existe pas ici. « La hiérarchie est faible, la collaboration avec les salariés est étroite. Tout le monde parle souabe, le dialecte local, et personne ne fait de chichis ». Il y a aussi la modestie « caractéristique de cette région. » Et enfin le tissu dense de PME, constamment enrichi avec l'appui des plus grosses entreprises :

« Les meilleurs salariés sont encouragés à créer leur propre entreprise dans un rayon de 20 km, afin de constituer un système de logistique performant, essentiel pour contrer la concurrence chinoise. Des instruments, parmi d'autres, pour assurer la motivation et la cohésion sociale. »[2]

---

1. Boutelet C., « La crise ? "Quelle crise ?", répondent, pour le moment, les PME allemandes », *Le Monde*, 23 octobre 2011.
2. *Ibid.*

Une stratégie « lilliputienne »

C'est dans ce contexte de mutation globale accélérée qu'est née l'aventure de « l'économie locale vivante ». Par leur action quotidienne sur plus de quatre-vingts territoires d'Amérique du Nord, les dizaines de milliers d'entreprises locales du réseau BALLE (Business Alliance for Local Living Economies[1]) montrent que, même en grande difficulté, des collectivités peuvent reprendre l'initiative. La dérégulation économique a souvent fait de communautés prospères un champ de ruines. Pour renaître, elles focalisent leurs premiers efforts sur la reconstruction de communautés humaines plus résilientes.

Mais, n'est-il pas vain d'imaginer qu'un projet fondé sur l'action locale puisse inspirer l'agenda politique et économique d'un pays ? Shuman répond en proposant une « stratégie lilliputienne » : « Notre propre pouvoir d'acheter des biens ou des actions est le talon d'Achille de ces mastodontes commerciaux qui sont en train de détruire les communautés[2]. »

De son combat contre la construction de centrales électriques nucléaires, vingt ans plus tôt, il a tiré une leçon : plus que les actions militantes, politiques et judiciaires pour modifier les politiques publiques, ce qui est venu à bout de ces projets dangereux, ce sont… les usagers. Ils avaient, sans le savoir, changé la donne. En optimisant et réduisant leur consommation d'électricité, ils laissaient les grands groupes promoteurs de ces centrales non plus face au choix du type de centrales à construire, mais avec une question très concrète : en réponse à une demande plus faible, était-il

---

1. BALLE : Alliance d'entreprises pour une économie locale vivante.
2. Shuman, *op. cit.*, 2000, p. 201.

encore rentable de construire une nouvelle génération de grosses centrales électriques ?

Au pays des citoyens-entrepreneurs, il n'y a pas loin de la prise de conscience du pouvoir du consommateur à une stratégie volontariste fondée sur l'entreprenariat.

« Pourquoi nous épuiser à combattre des compagnies qui se comportent mal ? Si nous sommes assez nombreux à créer nos propres entreprises fondées sur une nouvelle vision de la responsabilité sociétale, et si nous choisissons de n'acheter et de n'investir que dans ces entreprises, les autres devront s'adapter ou mourir. Si nous créons ne serait-ce qu'un petit nombre de collectivités locales autonomes, dans lesquelles chaque résident a un travail décent et qui produit les nécessités de base pour tous, d'autres collectivités viendront visiter, apprendre et suivront l'exemple. Nous avons beaucoup plus de pouvoir que nous ne l'imaginons.[1] »

À l'époque, j'étais à la recherche de bonnes pratiques dans le domaine du développement économique local. Le dynamisme de cette démarche de reconstruction à partir de la base, son pragmatisme et le rôle moteur qu'y jouaient les PME regroupées en réseaux achevèrent de me convaincre qu'il y avait là une source de réflexion pour nos propres démarches. Convaincu que rien ne vaut l'expérimentation concrète, je m'en inspirai lors de la création d'un réseau local d'entreprises dans ma région.

Comme un écho, quarante ans après

En juin 2007, je suis donc parti à la rencontre de Michael Shuman et des autres animateurs de ce mouvement novateur qui se propose de changer le monde en ré-enracinant l'économie dans les territoires. Ce fut pour moi comme un retour aux sources, après quatre décennies.

---

1. Shuman, 2000, p. 202.

En effet, deux ans après 1968 et des années lycée pendant lesquelles notre génération avait décidé qu'il suffisait de s'y mettre avec conviction pour que le monde bouge, j'étais parti à la découverte. J'avais 17 ans et vivais près de Philadelphie. Je me passionnai pour la formation. D'une part aux côtés de Richard Broholm, un pasteur baptiste qui animait Metropolitan Associates of Philadelphia, organisation spécialisée dans la créativité appliquée à la résolution des problèmes sociaux. Une plongée passionnante dans un monde inconnu, avec des « acteurs du changement » qui apprenaient à voir les choses de façon systémique, dans des contextes traversés de valeurs et de finalités diverses, souvent contradictoires.

Je participais également à l'action du Comité pour la paix de la Société des Amis[1], qui animait le mouvement contre la guerre du Vietnam, et rendis de fréquentes visites à George et Lillian Willoughby, au centre d'études de Pendle Hill, où ces militants non violents de toujours vivaient alors.

Je voyais en eux les héritiers de la plus inspirante aventure que l'on puisse retenir de l'histoire de l'émigration européenne vers les Amériques. Le 4 mars 1681, le quaker William Penn avait signé avec la couronne britannique l'acte de fondation d'une colonie qui porterait bientôt le nom de Pennsylvanie. Il fonda son gouvernement sur les principes – alors inédits – de liberté et de respect des personnes et des croyances. Pendant soixante-dix ans, jusqu'à 1752, la période fut marquée par la « longue paix » négociée entre

---

1. Friends Peace Committee. La Société des Amis, plus connue sous le nom de Quakers, est un mouvement spirituel fondé en Angleterre au milieu du XVIIᵉ siècle. Il s'est surtout développé aux États-Unis et se caractérise notamment par l'absence de hiérarchie et de credo imposé, par une spiritualité personnelle fondée sur l'écoute silencieuse de la « lumière intérieure » qui est en chacun, ainsi que par un engagement au service d'une résolution non violente des conflits.

colons et Indiens : « Il n'y avait ni fort ni soldats, pas même d'armes. » En effet, Penn croyait sincèrement que tous les hommes, aussi différents soient-ils, pouvaient vivre ensemble en paix, et il avait fondé la politique indienne de sa colonie sur ce principe. Un traité de 1701 entre cette colonie et les Indiens conestogas témoigne de cette vision : les deux parties s'y engageaient « à toujours être ensemble à l'avenir comme une tête et un cœur, et vivre dans l'amitié vraie, comme un seul peuple ». Penn prenait en outre l'engagement « pour lui-même, ses héritiers et successeurs, qu'ils sauront en tout temps se montrer de vrais amis et frères pour tous et chacun d'entre vous, Indiens[1] ».

Quand la pression des colons européens s'intensifia sur les Indiens, lors de la guerre de Sept Ans (1755-1762), les massacres sauvages se multiplièrent entre les deux communautés. Seuls, en Pennsylvanie, les Quakers ne furent pas inquiétés, et leurs propriétés furent respectées. Si les idéaux de William Penn inspirèrent les rédacteurs de la constitution américaine, ses successeurs à la tête de la colonie puis de l'État de Pennsylvanie les abandonnèrent progressivement. Au point que, du partage harmonieux de la Pennsylvanie entre Indiens et Européens, il ne resta rien dans la construction de

---

1. En 1763, une copie de ce document fut trouvée avec les corps démembrés des vingt derniers Costenogas, descendants des Indiens qui avaient vécu paisiblement depuis les années 1690 sur les terres que leur avait données William Penn près de Lancaster. Ce carnage fut perpétré par un groupe de colons originaires d'Ulster, connus comme les Paxton Boys, qui exigèrent de se voir reconnaître la propriété de ces terres au nom du « droit de conquête » et menacèrent, sinon, de mettre Philadelphie à sac. Après un échange infructueux avec une délégation dirigée par Benjamin Franklin, ils furent laissés impunis et la frontière de la colonie sombra progressivement dans l'anarchie, au détriment des Indiens. Ce « droit de conquête » fut ensuite mis en œuvre lors de la révolution américaine, avec la destruction de la confédération iroquoise, puis appliqué par le gouvernement des États-Unis, accompagnant l'expropriation des territoires indiens. Les survivants furent parqués dans des réserves.

l'identité américaine. Celle-ci s'établit au contraire sur une base raciale, ne laissant aucune place aux autochtones, si ce n'est par le biais du souvenir rassurant de ce juste qu'avait été le fondateur.

Pour autant, ces valeurs fondatrices n'avaient pas déserté la conscience américaine. Comme une rivière souterraine et se mêlant à d'autres courants, elles en irriguent discrètement le sol et réapparaissent au grand jour lors des périodes de mutation. La croyance que tous les êtres humains sont égaux et dignes de respect a contribué à nourrir tous les combats depuis plus de trois siècles : pour l'abolition de l'esclavage, le droit de vote des femmes, la dignité des emprisonnés et des malades mentaux, le mouvement des droits civiques, les combats contre le racisme, l'injustice et, bien sûr, contre la guerre du Vietnam.

DU VIETNAM AUX *SUBPRIMES* : UN SENTIMENT DE TRAHISON

Nous ne savions pas, au début des années soixante-dix, que cette période annonçait la fin prochaine de la guerre du Vietnam. Quelques mois après le massacre de My Lai, et au lendemain de l'assassinat, par la garde nationale, d'étudiants sans défense défilant contre la guerre sur le campus de l'université Kent State, nombre d'Américains commençaient à se demander si la véritable nature du conflit collait vraiment au récit officiel. Un point de rupture apparut en juin 1971, avec la publication par le *New York Times* des premiers « papiers du Pentagone ». Les citoyens découvraient que, tout au long du conflit, quatre administrations, de Truman à Johnson, leur avaient menti avec un cynisme constant sur leurs intentions et leurs interventions. Les abus du pouvoir central et son détournement au profit de l'intérêt de quelques-uns ont, depuis toujours, nourri le débat sur l'équilibre des institutions dans la fédération. Il est aussi l'une des sources de réflexion des mouvements qui, comme BALLE, prônent un renforcement des communautés locales.

Depuis 2007, je retourne régulièrement en Amérique du Nord, attentif au mûrissement de ce mouvement. Et suis impressionné de retrouver chez mes interlocuteurs cette même volonté d'engagement pragmatique au cœur de la société, mais aussi cette qualité humaine, festive et enracinée dans une profonde éthique personnelle. Le monde a changé, il est devenu incroyablement plus dur pour la majorité. Pourtant, après plusieurs décennies d'anesthésie consumériste et le traumatisme de l'attentat des tours jumelles, il se pourrait que les conditions soient de nouveau propices à un engagement citoyen critique et créatif. Le mouvement « Occupy » semble en être un révélateur.

Quatre décennies après avoir découvert que le gouvernement n'était pas à son service, une partie de la population réalise aujourd'hui que l'économie, elle non plus, n'est pas – ou plus – au service du bien-être et de la prospérité de tous, mais d'une infime minorité, ce 1 % qui contrôle 40 % de la richesse du pays et gagne 24 % du revenu total de la nation, pendant que la majorité se sent déclassée ou bascule dans la pauvreté. 10 millions d'Américains ont perdu leur maison depuis la crise des *subprimes*. 46 millions survivent grâce à l'aide alimentaire. Faisant écho au Printemps arabe et au mouvement des Indignés en Europe, une partie de la jeunesse ose occuper Wall Street. Des syndicats, des écologistes et d'autres encore appuient le mouvement dans tout le pays. Des élus, des entrepreneurs, des banquiers même, disent qu'il y a quelque chose de pourri au royaume de l'argent. Sans surprise, les entrepreneurs de BALLE sont là, à Bellingham, à Santa Fé et d'autres villes, parfois au premier rang.

Comme leurs aînés, qui défilaient contre la guerre du Vietnam, ils font partie de ce que les chercheurs Paul Rey et Sherry Anderson ont baptisé les « créatifs culturels[1] ». Ces plus de 50 millions de personnes de toutes générations qui « prennent d'ores et déjà leurs distances par rapport aux excès de la société occidentale : consommation à outrance, désastre écologique, suprématie des valeurs économiques et financières sur les valeurs humaines ». Ils constituent « une opportunité de changement qui pourrait nous permettre d'éviter le pire, à savoir la destruction programmée de notre société et, peut-être, de la planète tout entière[2] ».

1. Rey P., Anderson S., *The Cultural Creatives: How 50 Million People Are Changing the World*, Harmony Books, 2000.
2. Drouot P., *La Révolution de la pensée intégrale*, Monaco, Alphée, 2010, p. 40 et 41.

Partie 1
Économie : du suicide à la renaissance

Chapitre 1

David Korten : dépasser l'économie suicidaire

D avid Korten est l'un des premiers dirigeants de BALLE (Business Alliance for Local Living Economies) avec lesquels j'ai entrepris d'échanger, au milieu des années 2000. C'est un peu le patriarche de ce mouvement d'entrepreneurs. Président fondateur du People-Centered Development Forum et coprésident du New Economy Working Group, il est membre associé de l'International Forum on Globalization et membre du Club de Rome. Titulaire d'un MBA et d'un doctorat de la Stanford Graduate School of Business, Korten a enseigné à la Harvard Graduate School of Business, puis travaillé pour la Fondation Ford à Manille et pour l'Agence américaine de développement international en Asie. Auteur de nombreux livres, il est régulièrement invité à la radio et à la télévision et a donné des conférences dans le monde entier.

L'ÉCONOMIE SUICIDAIRE

Pour comprendre l'économie mondiale et tenter d'agir effectivement sur elle, Korten la replace dans son contexte général : celui de la biosphère, cette mince pellicule de matière vivante, fondement de toute vie. Aucun organisme individuel ne peut vivre sans être constamment en relation avec d'autres. Les systèmes vivants s'organisent pour capturer et utiliser les nutriments, l'eau et l'énergie, là où ils sont. Les microsystèmes y sont à la fois locaux, indépendants, mais aussi connectés et interdépendants. Ils s'associent souvent dans une relation de bénéfice mutuel (symbiose), comme le font le chêne et la truffe (et le trufficulteur !), les plantes fixatrices et consommatrices d'azote, qui cohabitent de façon complémentaire dans les prairies pérennes, ou encore la myriade d'animaux, insectes et micro-organismes qui se succèdent, à l'échelle micro-locale, pour transformer une carcasse en nouvelle source de nutriments pour une multitude d'êtres vivants. Ils coopèrent, au bénéfice de la pérennité de leurs systèmes et de la vie en général.

Préserver la santé de la biosphère fonde toute vraie richesse et notre capacité à exister. Or nous, humains de l'Anthropocène, commençons à peine à prendre conscience de ce que cela implique. Aurions-nous, sinon, produit des économies qui, s'appuyant sur l'extraordinaire puissance énergétique offerte par l'extraction des combustibles fossiles, ont entrepris de contrôler, maîtriser et dominer la biosphère en la soumettant à la volonté humaine ? Et ceci sans égard pour les conséquences souvent dévastatrices que cela a sur les équilibres vitaux de la planète ? Probablement pas, car nous mettons ainsi en danger notre propre survie et celle de milliers d'autres, pour un bénéfice à très court terme.

En nous inspirant des processus que la nature a mis des milliards d'années à élaborer, nous pourrions pourtant – comme le firent nos ancêtres les plus avisés – obtenir les résultats les plus performants sans détruire ces équilibres fondamentaux. Les exemples sont nombreux, telle la culture des « trois sœurs », maïs, haricot et courge, cultivées conjointement en Amérique du Nord précolombienne pour une productivité et une richesse nutritionnelle, une économie d'eau et une préservation du sol optimales.

Dans notre monde industriel, quelques nouvelles manières de faire traduisent heureusement une amorce de mutation. Les parcs de « symbiose industrielle » associent entre elles des entreprises aux activités complémentaires ; l'économie circulaire propose d'oublier la notion même de déchet[1], etc.

Comment expliquer un comportement aussi étrange et peu adapté de la part d'une espèce « intelligente » ? Pour Korten, l'une des explications est que nous en sommes arrivés à

---

1. Voir p. 276.

définir l'objectif de nos économies en termes de création d'argent. Nous transformons en argent la richesse de la vie, des relations humaines et de la connaissance. Pourtant, l'argent n'est pas, en soi, une véritable richesse[1]. Ce n'est qu'une convention comptable matérialisée par des chiffres sur le disque dur d'un ordinateur. L'espèce humaine s'est placée dans cette position folle : transformer les richesses réelles du monde en bits informatiques et se convaincre que cela l'enrichit.

Korten appelle « économie suicidaire » cette propension à détruire jusqu'à la capacité de notre planète à accueillir la vie. La biosphère survivra, pense-t-il ; mais elle risque de se comporter avec nous comme elle l'a toujours fait avec les espèces invasives et inadaptées : en finissant par les éliminer. Dans le grand tableau de la vie, l'humanité peut se comparer à une expérience de l'évolution sur le potentiel de la conscience réflexive. Si l'expérience échoue, elle essaiera probablement autre chose. Notre défi – notre intérêt en tant qu'espèce – est donc de créer des systèmes économiques et sociaux compatibles avec le système complexe qu'est la biosphère. Apprendre à travailler en harmonie, en partenariat, avec le monde dont nous faisons partie ; faire usage de notre intelligence pour améliorer ces relations ; optimiser la productivité pour répondre de façon soutenable à nos besoins ; voilà l'enjeu contemporain.

Mais cela implique de revoir de fond en comble notre conception de l'activité, des relations économiques et de la richesse. Pour réorganiser l'économie, il importe, comme le fait la biosphère, de commencer au niveau local en réorientant chaque territoire vers la capture locale de l'énergie et des ressources dont il a besoin.

---

1. Voir Korten D., « The Illusion of Money » – *www.yesmagazine.org/blogs/david-korten/the-illusion-of-money.*

DU CONVENTIONNEL AU VIVANT : UN SAUT QUALITATIF

Mais imiter la nature pour en retirer des applications utiles aux humains, comme le propose une vision classique du bio-mimétisme, ne suffit pas. Nous devons apprendre à nous comporter comme une composante intelligente de la bio-sphère ; allier la modestie – nous sommes une composante de la vie – et la responsabilité – nous pouvons modifier notre environnement, pour le meilleur et pour le pire. Afin de poursuivre l'exercice précieux et périlleux qu'est l'aventure humaine, il nous revient d'effectuer un saut qualitatif dans notre façon d'interagir avec le monde.

C'est ce à quoi s'emploie l'architecte Jason McLennan[1]. Il a tout d'abord conçu une approche partant du local et s'ouvrant progressivement à la dimension globale. Ayant compris que l'architecture conventionnelle – qui met en forme notre environnement actuel – est aussi inadaptée à nos besoins que l'est l'économie conventionnelle, il a développé le concept de « construction vivante ». Nous édifions des murs pour nous séparer les uns des autres et de la nature et pour contrôler, dominer les dynamiques naturelles, sans comprendre que, souvent, nous les perturbons et les entravons. Les édifices dépendent de l'énergie ou de l'eau puisée parfois à des centaines de kilomètres de distance. Nos déchets, au lieu d'être recyclés, sont déversés dans le sol et les systèmes hydrologiques locaux, ou transportés au loin et abandonnés dans une rivière, un lac ou un océan dont ils perturbent les cycles naturels.

À l'opposé, les constructions « vivantes » capturent l'énergie disponible sur place et en produisent autant ou plus qu'elles

---

1. Fondateur du Conseil de l'Eco-Construction de Casacadia (living-future. org/cascadia), la Bio-région qui couvre l'Oregon, l'État de Washington, la Colombie britannique et l'Alaska, et du Living Building Challenge (living-future.org/lbc), Mc Lennan est l'un des acteurs les plus influents du secteur.

n'en consomment ; l'eau qu'elles rendent est plus propre que lors de son prélèvement. Évitant toute surconsommation, ces systèmes contribuent à l'ensemble dans lequel ils s'inscrivent.

La construction vivante ne fait pas usage des matériaux toxiques. Elle cherche à construire de nouvelles chaînes relocalisées d'approvisionnement en matériaux de construction, en énergie, en eau et en denrées alimentaires. Plutôt que de les transporter sur de longues distances, puis de renvoyer au loin les déchets, elle intègre jardins urbains et fermes locales. Les déchets sont compostés et recyclés et le traitement des eaux se fait par phyto-épuration.

L'ÉCONOMIE, AFFAIRE DE COMMUNAUTÉ

Fondamentalement, parler d'économie locale c'est parler d'une population vivant sur un territoire. Pour que les gens se sentent concernés et participent, le point de départ est de reconstruire avec eux des communautés fonctionnelles. C'est un besoin de la société contemporaine, particulièrement depuis la crise financière. Les gens réalisent que des communautés locales en bonne santé ne sont pas seulement nécessaires à leur bien-être, mais qu'elles sont aussi le fondement de leur sécurité. Chacun était jusque-là obsédé par une idée : avec de l'argent, je n'ai besoin de personne, je suis une île. Étranger à la vie, ce système fonctionne un peu, pendant un temps. Mais on se réveille un jour et on s'aperçoit que les chiffres sur le disque dur de l'ordinateur ne sont pas comestibles. Nous avons besoin de vraie nourriture, d'une vraie source de chaleur en hiver. Or pour obtenir ces fameux chiffres, nous avons détruit nos ressources les plus précieuses. Il nous faut redécouvrir la signification de l'être humain, la valeur de la vie et l'importance fondamentale du lien avec ce qui nous entoure.

LÀ OÙ LE SACRÉ ENTRE EN JEU

Les économistes écologiques pensent que pour que les décideurs décident de préserver la nature, il faut l'intégrer dans le calcul économique, en attribuant un prix aux services que la biosphère rend à l'activité humaine. Pour Korten, cela part d'une intention louable, mais comporte un risque immense, celui de réduire plus encore la biosphère à une simple masse de ressources à disposition des humains pour être exploitées, échangées et « compensées », ce qui est insensé. D'une part, c'est poursuivre l'approche qui est la cause de nos difficultés ; d'autre part et par définition, la source de la vie n'a pas de prix. C'est là, lui semble-t-il, que le sacré entre en jeu. Les peuples indigènes pourraient nous apporter une aide précieuse pour réapprendre à percevoir que la nature est inappréciable. Il nous revient simplement de l'aimer, l'honorer et en prendre soin.

UNE QUESTION DE BON SENS

Tant d'aspects de notre vie sont à repenser. Heureusement, il faut surtout du bon sens pour concevoir nos systèmes locaux de nourriture et de production énergétique et les reconstruire comme autant de systèmes dynamiques tendant vers l'autosuffisance. Alliant mémoire, observation et innovation, nous réapprenons à vivre avec les moyens, l'énergie, l'eau, la nourriture présents autour de nous. C'est à cela que travaille l'économie vivante.

Les entreprises, elles aussi, sont amenées à renouveler leur manière de penser. Il ne s'agit plus de maximiser le profit à tout prix. À Bellingham (État de Washington), siège de Sustainable Connections, réseau local d'entreprises membre de BALLE, j'ai entendu des visiteurs s'étonner : « Pourquoi faites-vous cela ? C'est plus cher et vous n'en tirez aucun profit » et les entrepreneurs locaux leur répondre : « Je le fais parce que je pense que c'est juste. »

C'est un changement fondamental dans la manière de voir, qui consiste à reconnaître que le véritable objectif de toute entreprise, avec ou sans but lucratif, est de servir la communauté et le bien commun. Pour une entreprise à but lucratif, le bénéfice est indispensable à sa viabilité ; pour autant il n'est pas son objectif ultime, mais constitue la rétribution du service entrepreneurial et la gratification différée des capitaux investis. On ne cherchera donc plus à maximiser le profit, conformément au principe obsolète « plus j'ai d'argent, plus je suis riche ».

Korten estime que changer cette vision du monde est possible à trois conditions :

Les trois conditions pour changer le monde

Changer les grilles d'analyse

La première exigence est de changer les grilles d'analyse qui nous permettent de comprendre qui nous sommes, la nature de la vie et de l'être humain, le but de l'économie, la nature de la monnaie. Nous commencerons alors à comprendre le fonctionnement du système de pouvoir. Nous réaliserons qu'il nous induit en erreur et suscite des solutions nous empêchant de percevoir la réalité et de comprendre que d'autres grilles d'analyse pourraient rendre possible un monde différent. En enlevant ces lunettes déformantes, nous recommencerons à penser librement et découvrirons que d'autres scénarios sont possibles. Sortons de l'obsession de la croissance du PIB, qui ne mesure que les échanges marchands, qu'ils soient utiles ou destructeurs. Cessons de croire qu'il donne la mesure du bien-être. D'autres outils – comme l'indice de bien-être durable (IBED) ou l'indicateur de progrès véritable (IPV), ou d'autres à créer, sont plus adaptés.

Partir de la réalité du terrain

Pour s'extraire de la vision conventionnelle, nous pouvons faire naître, sur le terrain, la nouvelle réalité souhaitée ; montrer que c'est possible est une manière efficace de changer les mentalités. Les mouvements comme BALLE jouent un rôle précieux en créant au quotidien cette réalité nouvelle.

C'est aussi pour rendre compte de cela qu'il y a quinze ans, Korten a fondé *YES ! Magazine*[1]. Cet organe de presse indépendant veut faciliter l'évolution de nos manières de voir et de faire en collectant les témoignages de femmes et d'hommes qui, au quotidien, créent une société plus à leur mesure.

Modifier les règles du jeu

C'est le rôle de l'action politique. Il est plus aisé de débuter au niveau local, avec les collectivités, qu'à l'échelle nationale. Mais, là aussi, il s'agit de faire évoluer les manières de voir ; de co-construire une réalité plus satisfaisante ; pour cela, il faut identifier des gens disposés à participer au système émergent, tout en construisant le capital politique qui nous permettra de peser pour changer les règles.

« LOCAL » ET « GLOBAL » SONT INDISSOCIABLES

Travailler à la base pour construire des économies locales vivantes, ce n'est pas promouvoir l'isolationnisme. Mais, au contraire, enraciner l'action tout en la replaçant dans un contexte plus large, jusqu'aux dimensions de l'écosystème planétaire.

Considérons par exemple les échanges physiques entre économies. Le modèle de l'économie suicidaire impose une

---

1. Créé en 1996, la revue trimestrielle *YES ! Magazine* est lue par plus de cent cinquante mille lecteurs. Chaque mois, plus de cent quarante mille personnes visitent son site internet (*www.yesmagazine.org*), où de nouveaux témoignages sont mis en ligne tous les jours. Le financement est assuré par les souscriptions, les donations et des subventions. Voir p. 207.

logique absurde : exporter systématiquement notre production agricole à l'autre bout du monde, puis importer ce que
nous consommons depuis les pays où nous avons exporté
la nourriture produite ici. Comment avons-nous pu nous
laisser faire cela ? Korten voit une explication plausible : les
multinationales qui contrôlent ce commerce et en tirent un
considérable profit financier ont, pour nous convaincre, usé
d'une habile propagande.

Si l'isolationnisme n'est pas une solution, c'est notamment
parce que bien des produits – par exemple le café – ne
peuvent être cultivés ou produits partout. Les échanges sont
nécessaires. Paradoxalement, David Ricardo, fondateur de
la théorie classique du commerce international, considérait
que, même si un pays était autosuffisant, réussissant à satisfaire la plupart de ses besoins fondamentaux, il existait quand
même un avantage à procéder à certains échanges. L'exemple
classique est celui du Portugal, dont le climat est propice à la
viticulture, et de l'Angleterre, productrice de laine. En toute
logique, les deux pays avaient intérêt à échanger vin contre
laine. Mais il s'agit ici de procéder à la marge. On n'organise
pas toute l'économie autour de ce principe. Si le commerce
et l'échange sont utiles, au nom de quoi l'économie humaine
devrait-elle en faire sa raison d'être ?

DEUX PRINCIPES OUBLIÉS

Deux autres principes de la théorie économique classique
sont généralement oubliés : le premier est que le commerce
procure des avantages réciproques. Selon ce principe,
l'échange entre parties est équilibré ; il n'y a ni surplus ni
déficit commercial ; la valeur des exportations équivaut à
celle des importations. Le second principe suppose que la
propriété du capital est nationale. L'investissement est donc
national. Chaque nation possède ses propres ressources. Il n'y

a pas, *a priori*, de mouvements de capitaux internationaux, comme nous le concevons aujourd'hui. Ni d'endettement international. La conception et la pratique actuelles sont donc bien éloignées des principes de base de la théorie économique libérale. Le discours et la pratique actuels n'ont, c'est le moins qu'on puisse dire, rien d'une autorité intemporelle. Il est temps d'en prendre conscience.

Le commerce a besoin de règles. Les nations doivent surveiller leurs frontières pour préserver leur équilibre. Surveiller ses frontières est essentiel à toute forme de vie. Chaque cellule vivante possède une paroi cellulaire, chaque organisme multicellulaire est doté d'une peau. La capacité d'un organisme à réguler ses échanges avec l'environnement est essentielle à la nature physique de la vie et à la faculté qu'a chaque organisme de gérer son énergie. Il en va de même des économies : fermer la paroi cellulaire, interrompre les échanges, c'est mourir. Mais l'éliminer, la rendre inopérante, c'est aussi mourir à tout coup. Préserver un équilibre dynamique est donc vital.

ÉCHANGE DE BIENS N'EST PAS ÉCHANGE D'INFORMATIONS

Un autre élément important est la distinction entre l'échange physique – y compris l'échange d'énergie – et l'échange d'informations. Dans le domaine de la production, l'information devrait être librement partagée. Bien sûr, il faut conserver certaines protections, modestes et adaptées, afin de préserver le désir d'inventer. Pour autant il n'est pas nécessaire d'établir des protections partout, ni au niveau où elles existent aujourd'hui. Il n'est guère surprenant que les grandes entreprises aient, au contraire, tenté d'imposer la libre circulation des biens matériels. Pour elles, « libre » signifie contrôlée par elles, non par les citoyens ou les gouvernements. Elles décideront ainsi de ce qui, pour elles, est le plus rentable, plutôt que de laisser les citoyens choisir ce qui contribue le mieux à leur bien-être. En revanche, elles veulent le monopole absolu du contrôle de l'information et de sa technologie. Or la seule ressource qui est reproductible à l'infini, c'est justement l'information et la connaissance. Dans l'intérêt de l'espèce celles-ci devraient donc, au contraire, être accessibles le plus largement possible à tous ceux qui peuvent en faire un usage avantageux. Une nouvelle fois, nous voyons qu'il importe d'inverser ce système.

C'est aux citoyens de se poser les bonnes questions. Avons-nous abandonné tout contrôle sur le système économique ? Dans quelle mesure avons-nous permis à nos systèmes économiques de s'écarter de la dynamique et de la structure de la biosphère ?

Agir au bénéfice de l'ensemble est notre intérêt bien compris, puisque nous en faisons partie. Pour autant, il est vital que ceux qui s'engagent dans cette tâche ne se laissent pas dévorer, annihiler, par un sentiment de culpabilité ou d'impuissance dès lors que leur action individuelle ne parvient pas à résoudre le problème global. Certains pensent qu'il est trop tard pour inverser la tendance climatique. Même s'il est possible qu'ils aient raison, accepter cette idée serait en faire une prophétie autoréalisatrice. Korten préfère s'engager aux côtés de ceux qui cherchent une solution. Cela a en outre le mérite d'être plus *fun*.

Bien des civilisations qui ont précédé la nôtre ont disparu. Les travaux de Korten sur l'empire américain l'amènent à penser que ce dernier prépare aujourd'hui sa perte, comme avant lui tant d'autres civilisations. Le rêve américain promettait qu'en travaillant dur et respectant les règles, chacun aurait un bon travail, la sécurité économique, une retraite, un logement et mangerait à sa faim. Aujourd'hui, ce rêve a été remplacé par un autre : trouver un filon pour faire rapidement des affaires en Bourse, ou monter une entreprise et la revendre pour devenir très riche, ne plus jamais avoir besoin de travailler, posséder trois yachts et dix propriétés, dans les coins les plus chics de la planète. Ce rêve égoïste exclut 99 % de la population. Comment pourrait-il mobiliser l'énergie d'un peuple ?

Dans ce système, nous perdons notre capacité manufacturière, technique et de recherche. Nous faisons exécuter toutes ces tâches ailleurs, par des ouvriers sous-payés, et nous achetons à crédit – le crédit à la consommation, les emprunts. Ce qui revient à perdre nos savoir-faire et à devenir complètement dépendants. Ce système n'est pas pérennisable car il est fondamentalement instable. Il finira par s'effondrer, et l'empire se retrouvera en situation de dominé, tandis que les ressources seront exploitées par de nouveaux empires.

Avec une différence notable, cette fois-ci. L'aventure des empires du passé ne pourra se reproduire à l'identique, car la biosphère n'est plus en mesure de le supporter. La société de consommation et l'économie de pillage et de gaspillage ne pourront être répliquées à l'échelle de la planète. Nous avons encouragé les pays émergents à copier ce modèle obsolète. Ils utilisent les dollars que nous leur procurons en achetant à crédit. États et spéculateurs mettent la main sur des terres et des ressources dans le monde entier, en prévision de la pénurie à venir. Cela pourra continuer pendant un certain temps. Pour autant, il serait absurde de poursuivre dans cette impasse au lieu de prendre ensemble du recul et changer les règles d'un système dont nous savons qu'il est condamné, et nous avec lui si aucune alternative n'est préparée.

Saurons-nous accomplir ce saut ? Korten estime que le vrai problème est d'abord culturel. Prendre conscience de la possibilité de changer de modèle nécessite d'être capable de prendre du recul face au mode de pensée dont nous avons hérité ; de découvrir que d'autres visions du monde sont possibles, que l'altérité est une richesse plutôt qu'une menace. Il n'est donc pas étonnant de constater que les porteurs de cette mutation sont souvent des personnes qui possèdent une double culture ou ont eu l'occasion de vivre au contact d'autres groupes humains.

BALLE fait partie d'un large mouvement porteur de ce changement de regard. Pour ces entrepreneurs, le pouvoir doit se ré-enraciner au cœur des peuples et de leurs communautés locales. L'Histoire montre que nous avons plus à perdre qu'à gagner à le voir centralisé entre les mains de gouvernants qui servent davantage les intérêts privés – au premier rang desquels les grandes compagnies – qu'ils ne servent leurs peuples.

Et si la démocratie économique et politique était notre antidote ?

Chapitre 2

Michael H. Shuman : la prospérité économique est enracinée dans les communautés locales

« Ils sont mille à élaguer les branches du mal pour un qui frappe à la racine. »

H. D. THOREAU

Aujourd'hui consultant au sein de la société Cutting Edge Capital, Michael H. Shuman a, lui aussi, pris part à la fondation de BALLE. Il en dirigea pendant plusieurs années le département Recherche et Développement économique. Avocat, économiste, auteur et entrepreneur, il est reconnu comme l'un des experts américains de l'économie locale et des atouts des PME à l'ère de la globalisation. Il a écrit, coécrit ou édité sept ouvrages[1] et mené, en qualité de consultant, de nombreuses études et projets de recherche sur les stratégies de localisation économique, les « fuites monétaires », les systèmes locaux de nourriture ou encore l'impact économique des subventions aux entreprises. Depuis vingt-cinq ans, Shuman est un conférencier apprécié. Il a enseigné dans huit pays d'Amérique du Nord, du Sud et en Asie. Membre des barreaux de Californie et du district de Columbia, il fit ses études à l'université Stanford, dont il reçut un B.A. d'économie et de relations internationales et un J.D. de l'école de droit.

LES TROIS CLÉS DE LA PROSPÉRITÉ LOCALE

Shuman fait le constat de l'impuissance de la plupart des gouvernements nationaux ou locaux à maintenir la prospérité de leur pays ou de leur territoire. Il leur semble inéluctable de voir les emplois s'envoler, les entreprises fermer, etc. Or il existe des solutions. Depuis de nombreuses années, il a notamment étudié l'effet multiplicateur généré par l'achat local, l'impact de l'activité des entreprises sur les territoires ou encore la valeur ajoutée qu'apportent les réseaux locaux d'entreprises aux communautés dans lesquelles elles prospèrent.

---

1. Voir bibliographie.

Il a identifié trois clés principales pour une prospérité accrue des collectivités locales. L'utilisation de ces trois principes génère un impact démontré sur la prospérité économique des territoires.

PRINCIPE 1 : L'EFFET MULTIPLICATEUR

Le premier principe porte sur la maximisation du pourcentage d'emplois et d'entreprises locales[1]. Pour l'opinion dominante dans la pensée économique, savoir qui détient la propriété n'a aucune importance ; toutes les entreprises – grandes ou petites, possédées localement ou non – contribuent à l'emploi et au développement du bien-être économique ; toutes paient des impôts, toutes contribuent d'une manière ou d'une autre à la société et à l'appui aux associations.

Or la réalité est différente. Les travaux de Shuman et de BALLE, ceux de l'Institute for Self-Reliance et de plusieurs universités ont montré que les entreprises locales contribuent beaucoup plus – par unité d'activité, de vente ou d'actifs – au développement du bien-être économique que ne le font les entreprises non locales. La principale raison en est le « multiplicateur économique[2] ». Les entreprises locales entretiennent des relations plus denses avec les autres acteurs du territoire et tendent à réaliser dans la région une plus grande part de leurs achats.

Sur ce thème, l'étude de référence aux États-Unis fut menée en 2002 à Austin, Texas. En comparant les impacts respectifs de 100 dollars dépensés dans une librairie « locale » et de la

---

1. BALLE appelle « entreprises locales » celles dont la majorité des propriétaires réside et travaille dans la région où opère principalement l'entreprise.
2. Voir encadré ci-après, p. 52.

même somme dépensée dans une librairie « non locale ». Alors que 100 dollars dépensés à la librairie locale laissent 45 dollars dans l'économie locale, un même achat auprès de la librairie non locale ne laisse que 15 dollars environ[1].

L'achat local, trois fois plus avantageux

Du point de vue de la communauté, chaque fois que l'on achète auprès d'une entreprise locale le même produit, de même qualité, au même prix, on génère trois fois plus d'emplois, de revenus et de richesse, trois fois plus de taxes et d'appui aux organismes de bienfaisance. C'est ce qu'ont démontré une douzaine d'études menées à travers le pays[2]. Toutes convergent pour montrer que les entreprises locales dépensent deux à quatre fois plus d'argent dans l'économie locale que ne le font les entreprises non locales.

À ce jour, il n'existe pas une seule étude démontrant l'inverse : que des entreprises non locales dépensent proportionnellement plus dans l'économie locale que les entreprises du territoire. Shuman considère donc que, jusqu'ici, la recherche confirme à 100 % son analyse.

À propos de l'emploi, il existe également des références intéressantes. La *Harvard Business Review* publiait en juillet 2010 un graphique résumant la recherche d'un professeur d'économie de Harvard, Edward Glaiser[3]. Celui-ci montre que la taille moyenne des entreprises dans les territoires se réduit à mesure que le nombre d'emplois augmente. Shuman note que si Glaiser constate que « plus de petites entreprises signifie plus d'emplois », ce chercheur a du mal à l'expliquer, proba-

---

1. *Economic Impact Analysis: A Case Study*, monographie (Austin, TX, Civic Economics, 2002). Téléchargeable sur *www.civiceconomics.com*.
2. Voir notamment ILSR : *www.ilsr.org/key-studies-walmart-and-bigbox-retail/*.
3. Glaiser E. L. et Kerr W. R., « The Secret to Job Growth : Think Small », *Harvard Business Review*, juillet-août 2010.

blement parce qu'il ne s'est pas familiarisé avec la littérature concernant les multiplicateurs. En effet, celle-ci rend parfaitement compte de ce phénomène, que lui comme d'autres constatent avec régularité.

Une autre étude a été récemment publiée par le journal *Economic Development Quarterly*[1]. Historiquement, cette publication ne s'est pas montrée très favorable aux idées concernant les économies locales vivantes. Pourtant, cette recherche – opérant sur une période de vingt ans une régression du taux de croissance économique dans les communautés locales à travers les États-Unis –, montre que plus il y a de petites entreprises, plus le taux de croissance économique est élevé. Bien sûr, « petit » n'est pas un équivalent absolu de « local » ; la corrélation n'est pas parfaite. Nous savons cependant que 99,9 % des petites entreprises sont locales et que 99,9 % de toutes les entreprises locales sont petites.

C'est d'ailleurs l'une des raisons pour lesquelles la politique de relance américaine s'est avérée si inefficace. Il n'y a jamais eu de ciblage de l'argent sur les petites entreprises locales. Malheureusement, la pensée traditionnelle keynésienne conduit les macro-économistes à croire que, dans une situation de récession ou de dépression, le gouvernement doit dépenser beaucoup, mais que peu importe là où l'argent est dépensé.

---

1. Fleming D. A. and Goetz S. J., « Does Local Firm Ownership Matter ? », *Economic Development Quarterly*, 2011.

L'effet multiplicateur local[1]

Qu'entend-on par ce terme ? Les études montrent qu'un dollar dépensé dans une entreprise locale tend à générer deux à quatre fois plus d'avantages économiques – emplois et salaires compris – qu'un dollar dépensé dans une entreprise non locale. L'impact des dépenses locales par rapport aux non locales est montré dans le tableau ci-dessous, qui retrace ce qui arrive à 1 000 $ dépensés dans une économie composée d'entreprises locales, par rapport à une économie composée d'entreprises non locales.

Supposons que – conformément à ce qui ressort de ces enquêtes – les entreprises locales dépensent localement 60 % de toutes leurs recettes, et que les entreprises non locales consacrent au niveau local 30 % de leurs recettes. Dans une économie d'entreprises locales, le premier « tour » des dépenses de consommation laisse 600 dollars dans l'économie. Du solde resté sur place, le même pourcentage est ensuite dépensé dans les entreprises locales ; ce qui laisse 360 dollars dans l'économie locale. Ainsi, à la fin du deuxième tour, un total cumulé de 960 dollars a été dépensé localement. Comme le processus continue en cycles successifs, de moins en moins d'argent demeure sur place. À la fin du sixième tour, la première tranche de 1 000 dollars conduit à ce que 1 430 dollars soient dépensés localement. On dit alors que le multiplicateur correspondant est de 1,43.

Pour les entreprises non locales – qui ne dépensent localement que 30 % de leurs revenus –, le premier tour des dépenses laisse 300 dollars, soit moitié moins que les entreprises locales. Le deuxième tour laisse encore 90 dollars, et ainsi de suite. À la fin du sixième tour, le total dépensé ne sera que de 428 dollars. On dit donc que le multiplicateur y est de 0,43.

Comme on le voit dans le tableau ci-dessous, même si le taux de dépense sur place des entreprises locales au premier tour est seulement deux fois supérieur à celui des entreprises non locales, chaque tour accroît la différence : après 6 tours, l'impact cumulé donnera ainsi un taux supérieur à 3 pour 1. Autrement dit, chaque dollar dépensé génère localement trois fois plus d'emplois que le

1. Source : Shuman M., *The BALLE Economic-Development Handbook*, BALLE, 2011.

dollar payé pour une activité non locale, trois fois plus de revenus et de richesse, et donc trois fois plus de taxes perçues, trois fois plus de dons aux organismes de charité, et ainsi de suite.

Bien sûr, si les dépenses non locales sont non seulement confiées à des entreprises extérieures mais qu'elles sont en outre effectuées hors de votre territoire – par exemple par Internet chez Amazon – il ne revient presque rien de cet argent dans votre économie locale ; et le différentiel d'impact des achats auprès des entreprises locales s'en trouvera encore accru.

Impact du multiplicateur économique

	Entreprise Locale	Entreprise non locale
Pourcentage dépensé localement	60 %	30 %
Montant dépensé	€ 1,000	€ 1,000

Montant dépensé dans la communauté locale

– À l'issue du Tour n° 1	€ 600	€ 300
– À l'issue du Tour n° 2	€ 360	€ 90
– À l'issue du Tour n° 3	€ 216	€ 27
– À l'issue du Tour n° 4	€ 130	€ 8
– À l'issue du Tour n° 5	€ 78	€ 2
– À l'issue du Tour n° 6	€ 47	€ 1

Dépenses locales cumulées	Entreprise locale	Entreprise non locale	Différence
– À l'issue du Tour n° 1	€ 600	€ 300	x 2,00
– À l'issue du Tour n° 2	€ 960	€ 390	x 2,46
– À l'issue du Tour n° 3	€ 1,176	€ 417	x 2,82
– À l'issue du Tour n° 4	€ 1,306	€ 425	x 3,07
– À l'issue du Tour n° 5	€ 1,383	€ 428	x 3,24
– À l'issue du Tour n° 6	€ 1,430	€ 428	x 3,34

Le concept d'effet multiplicateur est souvent nouveau pour les consommateurs. La plupart des gens pensent que dépenser un dollar (ou un euro) dans une entreprise A ou dans une entreprise B revient au même. Cela peut donc ne pas suffire à comprendre l'intérêt d'acheter localement. En revanche, cela peut sans doute contribuer à ouvrir son esprit et à l'amener à réfléchir aux nombreux autres éléments qui, une fois réunis, font la valeur et l'intérêt d'un produit ou d'un service local.

Comment ne pas gaspiller un milliard de dollars

Contrairement à ce qu'énonce la pensée keynésienne classique, l'endroit où cet argent est dépensé compte donc énormément. En effet, si l'on dépense pour des choses qui font s'échapper l'argent de l'économie locale ou nationale, la relance économique devient à la fois coûteuse et inutile. Quand Obama avait annoncé son plan de relance de 0,75 milliard de dollars, un article soulignait que les lobbyistes étrangers attendaient avec impatience de pouvoir obtenir leur part du magot. Le programme de relance s'est soldé par un échec. Ce qui fut la principale cause de la baisse de popularité du président, qui passa alors sous les 50 % d'opinions favorables. Nombre de personnes au sein des organismes fédéraux et dans les départements de la Maison Blanche sont conscientes de cela. Mais au niveau supérieur, ce n'est guère le cas. Car la plupart des gens qui occupent les postes dirigeants appartiennent au monde des grandes entreprises, particulièrement celles des milieux financiers.

Shuman ne pense pas qu'il n'y a aucun espoir de changement à court terme. Certains essaient en effet de faire passer le mot, un peu comme dans un match de rugby, où l'on essaye de trouver un passage, une faille, et de se faufiler pour atteindre l'objectif. Il estime aussi que l'administration n'a pas beaucoup d'options. Certaines solutions proposées par les promoteurs de l'économie locale ont le grand avantage d'être très bon marché pour la puissance publique. Elles offrent une manière moins coûteuse et plus efficace de stimuler l'économie.

PRINCIPE 2 : LA DIVERSIFICATION DE L'ÉCONOMIE

Le second point porte sur la diversification de l'économie. La plupart des économistes peuvent comprendre qu'une économie très diversifiée est saine et qu'une économie fondée sur seulement une, deux ou trois industries est potentiellement en danger. Les exemples abondent depuis deux siècles. Car lorsqu'on dépend d'une seule industrie, celle-ci est totalement positionnée dans l'économie globale. Les marchés mondiaux variant sans que cette économie locale y puisse rien, elle reste vulnérable aux aléas extérieurs.

Le contre-argument classique est que si l'on diversifie une économie en s'appuyant sur des ressources locales, on ne se soucie pas de l'économie mondiale. C'est un mythe, poursuit Shuman. Pour reprendre une expression de Jacky Aignel, vice-président de la communauté de communes du Mené, il n'est pas question d'« opposer le local au global ; mais si l'on n'est pas costaud dans le local, on ne sera rien dans le global ».

Le terreau d'une économie résiliente

Aujourd'hui, l'une des erreurs des politiques conventionnelles de développement économique est de se focaliser entièrement sur les marchés mondiaux, en ignorant les marchés locaux. Leur hypothèse est que si vous vous placez sur les marchés mondiaux, les marchés locaux suivront automatiquement. Or la relation de causalité est exactement inverse.

Alimenter les entreprises locales grâce à la demande locale, c'est nourrir le terreau humain, technique et économique et le rendre apte à produire de multiples solutions répondant aux besoins locaux mais aussi à l'évolution des besoins et aux accidents de conjoncture… Bref, c'est rendre le territoire plus résilient. Et certaines de ces entreprises atteindront naturellement le seuil de maturité leur permettant de commencer à se tourner vers les marchés nationaux et mondiaux. Plutôt que d'être totalement dépendant d'une seule entreprise de taille mondiale, le territoire en a, potentiellement, des dizaines, parfois des centaines. Le voilà moins vulnérable quand des changements dans l'économie mondiale mettent l'un ou l'autre secteur en difficulté. Cette recherche d'autonomie peut permettre à une communauté locale de reconstruire une prospérité perdue.

La conviction sous-jacente, en termes de diversification de l'économie, est que – contrairement à la vision théorique et hors-sol de la spécialisation – nous pouvons bâtir des clusters locaux dans chaque secteur de l'économie locale. Chaque fois qu'ils identifient un « trou », – un besoin non satisfait – dans l'économie du territoire, ce n'est pas – pour les promoteurs de cette approche – un problème mais bien une opportunité. Il s'agit d'enrichir l'économie locale en la diversifiant autant qu'il est à la fois possible et utile.

Principe 3 : le « triple résultat »

Un troisième principe émerge de l'observation des économies locales qui réussissent. C'est l'importance d'identifier et diffuser les modèles d'entreprises qui pratiquent la *triple bottom line*[1], particulièrement celles qui y excellent.

Dan Swinnney, écrivait en 1998 un article[2] devenu depuis une référence. Il parlait de deux voies différentes menant au

---

1. Le Triple Résultat (aussi connu comme « People, Planet, Profit ») est un mode d'évaluation de la performance de l'entreprise intégrant les dimensions sociale, environnementale et économique).
2. Swinney D., *Building the Road to the High Road,* Center for Labor and Community Research, 1998. *www.clcr.org.*

développement économique. L'une était la « haute route » – les salaires y sont élevés et les mesures de protection de l'environnement fortes –, et l'autre la « basse route » – les salaires y sont faibles, tout comme les comportements à l'égard de l'environnement ; ce qui ne l'empêche pas, elle aussi, d'être très rentable. Peu de territoires dans le monde hésiteraient à choisir la « haute route » si elle leur semblait accessible. Mais beaucoup y renoncent, considérant qu'ils ne disposent pas des moyens – financiers, humains, technologiques – nécessaires et craignant d'y connaître une faible croissance. BALLE considère cette vision binaire caricaturale et limitante. Le mouvement consacre, au contraire, son énergie à identifier, dans chaque secteur de l'économie locale, toutes les opportunités et les modèles d'affaires innovants qui permettront de créer et développer des entreprises à la fois rentables et performantes aux plans social et environnemental.

Une vision partagée, mille manières de faire

Il est difficile de généraliser la façon dont ceci peut être réalisé. Parfois, c'est en mettant d'abord l'accent sur le choix d'une bonne technologie de protection de l'environnement. Parfois c'est parce que vous avez commencé par mieux traiter vos collaborateurs, dont la productivité s'est en retour élevée. Ailleurs, l'entreprise aura su créer un fort lien de confiance avec ses consommateurs, ses investisseurs et ses autres parties prenantes, qui se seront sentis motivés pour collaborer avec une entreprise aux normes élevées. De plus en plus de voies permettant aux entreprises de devenir à la fois éthiques, intelligentes et rentables et, ainsi, d'avancer sur la haute route.

Pour qui veut valoriser et renforcer ces entreprises, dites *triple bottom line*, une priorité est de les aider à mesurer leurs progrès dans ces trois domaines. BALLE met donc l'accent sur les méthodes et outils de mesure produits par des organisations comme B corporation[1], qui permettent aux entreprises de comparer en toute transparence leurs performances – relations avec leurs travailleurs, l'environnement, leurs actionnaires, le monde associatif ou encore les politiques publiques – et de les accompagner pour suivre les progrès accomplis.

Shuman a longuement échangé sur ces trois points clés et lu l'ensemble de la littérature du domaine. À ce jour, s'il existe une critique convaincante de cette grille d'analyse, il n'en a pas encore entendu parler. À une exception près : le seul reproche que l'on entend souvent, c'est qu'« en général, les petites entreprises ne peuvent pas atteindre les rendements ou les économies d'échelle des grandes entreprises ».

Objection : les « économies d'échelle »

Qu'en est-il en réalité ? D'une part, il lui semble que toute la discussion sur l'effet d'échelle correspond à une extrapolation faussée de la théorie. La théorie était, en effet, qu'il existe quelque part un seuil optimal sur l'échelle de la performance, et que si la taille de l'entreprise s'éloigne de ce seuil en se réduisant ou en augmentant, son efficacité se réduit.

D'autre part, on constate sur le terrain que si un tel seuil existait, il devrait se situer plutôt vers le bas de l'échelle. En effet, on dispose aujourd'hui de preuves convaincantes que les entreprises compétitives tendent à voir leur taille se réduire. Trois conclusions tirées des données solides disponibles tendent à démontrer que, aux États-Unis, les petites entreprises ont vu leur compétitivité s'accroître.

La première conclusion que l'on peut tirer est la résistance des petites entreprises aux politiques économiques définies par Washington. Tout le monde en conviendra, au cours des vingt-cinq dernières années les politiques de développement

---

1. Voir page 224.

économique ont favorisé les grandes entreprises multinationales. L'essentiel du fonds de relance d'Obama leur a d'ailleurs
été versé, et 90 % de l'argent destiné au renflouement des
banques est également allé à ce type d'entreprises. Shuman
a mené en 2011 une étude portant sur quinze programmes
étatiques de développement économique. Il en ressort que
90 % de ces programmes dépensent plus de la moitié de leur
fonds pour attirer ou retenir des entreprises non locales, et
environ un tiers d'entre eux offrent 80 % ou plus de leurs
fonds à des affaires non locales[1]. « Nous pouvons ainsi dire
sans risque d'erreur que le développement économique a
été orienté à la défaveur des entreprises locales. » De façon
générale, les politiques antitrust ont été très peu respectées,
permettant à des entreprises comme Wal-Mart[2] de croître
de façon gigantesque et incontrôlée. En outre, les grandes
infrastructures qui ont été construites ont rendu le transport
de marchandises sur de longues distances relativement peu
coûteux (il n'en intègre généralement pas le coût d'investissement ni d'entretien) et ont nui aux réseaux locaux de
distribution. Dans un tel contexte, on pourrait s'attendre à
ce que la part de marché des petites entreprises locales se soit
contractée de façon spectaculaire au cours de cette période.
Or, en réalité, elles ont maintenu exactement la même part
de marché depuis vingt ans. Shuman conclut dans un sourire
que malgré tous les efforts des développeurs économiques
pour tuer les entreprises locales, celles-ci ont remarquable-
ment bien résisté !

La seconde conclusion est que les petites entreprises sont
globalement plus performantes. Dans ce pays, les industries

---

1. Aux États-Unis, les États et les gouvernements locaux donnent chaque
année 80 milliards de dollars (soit 9,1 millions de dollars toutes les heures) à
des entreprises essentiellement non locales, avec, de ce fait, un impact limité
sur leur économie.
2. Voir p. 72.

sont répertoriées dans un système national de classification, le NAICS[1]. Si vous posez la question : « Dans combien de ces mille cent catégories avons-nous plus d'exemples de réussite chez les grandes entreprises que chez les petites ? », la réponse est « 7 ». Pour donner une idée de ce que sont ces sept catégories, la catégorie 1 est : « Mise en œuvre du système monétaire central » ; 2 : « Mise en œuvre des centrales nucléaires » et 3 : « Missiles et fusées », et ainsi de suite. Dans les mille quatre-vingt-treize autres catégories, il existe plus d'exemples de réussite de petites entreprises que de grandes. Beaucoup de petites entreprises sont hautement compétitives (de l'agriculture à l'informatique, de la finance au transport ou à la construction, etc.). Logiquement, une personne responsable du développement économique local devrait donc chercher à aider son territoire à identifier les modèles et les niveaux d'intervention adaptés dans chacun de ces mille cent secteurs, ou au moins dans ceux qui sont les plus porteurs dans son contexte particulier. Ceci pour créer des clusters locaux au service de l'autonomie de ces régions.

Enfin, la troisième conclusion est que les petites entreprises sont globalement plus rentables. En examinant leurs taux de profit, on constate en effet que les entreprises individuelles sont trois fois plus rentables que les grandes.

En outre, on observe aujourd'hui des tendances nouvelles dans l'économie mondiale, qui devraient venir renforcer l'avantage concurrentiel des entreprises locales :

- l'Internet facilite le positionnement des personnes et des petites structures face à la concurrence mondiale ;
- le prix du pétrole est désormais durablement orienté à la hausse, du fait de la raréfaction de la ressource et de l'ac-

---

1. NAICS : système nord-américain de classification industrielle, équivalent de la nomenclature d'activités française (NAF).

croissement de la consommation dans les pays émergents. L'expédition de produits sur de longues distances tendra à devenir de plus en plus coûteuse, renforçant la pertinence économique de produire au niveau local ou régional.

Il faut ici mentionner une autre politique, celle du capital-investissement, sur lequel BALLE a beaucoup travaillé ces dernières années. Concernant la compétitivité des petites entreprises, on observe que quand les pays s'enrichissent, ils tendent à allouer une part relativement plus grande de leurs dépenses aux services et relativement moindre aux biens. Or on sait aussi que les services fournis à l'échelle locale sont intrinsèquement concurrentiels, notamment du fait de l'importance des facteurs relationnels et de confiance.

… MAIS LES MARCHÉS PRÉFÈRENT LES GRANDES

On pourrait donc logiquement s'attendre à ce que – si les marchés de capitaux fonctionnaient de façon efficace et adaptée – environ la moitié de l'épargne soit orientée vers cette moitié de l'économie qui est locale : les petites entreprises. Or, en réalité, près de 100 % de l'épargne à long terme en actions, les obligations, les fonds mutuels, les fonds de pension et les fonds d'assurance vont aux grandes entreprises. Ceci du fait de la réglementation des titres financiers, édictée dans les années trente – à l'époque de la grande crise –, qui rend très coûteux, pour les petits investisseurs, d'investir dans les petites entreprises.

Si l'on parvient à corriger cela, l'économiste calcule qu'un transfert de 15 milliards de dollars pourrait s'opérer des grandes entreprises vers les petites. Ce serait le stimulus le plus important et le plus efficace dont l'économie améri-caine aurait jamais bénéficié. Bonne nouvelle : ce genre de stimulus peut aussi se produire dans toute autre économie dont les dirigeants auront décidé de réformer les marchés de capitaux pour faciliter l'investissement local. Cela souligne l'enjeu considérable que représente l'investissement local au service d'un nécessaire changement économique. Ayant parcouru le monde, Shuman a pu, partout où il s'est penché sur le droit des valeurs mobilières, constater l'existence de ce problème. Partout, les lois édictées pour éviter les fraudes ont, en fait, eu pour effet d'empêcher l'investissement local.

LE *CROWDFUNDING* ENFIN LÉGAL POUR LES PME

Mais cela n'est pas une fatalité. Récemment, la situation a évolué dans la bonne direction. En effet, la campagne de lobbying engagée par Shuman, avec BALLE et d'autres partenaires auprès des élus fédéraux, conjuguée à la persistance de la crise, a permis de commencer à faire sauter ce verrou légal d'accès à l'épargne.

Ils ont, avec le représentant Patrick McHenry[1], introduit le projet de loi « Entrepreneur Access to Capital Act » (HR 2930). Dès novembre 2011, La Chambre des représentants l'adoptait à la quasi-unanimité, créant une exemption pour des investissements inférieurs à 10 000 dollars ou 10 % du revenu annuel de l'investisseur. En avril 2012, le président Obama signait la loi « Jumpstart Our Business Startups « (JOBS). Cette initiative bipartisane était en phase avec l'appel que le président avait lui-même lancé en faveur d'une réduction des contraintes réglementaires empêchant les start-up et de nombreuses petites entreprises de lever des capitaux. Désormais, sont notamment autorisés le *crowdfunding*, le développement des mini-offres publiques d'appel à l'épargne et la création de l'introduction en Bourse simplifiée (IPO On

---

1. Républicain, de Caroline du Nord.

Ramp[1]) qui facilite l'entrée en Bourse des « gazelles », les PME à fort potentiel. La mise en œuvre – non encore réalisée – de ces décisions devrait permettre d'améliorer considérablement la situation. Shuman évalue en effet à 15 milliards de dollars le potentiel théorique de réorientation des différentes formes d'investissement vers l'économie locale.

La dimension transpartisane des démarches impulsées par le mouvement localiste est essentielle à leur succès. Tant les démocrates progressistes que les républicains du Tea Party peuvent comprendre et appuyer le soutien aux commerces et aux entreprises locales ou l'accès des PME à l'investissement direct par les citoyens.

LES ÉCONOMIES LOCALES CONTRE LE CHÔMAGE

Dans le cadre du réseau BALLE, Shuman a conçu trois calculateurs[2] destinés à faciliter la prise de décision par les collectivités et les entrepreneurs qui veulent mettre en œuvre sur leur territoire les principes évoqués tout à l'heure. Ces calculateurs portent respectivement sur :

- le potentiel de création d'emplois du territoire dans chacun des mille cents secteurs d'activité économique du NAICS ;
- le potentiel de développement d'activités agricoles pour répondre aux besoins de nourriture du territoire ;
- l'identification des banques et investisseurs locaux ainsi que l'évaluation du potentiel d'épargne et d'investissement du territoire considéré.

---

1. En reportant à la cinquième année après l'entrée en Bourse une partie du coût et des formalités d'entrée.
2. Voir p. 248.

LOCALISER PEUT ACCROÎTRE LE COMMERCE

Les gens pensent souvent : « Oui, mais si chaque communauté est plus autonome, n'y aura-t-il pas, globalement,
moins d'échanges ? Et s'il y a moins de commerce, n'y
aura-t-il pas moins de richesse ? » Shuman estime que le
commerce pourrait au contraire augmenter. Ceci est une
caractéristique subtile de la localisation qui est largement
incomprise. La localisation est une stratégie de création de
richesse. En effet, chaque fois que l'on importe inutilement
des biens et des services externes, on se prive du bénéfice
de l'effet multiplicateur qui peut générer de la richesse, des
emplois et des revenus.

> « Illustrons ce point d'un tout petit exemple qui me concerne
> personnellement. L'acte le plus important de localisation que j'aie
> réalisé depuis dix ans fut de passer mon prêt hypothécaire de la Bank
> of America à une caisse de crédit locale. J'ai économisé plusieurs milliers
> de dollars par an, car les frais bancaires et les conditions de prêt consentis
> par cette caisse de crédit sont nettement plus favorables pour le client,
> comme c'est généralement le cas[1]. Cette richesse supplémentaire, je peux
> la consacrer à faire des acquisitions que je n'aurais pas faites auparavant.
> Notamment des produits que nous ne fabriquons pas ici. J'apprécie tout
> spécialement les bons vins français et le bon whisky de malt d'Écosse. J'ai
> donc cessé de gaspiller mon argent dans un système hypothécaire inefficace
> géré par une multinationale et l'ai confié à une entreprise bancaire locale
> plus performante ; les économies réalisées m'ont permis de m'offrir
> des biens et services nouveaux, et de participer à la prospérité d'autres
> économies locales, ailleurs dans le monde[2]. »

Si l'on peut amener les territoires à un niveau d'autonomie
optimale – et non totale, comme dans le cas de l'autarcie – ils
disposeront de plus de moyens pour acquérir sur le marché

---

1. Voir p. 140.
2. Interview de M. Shuman par l'auteur, 15 mai 2012, Grand Rapids.

mondial des produits et services utiles. Faire un usage plus judicieux de l'argent ne conduit donc pas nécessairement à importer moins, mais mieux.

SOLIDARITÉ ENTRE ÉCONOMIES LOCALES

BALLE considère qu'il n'est pas possible de rendre vivante l'économie locale sur un seul territoire. De même que la santé d'un corps humain implique la santé de chacun de ses organes, toutes les économies locales et régionales sur la planète devront retrouver équilibre et santé pour que l'économie mondiale parvienne à un état de fonctionnement optimal. Ce n'est qu'ainsi que chacune pourra améliorer sa prospérité tout en échangeant de façon équitable avec les autres.

Pour chacun, le travail consiste donc d'une part à aider son propre territoire à devenir – à sa petite échelle – à l'image de ce que nous aimerions voir advenir partout sur la planète. Et d'autre part à établir de nouvelles formes de coopération. Ainsi, un territoire qui développe un type d'éolienne ou d'hydrolienne novateur, s'il est prêt à partager avec le reste de la planète, peut contribuer à résoudre le problème de la pauvreté mondiale. Grâce au développement des économies locales, plus d'entreprises accepteront de partager leurs techniques dans le monde. Ancrées sur leur marché régional, elles seront moins dépendantes, pour leur survie, du marché mondialisé et se sentiront plus volontiers enclines à partager cette information avec d'autres territoires.

Cette façon nouvelle de mettre en œuvre le concept clé d'interdépendance est un vrai changement de paradigme. Il inspire et anime d'ores et déjà les échanges au sein du réseau BALLE. C'est l'une des raisons de son développement rapide.

La démarche proposée par Shuman et Korten donne aux acteurs locaux des clés pour l'action ; elle met aussi l'accent sur une dimension – l'économie territoriale – encore peu étudiée car tenue pour négligeable par la théorie économique standard. Pourtant, comme le montre l'économiste Bernard Pecqueur[1], les manifestations de l'économie territoriale[2] sont multiples, tant en milieu urbain que rural et dans toutes les économies de la planète. On se souvient des travaux de Marshall sur les districts industriels – repris par les économistes italiens – et du concept d'« atmosphère industrielle » mettant en valeur l'importance des facteurs de proximité, de culture, du « double mouvement de concurrence-émulation et de coopération » ainsi que l'importance de la rencontre entre hommes et entreprises sur un même territoire concret. Cette lecture fut étendue aux territoires comme milieux d'innovation ou, encore, aux systèmes locaux de production agroalimentaire[3].

L'espace géographique dans lequel s'insère une entreprise n'est plus réduit à la seule fonction de support physique passif de son activité. Il devient une composante dynamique, productrice d'externalités potentiellement importantes pour l'entreprise (environnement naturel, culture, histoire, compétence, innovation, etc.). Pecqueur souligne à la fois l'opposition et l'intrication de deux logiques productives cohabitant sur un même territoire, un modèle standard de performance économique fondé sur la notion de productivité et un modèle de qualité qui établit un rapport nouveau à la concurrence dont le territoire lui-même devient un élément clé[4].

---

1. Pecqueur B., « Le tournant territorial de l'économie globale », *Espaces et sociétés*, 2006/2 n° 124-125, p. 17-32. DOI : 10.3917/esp.124.0017 – *www.cairn. info/revue-espaces-et-societes-2006-2-page-17.htm.*

2. Gumuchian H. et Pecqueur B., *La Ressource territoriale*, Paris, Economica, 2007.

3. CIRAD-SAR, *Systèmes agroalimentaires localisés : organisations, innovations et développement local*, Montpellier, rapport CIRAD, 1996.

4. Pecqueur, *op. cit.*, 2006, p. 30.

Dans l'optique de l'économie locale vivante, ce modèle de qualité peut constituer une forme de résistance des économies territoriales face à la conception dominante de « guerre de tous contre tous » qui conduit à la destruction des spécificités et lamine tant les économies que les sociétés humaines. Au nom de quoi serions-nous d'ailleurs condamnés à concevoir les relations économiques sur le mode guerrier ? Le temps est peut-être venu de voir les choses autrement.

Le renforcement des économies locales s'appuie sur les secteurs d'activité qui répondent à des besoins fondamentaux de la population : se nourrir, se loger, disposer d'énergie, financer les entreprises, produire des biens et services, etc. Voyons, à travers quelques exemples, comment des milliers d'entrepreneurs locaux inventent de nouvelles manières de faire.

Que retenir ?

David Korten : dépasser l'économie suicidaire

- Comprendre l'économie mondiale et tenter d'agir sur elle nécessite de la replacer dans le contexte de la biosphère. Partout, les systèmes vivants y prospèrent à partir des ressources et de l'énergie disponible localement et sont en relation permanente d'échange et de coopération.

- Par opposition, David Korten appelle « économie suicidaire » la propension du système économique moderne à se développer en détruisant l'environnement qui lui permet d'exister.

- Il est peut-être possible d'inventer une manière différente de faire, Mais cela implique de revoir totalement notre conception de l'activité, des relations économiques et de la richesse ; il nous faut changer nos grilles d'analyse, partir de la réalité du terrain local et modifier les règles du jeu économique et politique.

Michael H. Shuman : la prospérité économique est enracinée dans les communautés locales.

- Trois approches ont démontré leur efficacité pour rétablir la prospérité d'un territoire : maximiser le pourcentage d'emplois dans les entreprises possédées localement, optimisant ainsi le « multiplicateur économique » ; diversifier l'économie du territoire et multiplier les entreprises atteignant avec succès le « triple résultat ».

- Contrairement à une croyance largement véhiculée, bien qu'erronée, les études montrent que les petites entreprises – le plus souvent locales – sont globalement plus performantes, rentables et créatrices d'emplois que les grosses entreprises.

- Il apparaît d'autre part que favoriser le développement et le financement des petites entreprises est la manière la plus efficace de renforcer la santé d'une économie ; et que la construction d'une économie mondiale saine devrait se faire à travers non la concurrence généralisée mais la coopération entre des économies locales et régionales prospères et aussi autosuffisantes que possible.

- Ces deux démarches ont pour intérêt d'offrir un cadre conceptuel et des outils pour l'action des collectivités et entrepreneurs locaux et de leurs réseaux. Elles s'inscrivent au sein de la réflexion menée par plusieurs économistes sur le rôle de l'économie territoriale et sa relation avec la phase actuelle de globalisation.

Partie 2
L'économie locale vivante en pratique

*Nous devons nous poser honnêtement
la question de l'échelle. La grandeur a
un charme et une dimension théâtrale
fascinants, en particulier pour les politiciens et les financiers, mais elle favorise la
cupidité, l'indifférence et les nuisances, et
souvent une grande taille n'est pas nécessaire. Vous pouvez avoir besoin d'une
grande entreprise pour gérer une compagnie aérienne ou fabriquer des voitures,
mais vous n'avez pas besoin d'une
grande entreprise pour élever un poulet
ou un cochon. Vous n'avez pas besoin
d'une grande entreprise pour produire
localement du bois ou des aliments
vendus dans la région.*

Wendell BERRY[1]

---

1. Extrait de l'essai *Compromise, Hell! The Way of Ignorance et Autres Essais*, Washington, DC, Shoemaker & Hoard, 2005.

Chapitre 3

Une économie en voie de concentration accélérée

Le combat que mènent les réseaux d'entrepreneurs locaux s'inscrit dans un contexte qui leur est peu favorable : il est en effet caractérisé par une accélération vertigineuse de la concentration de l'économie. On trouve une illustration de ce phénomène dans l'évolution du commerce de détail.

L'EFFET SABLIER OU L'EMPIRE DES INTERMÉDIAIRES

La France est devenue, depuis les années soixante, la patrie des grandes puis des très grandes surfaces (rapportés au nombre d'habitants, les hypers y sont 2,8 fois plus nombreux qu'en Italie et 1,3 fois plus qu'au Royaume-Uni), avec pour conséquence une implosion du commerce de proximité indépendant (le nombre de commerces de deux salariés ou moins a baissé de 60 % entre 1966 et 1998 ; pendant la même période, leur contribution au chiffre d'affaires du secteur est passée de 50 % à 13 %). 68 % des communes n'ont plus d'épicerie. Pour acheter leur nourriture, 62 % des Français doivent se rendre en périphérie des villes, généralement en voiture, contre 33 % des Allemands[1]. La grande distribution, qui fonde son modèle non sur l'épaisseur de la marge mais sur une rotation rapide du capital investi, a fait des prix bas son argument fétiche. Le consommateur y a gagné en pouvoir d'achat, mais se sent désormais otage d'un système omniprésent dont il perçoit les limites (gaspillage, temps perdu, conditions sociales…)[2].

Aux États-Unis, les grandes chaînes – en tête desquelles Wal-Mart – ont, elles aussi, laminé le commerce indépendant, imposant un modèle d'affaires très profitable mais peu contributeur à la santé de l'économie locale. Le leader du secteur a été l'un des moteurs de la désindustrialisation du pays en

---

1. Dossier « Les hypers en bout de course(s) », *Terraeco*, juin 2013, n° 48.
2. Damgé M., « Les Français continuent d'aller à l'hypermarché (mais ils n'aiment pas ça) », *Le Monde*, 14 juin 2013.

poussant systématiquement ses fournisseurs à délocaliser leurs productions en Chine afin de réduire leurs prix. Pesant 6 % du PIB, le secteur génère 4 000 milliards de dollars de chiffre d'affaires et emploie plus de 15 millions de personnes.

Pour le seul secteur de l'alimentation[1], Wal-Mart est passé de 4 % de part de marché en 1997 à 25 % en 2012 (50 % dans les zones métropolitaines) ; il devrait atteindre 36 % d'ici 2017. La croissance rapide de ce géant a entraîné une forte concentration parmi ses concurrents (chaînes de supermarchés) et les fournisseurs (transformation des aliments). Ainsi, la chaîne de valeur prend-elle la forme caractéristique d'un sablier : entre les 2 millions de fermiers et les 310 millions de consommateurs, ne reste qu'une poignée d'intermédiaires (quatre abattoirs traitent 85 % de la viande du pays, une entreprise 40 % des produits laitiers et cinq chaînes possèdent la moitié des points de vente d'épicerie). De 1995 à 2009, la part du prix de vente final reversée au fermier a partout été réduite (– 18 % pour le lait, – 35 % pour les pommes ou encore – 44 % pour la viande de porc). Les employés voient eux aussi leurs revenus diminuer : le salaire moyen d'un ouvrier d'abattoir a perdu 9 % et celui d'une caissière de supermarché 4 % dans le même temps. Pourtant, le prix payé par le consommateur a augmenté notablement : (+ 51 % pour le lait, + 42 % pour les pommes, + 33 % pour le porc), les marges dégagées étant empochées par les sociétés de transformation et de distribution.

Wal-Mart est aussi le prototype d'une répartition déséquilibrée des revenus entre capital et travail : la société a vu ses ventes croître de plus de 70 milliards de dollars depuis le début de la grande récession, en décembre 2007 et réalisé un profit de 16 milliards de dollars en 2011. Les profits du secteur ont atteint un record historique en 2012. Dans le même temps,

---

1. « How Wal-Mart is devouring the food system », *Grist*, 1er décembre 2012 – *grist.org/food/how-walmart-is-devouring-the-food-system*.

des millions de familles sombraient dans la pauvreté. La grande distribution reste le premier « producteur » de travailleurs pauvres du pays[1]. Lesquels, payés en moyenne 31 % moins que dans les autres grandes entreprises de commerce de détail, font beaucoup plus appel (+ 39 %)[2] aux aides sociales et à l'aide alimentaire financées par les contribuables. Sans surprise, toute forme de syndicalisation est, depuis toujours, activement combattue par le groupe.

BAS SALAIRES : UN PUISSANT LEVIER POTENTIEL

Dans une étude rigoureuse publiée fin 2012[3], le *think tank* Demos montre les retombées importantes, pour ces travailleurs comme pour l'économie du pays, que représenterait une légère augmentation des plus bas salaires dans ce secteur. Il rappelle qu'Henry Ford avait décidé, en 1914, de payer à la plupart de ses travailleurs un salaire nettement plus élevé que celui en vigueur à l'époque. Si son principal objectif était de réduire le turn-over du personnel, cette innovation majeure de Ford – qui choqua les industriels de l'époque – eut pour principal effet d'installer dans le pays une économie fondée sur des salaires élevés, une forte consommation et une vaste classe moyenne.

Un siècle plus tard, alors que l'économie flanche et que la pauvreté gangrène le pays, Demos montre que le simple fait d'augmenter le salaire minimum à 25 000 dollars pour un plein-temps équivaudrait à peine à 1 % du chiffre d'affaires du secteur. Le report de tout ou partie de cette augmentation sur le consommateur final ne représenterait que 8 à 17,70 dollars

---

1. Bureau of Labor Statistics – *www.bls.gov/iag/tgs/iag44-45.htm*.
2. UC Berkeley Labor Center, « Hidden Costs of Wal-Mart Jobs », *laborcenter. berkeley.edu/retail/Wal-mart.pdf*.
3. Demos, « Retail's Hidden Potential : How Raising Wages Would Benefit Workers, the Industry and the Overall Economy », *www.demos.org/publication/ retails-hidden-potential-how-raising-wages-would-benefit-workers-industry-and-overall-ec*.

par an et par acheteur. En revanche, cela sortirait sept cent mille familles de la pauvreté et rendrait du pouvoir d'achat à des millions d'autres, proches du niveau officiel de pauvreté. Cela relancerait l'économie tout en créant cent mille emplois et en boostant la vitalité du secteur. « Les emplois mal payés ne le sont pas par nécessité commerciale, mais par choix[1]. » Des employeurs comme Costco et Safeway payent des salaires décents et se portent très bien.

Les richissimes géants du secteur s'inspireront-ils de l'exemple de Ford ? C'est improbable, mais la proposition peut contribuer à éveiller les esprits. Et à légitimer les revendications que les employés de Wal-Mart peinent à faire valoir[2].

Cette hyper-concentration impacte lourdement les économies locales : chaque ouverture d'un nouveau magasin Wal-Mart entraîne la disparition d'environ cent cinquante emplois dans les commerces de distribution de la zone ainsi qu'une augmentation significative de la pauvreté. Une étude menée dans la région de Chicago montre que l'implantation d'un nouvel établissement de la marque génère la disparition de 25 % des petites entreprises dans un rayon de 6,5 km.

_____

1. Dans un autre secteur, celui de la restauration rapide, la situation n'est guère plus enviable. Cette industrie a un chiffre d'affaires annuel de 200 milliards de dollars. Le P-DG d'une entreprise y gagne en moyenne 25 000 dollars par jour, soit deux fois le salaire annuel de l'un de ses employés. À New York, le salaire moyen annuel d'un employé est de 11 000 dollars, ce qui couvre un quart de ses besoins de survie. Nombre d'entre eux ont donc recours aux aides publiques. Fin 2012, une mobilisation historique des travailleurs des fast-foods fut lancée pour essayer d'obtenir une hausse des salaires et le droit de se syndiquer (voir *www.fastfoodforward.org*).
2. Une grande première eut lieu en 2012 : le jour de Black Friday – au lendemain de la Pentecôte, le meilleur jour du commerce de détail–, des employés de mille magasins de la marque se mirent en grève pour une série de motifs (conditions de travail, harcèlement sexuel, horaires excessifs, travail forcé, faibles salaires). Pour la première fois, des employés de Wal-Mart à travers le monde organisaient des actions revendicatives.

DES CONSOMMATEURS PLUS SENSIBLES À L'ACHAT LOCAL

Les indépendants qui ont survécu aux dernières décennies ont successivement subi la pression dévastatrice des grandes surfaces, puis de l'e-commerce et plus récemment du p-commerce[1] et du *drive*[2]. À chaque étape, nombre d'entre eux ont disparu. À l'ère de la voiture reine, bien des centres-ville ont été désertés au profit de centres commerciaux périphériques. Les indépendants ont tenté de s'adapter, souvent avec l'appui de la population.

Depuis cinq ans, après les fêtes de fin d'année, l'Institute for Local Self Reliance[3] (Institut pour l'autosuffisance locale) réalise une enquête nationale auprès des entreprises indépendantes américaines. D'année en année, l'étude enregistre une progression continue de l'attitude des consommateurs en faveur de l'achat local dans les commerces et entreprises indépendants. L'action des alliances locales d'entreprises indépendantes procure à leurs membres un avantage concurrentiel significatif.

2011 a de nouveau marqué un renforcement important de l'attitude des consommateurs en faveur de ces entreprises, tout particulièrement dans les zones où existent des réseaux locaux comme ceux de BALLE.

---

1. Achat effectué au moyen d'un téléphone portable.

2. Achat effectué sur Internet et récupéré par le client en voiture sur un point de collecte, le *drive*.

3. L'enquête 2011 *Public Awareness of the Value of Independent Businesses* a collecté les réponses de 1 768 entreprises, toutes indépendantes et appartenant à des professionnels locaux, à travers quarante-neuf États. Environ la moitié étaient des détaillants. Source : ILSR. *www.ilsr.org*.

Consommateurs et entreprises locales

Parmi les principaux résultats, on notait que :

- 61 % des entreprises locales indépendantes indiquent une progression de leurs revenus par rapport à 2010 ;

- Plus de 75 % ont constaté que la prise de conscience, par le public, des avantages de l'achat local avait augmenté au cours de l'année ;

- Les détaillants indépendants ont bénéficié de ventes de fin d'année plus fortes (+ 6,7 %) que la moyenne du secteur (+ 4,1 %) ;

- Dans les communautés locales où des groupes de base actifs organisent régulièrement une campagne de sensibilisation « Achetez indépendant/Achetez local », les indépendants ont vu leur chiffre d'affaires annuel croître de 7,2 % (2,6 % dans les autres zones) ;

- Dans ces communautés, les commerces de détail voient leurs ventes progresser de 8,5 % pendant la période des fêtes de fin d'année (contre 5,2 %).

Stacy Mitchell, chercheur senior à l'Institut de l'autonomie locale (ILSR), rapporte que tout au long de la période des fêtes, nombre de propriétaires d'entreprises indépendantes ont aussi remarqué que beaucoup de clients étaient à la recherche de « magasins locaux indépendants ». D'après les résultats de l'enquête, il s'agit là d'une tendance générale.

On pourrait penser que le combat pour la survie des acteurs locaux indépendants est mal engagé. Pourtant la progression fulgurante des grandes compagnies vers le contrôle de l'économie pourrait buter sur un obstacle majeur : leur domination est bâtie sur un modèle non pérennisable. Examinons l'exemple de l'économie de la nourriture.

Chapitre 4

Les systèmes locaux de nourriture

*« La question de la faim dans le monde
peut se résumer finalement à la question :
"Comment ne pas empêcher les gens de
se nourrir par eux-mêmes ?" »*

François DE RAVIGNAN

Un problème mondial

Avant de découvrir quelques réalisations emblématiques, et pour bien saisir les enjeux, il importe de comprendre que l'agriculture fait l'objet de considérables rapports de force à l'échelle mondiale.

Malgré l'accroissement des récoltes, le nombre de personnes qui souffrent de la faim dépasse 1 milliard. 80 % des personnes sous-alimentées vivent à la campagne et 70 % d'entre elles sont des paysans, souvent dépourvus des moyens de valoriser leur travail et incapables de concurrencer le dumping économique organisé par les grands producteurs d'Europe et des États-Unis, à grand renfort de subventions publiques à l'export.

Les accords commerciaux internationaux entraînent la destruction de l'agriculture vivrière sur tous les continents et forcent des millions de petits producteurs à quitter leurs terres pour les bidonvilles des métropoles. Or, comme le souligne Ignacy Sachs, l'industrie ne sera plus en mesure de fournir assez d'emplois pour absorber l'exode rural des pays du Sud, comme ce fut le cas par le passé dans les pays occidentaux. « Il nous faut abandonner l'idée – héritée du XIXe siècle – selon laquelle tout ce qui est paysan est dépassé[1]. » Avec un nombre croissant d'observateurs et d'institutions, il considère qu'il nous faut abandonner le mythe moderniste d'un inexorable futur citadin pour tous. Et comprendre que l'avenir de la planète se trouve au contraire à la campagne. D'où la nécessité de construire dès maintenant une « bio-civilisation » qui favorisera une agriculture à la fois nourricière et protectrice de la nature, mais aussi une utilisation efficace de la biomasse – « non seulement les fourrages, mais aussi les matériaux de construction, les bioénergies, les fibres, les

---

1. Sachs I., « Pour une bio-civilisation, interview », *Reporterre*, 28 janvier 2007 – *www.reporterre.net/spip.php?article12.*

plastiques et en général tout ce qu'on peut tirer de la chimie verte, de la pharmacopée et des cosmétiques » – par une valorisation des ressources qui soit précisément adaptée aux divers terroirs. Ce n'est qu'ainsi que l'on répondra au double défi du présent : le changement climatique et l'aberrante inégalité sociale actuelle. « Il n'y a pas de solution urbaine au problème fondamentalement rural de la pauvreté » confirment Gro Harlem Brundtland et les lauréats du prix Blue Planet, dans leur appel international de 2012 les « Défis de l'environnement et du développement » : l'impératif d'agir[1], rappelant que les solutions sont souvent connues des habitants eux-mêmes et qu'il convient d'en faciliter la mise en œuvre, de les mettre en valeur et de les généraliser.

Main basse sur les terres

> *« Le pouvoir sur les sols, les semences et la vente des produits alimentaires est de plus en plus concentré, et les terres agricoles des pays du Sud, essentiellement en Afrique, sont arrachées aux populations autochtones par des spéculateurs qui tirent profit de l'escalade du prix des denrées alimentaires[2]. »*

Dépossédant les paysans pauvres, l'accaparement des terres par des spéculateurs, des fonds de pension, l'agro-business multinational et certains États aurait plus que quadruplé au cours de la seule année 2011. Selon le Land Matrix Project[3], « 203 millions d'hectares (huit fois la taille de la Grande-Bretagne) sont passés sous contrôle d'étrangers entre 2000 et 2010, par des ventes ou locations de longue durée[4] ».

---

1. *www.thenaturalstep.org/sites/all/files/Blue_Planet_Laureates_Environment_and_Development_Challenges_The_Imperative_to_Act.pdf*
2. Vidal J., « Oxfam Warns of Spiralling Land Grab in Developing Countries », *www.guardian.co.uk/environment/2011/sep/22/oxfam-land-grab-developing-countries.*
3. Initiative internationale de surveillance des acquisitions importantes de terres étrangères.
4. « Ruée sur les terres agricoles », *Le Monde*, 27 mars 2012.

À elles seules, quatre sociétés contrôlent les trois quarts du commerce international des céréales ; en 2000, aux États-Unis, à peine dix sociétés – dont les conseils d'administration ne comptent pas plus de cent trente-huit personnes au total – contrôlaient la moitié de la nourriture et des ventes de boissons dans le pays. Les conditions de travail des ouvriers agricoles américains sont encore parfois si inimaginables que sept producteurs de Floride ont été reconnus coupables d'esclavage impliquant plus de mille travailleurs. L'espérance de vie des travailleurs agricoles des États-Unis est de quarante-neuf ans[1] alors que l'Américain moyen vit plus de soixante-dix-huit années[2].

Monopole des semences

Les semences constituent un autre front. Après avoir avalé un millier d'entreprises semencières, trois multinationales – Monsanto, DuPont et Syngenta – se partagent aujourd'hui la moitié des semences brevetées dans le monde. Avec l'appui des autorités américaines, les multinationales produisant des OGM ont réussi à investir discrètement l'agriculture mondiale, au point d'être présents dans 75 % des produits alimentaires transformés[3]. Il est cependant possible que la tendance s'inverse un jour, à l'image de ce qui est arrivé en Europe, où un fort mouvement de refus des OGM oblige les industriels à composer. Le mouvement mondial de résistance au monopole des semences se renforce à travers de nombreuses initiatives populaires pour préserver les semences indigènes par des pratiques

---

1. Lappé M. F., *EcoMind, Changing the Way We Think to Create the World we Want*, New York, Nation Books, 2011.

2. *www.cia.gov/library/publications/download/download-2012/index.html.* (estimation au 22 sept. 2011).

3. *Id.*

d'échange et la sensibilisation du public[1]. Dès 2004, la région Toscane fait passer une loi régionale sur le patrimoine semencier. En octobre 2012, à l'initiative de Vandana Shiva, est née l'Alliance citoyenne mondiale pour la liberté des semences[2].

Subventionnement massif et unilatéral

Deux visions du monde s'opposent : d'un côté la monoculture industrielle productiviste qui, au nom de l'efficacité, prône la domination de la nature par l'homme et accapare les moyens de production au bénéfice de quelques investisseurs privés ; et de l'autre un mouvement populaire mondial pour l'agriculture paysanne, qui promeut au contraire une coopération avec la nature et la valorisation de la diversité culturale et culturelle, fruit de millénaires d'expérience paysanne.

Pourtant, on l'a vu, le débat est faussé, dans la mesure où la monoculture productiviste n'a réussi à s'imposer qu'en obtenant discrètement un subventionnement massif de son activité par des fonds publics, en se dotant d'une position dominante et en occultant son impact social et écologique. Désastreux, il est également absurde. En effet, comme le souligne Michael Pollan[3], « les fertilisants chimiques (tirés du gaz naturel), les pesticides (tirés du pétrole), et la transformation, l'emballage et le transport modernes ont transformé un système qui, en 1940, avec chaque calorie sous forme d'énergie produisait 2,3 calories sous forme de nourriture, en un système qui consomme 10 calories d'énergie fossile pour produire chaque calorie de nourriture de supermarché moderne ». L'absurdité apparaît « quand on se rappelle que chaque calorie que nous

---

1. En Inde, Navdanya, l'organisation de Vandana Shiva ; en Amérique du Nord, Seed Savers Exchange ; Irish Seed Saver Association en Irlande ; Kokopelli en France ; Slow Food et bien d'autres encore se mobilisent.
2. Global Alliance for Seed Freedom – *seedfreedom.in*.
3. Auteur, journaliste et professeur de journalisme à l'école de journalisme de l'université de Californie à Berkeley.

mangeons est, en fin de compte, le produit de la photosyn-
thèse, un processus qui produit gratuitement la nourriture à
partir de l'énergie du soleil[1] ».

Le combat semble inégal. Pourtant, la fragilité intrinsèque de
la monoculture intensive en fait un colosse aux pieds d'argile.
Sa principale arme est le manque d'information du public sur
les modalités et l'impact de ses pratiques. Or les lacunes du
système apparaissent chaque jour de façon plus évidente et les
moyens de communication modernes favorisent la diffusion
de l'information et les prises de conscience.

La « malbouffe » mondialisée menace la santé humaine

Le 6 mars 2012, à Genève, dans son rapport au Conseil des
droits de l'homme des Nations unies, le rapporteur pour le
droit à l'alimentation, Olivier De Schutter, appelait la communauté internationale à réagir rapidement devant un désastre
sanitaire à l'échelle planétaire. Les systèmes alimentaires actuels
présentent de graves dysfonctionnements, à l'origine d'un
désastre sanitaire public. L'autorégulation de l'industrie agroalimentaire n'a pas fonctionné, constatait-il ;

> « Le monde paie aujourd'hui le prix fort d'une politique qui a consisté,
> au cours des cinquante dernières années, à faire porter tous les efforts
> presque exclusivement sur l'augmentation de la production[2]. »

Face au milliard d'humains qui ne mangent pas à leur faim,
apparaît un autre milliard qui souffre de surcharge pondérale,
et les maladies induites (diabète, affections coronariennes et
cardio-vasculaires) explosent, grevant les dépenses de santé.

En outre, un tiers des enfants des pays pauvres n'ont pas la taille
d'un enfant de leur âge, faute d'avoir accès aux fruits et aux

---

1. Pollan M. cité par *Dreaming New Mexico*.
2. Cité par van Kote G., « Le réquisitoire des Nations unies contre la
"malbouffe" », *Le Monde*, 8 mars 2012.

légumes. En cause, les politiques de prix de nombreux pays, qui favorisent les produits de l'agro-industrie (à commencer par les laits maternisés) au détriment d'un régime alimentaire sain.

Remise en cause d'idées reçues

Nous sommes confrontés à des conditions météorologiques de plus en plus incertaines et extrêmes, à la rareté croissante du pétrole et des ressources fossiles, au manque d'eau et à l'accroissement de la population. Les systèmes agricoles vont donc devoir s'adapter, résister, voire si possible atténuer ces problèmes, tout en produisant des aliments sains et nutritifs.

De nombreuses recherches et expérimentations, menées un peu partout dans le monde, montrent que certaines idées imposées depuis plus d'un demi-siècle par l'agro-industrie ne rendent pas compte de la réalité et que des solutions existent ailleurs.

Émission de CO_2 : la clé du sol

Un rapport du PNUE[1] montrait en 2012 comment le réchauffement climatique « va empirer à mesure que les méthodes agricoles intensives vont accélérer leur effet néfaste sur l'érosion des sols ». En effet, les sols contiennent beaucoup de carbone sous forme organique qui apporte des nutriments aux plantes. Or la déforestation et l'agriculture intensive entraînent la disparition accélérée de cette substance qui, une fois convertie en CO_2, contribue au réchauffement climatique. « Près de 60 % du carbone emprisonné dans les sols et la végétation aurait été perdu depuis le XIXe siècle[2]. »

À l'opposé, l'agriculture biologique restitue au sol en moyenne 12 % à 15 % de carbone en plus que les systèmes à base d'engrais minéraux, grâce à la meilleure fertilité du sol et à sa teneur

---

1. Programme des Nations unies pour l'environnement.
2. « Le réchauffement va empirer avec les pratiques agricoles intensives », *Le Monde*, 15 février 2012, p. 10.

en humus[1]. Généralisée, elle permettrait de réduire sensible-
ment la production de gaz à effet de serre d'origine agricole.
La Commission européenne fait notamment état de l'étude
réalisée par le FiBL[2], montrant qu'un hectare d'une ferme bio
produit 32 % moins de gaz à effet de serre qu'un hectare d'une
ferme utilisant des engrais minéraux et 36 % moins qu'un
hectare d'une ferme conventionnelle utilisant du fumier.

À l'issue de trente ans de recherche comparative – la plus
longue expérimentation de ce type jamais entreprise aux
États-Unis –, évaluant côte à côte divers systèmes de production agricoles, le Rodale Institute[3] a démontré que l'agriculture biologique est mieux équipée que l'agriculture chimique
pour nourrir l'humanité.

> « *La caractéristique d'un système véritablement soutenable est sa
> capacité de se régénérer. La clé d'une agriculture soutenable est un sol
> sain. L'agriculture biologique est, de loin, supérieure aux systèmes
> conventionnels quand il s'agit de construire, entretenir et renouveler la
> santé des sols. Pour la seule santé du sol, l'agriculture biologique s'avère
> plus soutenable. Lorsque l'on considère également les rendements, la
> viabilité économique, la consommation d'énergie et la santé humaine, elle
> apparaît clairement comme tout à fait soutenable alors que les pratiques
> conventionnelles actuelles ne le sont pas.* »

Généraliser des pratiques culturales ne dégradant plus les sols
mais contribuant, au contraire, à les restaurer demande de
poser un autre regard sur la fonction de l'agriculture : non
seulement source de nourriture et de revenus à court terme,
mais collaboration intelligente avec un écosystème. Ce que

---

1. *www.fibl.org.*
2. Institut de recherche de l'agriculture biologique (Suisse, Allemagne et
Autriche).
3. Le Rodale Institute fut fondé en 1947 dans la campagne de Pennsylvanie
par le pionnier du bio J. I. Rodale, afin d'étudier le lien entre la santé des sols,
des aliments et des personnes – *www.rodaleinstitute.org.*

font nombre de méthodes culturales (agro-écologie, perma-culture, biodynamie, agroforesterie, etc.), illustrant la diversité des traditions et des démarches respectueuses de la nature et de la santé. Mais, comme le rappelle Vincent Tardieu[1], « sans un bouleversement parallèle des structures professionnelles, des marchés, du modèle de consommation dominant et de l'organisation des territoires, ces agro-écologies demeureront des "niches commerciales" ».

Biodiversité : les oiseaux préfèrent le bio

Le maintien de la biodiversité est l'une des conditions de survie de l'humanité. Or la FAO a calculé que 75 % de cette même biodiversité a disparu de la planète depuis le début du XXe siècle. Une étude pan-européenne récente[2] a montré que les fermes biologiques préservent plus efficacement les oiseaux et des espèces sauvages trouvées au cours de l'hiver sur les terres agricoles de six pays européens. Au-delà, c'est l'ensemble du monde vivant qui est concerné[3]. En effet, l'agri-culteur bio se considère comme vivant en symbiose avec son écosystème, dont la vitalité conditionne la prospérité de sa propre activité. Non seulement la faune et la flore locales ne souffrent pas de ses pratiques d'amélioration de la productivité agricole mais, au contraire, elles en sont renforcées. En outre, n'utilisant pas d'engrais, herbicides, pesticides et autres intrants de synthèse, l'agriculteur bio évite de polluer cours d'eau et nappes phréatiques.

---

1. Tardieu, Vincent, *Vive l'agro-révolution française !,* Belin, Paris, 2012.
2. Geiger F., de Snoo G. R., Berendse F. *et al.* (2010). « Landscape composi-tion influences farm management effects on farmland birds in winter : A pan-European approach », *Agriculture, Ecosystems and Environment,* 139, p. 571-577.
3. Les taux d'extinction des espèces sont à des sommets jamais atteints durant l'ensemble de l'évolution humaine – de 10 à 100 fois le rythme naturel d'ex-tinction constaté par les scientifiques sur une période de 500 millions d'années, alors qu'il pourrait être bientôt 10 000 fois supérieur (source : A. Garric, *ecologie. blog.lemonde.fr/2012/07/27/la-fin-de-la-planete-en-2100*).

Une agriculture plus naturelle est donc un atout, tant pour faire face aux enjeux climatiques que pour préserver la biodiversité. Mais elle est aussi tout simplement plus productive sur le long terme.

Évaluations convergentes

Dès 2006, une équipe de chercheurs de l'université du Michigan à Ann Harbor, aux États-Unis[1], parvenait à une conclusion identique et réfutait des idées largement répandues bien que fausses, au sujet de l'agriculture biologique. À partir de l'étude approfondie de deux cent quatre-vingt-treize exemples, il ressort que l'agriculture biologique – dans sa grande diversité[2] – obtient des rendements comparables à l'agriculture conventionnelle dans les pays développés, et beaucoup plus élevés dans les pays en voie de développement. « Ces résultats indiquent que l'agriculture biologique a le potentiel de contribuer tout à fait largement aux approvisionnements alimentaires mondiaux, tout en réduisant les incidences nuisibles de l'agriculture conventionnelle sur l'environnement. »

L'université de l'Essex, au Royaume-Uni, publiait en juin de la même année une synthèse de toutes les recherches scientifiques disponibles[3] sur le sujet et portant sur cinquante-sept pays. Il en ressortait que l'agriculture bio sous toutes ses formes permettrait effectivement de nourrir le monde. Les auteurs soulignaient qu'il fallait désormais non plus s'interroger sur la capacité du bio à nourrir le monde, mais plutôt se demander

---

1. « Scientists Find Organic Agriculture Can Feed the World & More », *www.i-sis.org.uk/organicagriculturefeedtheworld.php.*
2. Il s'agit d'exploitations agro-écologiques, soutenables ou écologiques, mais pas nécessairement en agriculture biologique certifiée.
3. Hewlett E. et Melchett P. « Can Organic Agriculture Feed the World ? A Review of the Research », Soil Association, Bristol, UK, 2006 – *www.pigbusiness.co.uk/pdfs/Soil-Association-Can-Organic-feed-the-World.pdf.*

quel système d'agriculture et de nourriture peut offrir une alimentation saine, en particulier pour les plus pauvres, dans la limite des ressources énergétiques disponibles et du besoin urgent de réduire les émissions de gaz à effet de serre. En mai 2007, la FAO présentait, lors d'une conférence internationale convoquée à cet effet, le rapport « Agriculture biologique et sécurité alimentaire[1] ». Celui-ci montrait que l'agriculture biologique peut produire assez par tête d'habitant pour nourrir largement la population actuelle de la planète.

En 2008 la Banque mondiale et la FAO publiaient leur « Évaluation internationale des connaissances, des sciences et des technologies agricoles pour le développement » (EICSTAD)[2]. Ce rapport pluridisciplinaire approfondi, validé par cinquante-neuf gouvernements, a mobilisé quatre cents experts pendant quatre ans. Il montre qu'il est possible de venir à bout de la pauvreté, de la faim et de la crise climatique, à condition d'adopter un type d'agriculture qui favorise les moyens de subsistance des producteurs, les connaissances, la résilience, la santé et les relations équitables entre les sexes, tout en enrichissant l'environnement naturel et en aidant à équilibrer le cycle du carbone. Pour être au service de la vie, l'agriculture doit nécessairement favoriser l'établissement de relations saines de partenariat, tant avec les micro-organismes du sol, qu'avec les insectes, les animaux, les plantes, l'eau, le soleil et les communautés humaines. Ce rapport intègre – ce qui est nouveau – l'expérience multi-millénaire des peuples autochtones et insiste sur des points clés tels que l'importance de prendre en compte la complexité des écosystèmes et d'adopter une approche agro-écologique multifonctionnelle ; il souligne en outre les risques – pour les agricultures paysannes du Sud et pour leurs populations pauvres – d'une

---

1. Rome, du 3 au 5 mai 2007, *www.fao.org/ORGANICAG/ofs/docs_fr.htm.*
2. *www.unep.org/dewa/Assessments/Ecosystems/IAASTD/tabid/105853/Default.aspx.*

ouverture inconsidérée des marchés agricoles nationaux à la concurrence internationale ; il insiste enfin sur la nécessité d'évaluer les politiques, techniques et innovations à l'aune de la durabilité et de la résilience. Une vraie révolution copernicienne dans l'univers des politiques de « développement ».

En conclusion, le système mondialisé possède des avantages car il a su rationaliser la chaîne production-transformation-distribution, mais il n'est viable qu'en apparence, étant lourdement subventionné et n'intégrant pas les coûts cachés que son fonctionnement génère. Il ne permet pas de répondre de façon satisfaisante aux besoins actuels ni futurs de l'humanité. À l'opposé, la mise en place de systèmes localement intégrés et fondés sur une agriculture pleinement respectueuse de la nature permettrait de poser enfin les bases d'un système à la fois local et mondial évitant ces inconvénients, tout en nourrissant la population de la planète et en édifiant partout des économies prospères et soutenables.

Ceci demande souvent que les paysans aient accès à diverses formes d'appui (accès à la terre, formation, aide technique pour l'accès au crédit préférentiel et au marché, voire une aide pour la création des industries locales de transformation des produits agricoles)[1].

EN FRANCE, BIO ET LOCAL SE RÉVEILLENT

Les Français ont la chance de vivre dans un pays de terroirs, patrie des appellations d'origine et haut lieu mondial de la gastronomie. Autre privilège national, beaucoup moins glorieux : la France est le troisième pays consommateur au monde de pesticides. Plus de soixante-dix mille tonnes de ces

---

1. Sachs, « Pour une bio-civilisation, interview », *op. cit*, 28 janvier 2007 – *www.reporterre.net/spip.php?article12*.

composés chimiques – qui impactent directement et lourdement l'environnement et la santé – sont déversés annuellement sur nos sols, dont 90 % pour la seule agriculture.

Le modèle alimentaire français (rythme des repas, importance du repas familial, moindre consommation d'aliments transformés et de boissons…) continue heureusement de mieux préserver la santé que ne le fait son homologue américain[1] ; or il se dégrade sous le double impact de sa discrète mais rapide industrialisation et de l'évolution des modes de vie et de consommation. Déjà, 75 % des restaurateurs ne sont plus que les assembleurs des préparations industrielles qui trônent aussi désormais dans la cuisine familiale comme à la cantine.

Pourtant, un scandale alimentaire poussant l'autre, les Français prennent conscience des conséquences néfastes de l'agriculture chimique et de la nourriture industrielle. Depuis dix ans, le bio a trouvé son public, qui ne fléchit pas malgré la crise. Bien qu'encore très minoritaire, le marché des produits bio a quadruplé en dix ans, quand la consommation de biens des ménages baissait de 0,5 % par an[2], en partie du fait du recul des dépenses alimentaires. Les exploitations bio sont trois fois plus nombreuses qu'en 2001 et leur surface totale a triplé. Les entreprises de transformation et de distribution certifiées bio ont crû de 45 % en dix ans. Fin 2011, deux tiers des Français – et plus encore chez les urbains – disaient privilégier les produits respectueux de l'environnement et du développement durable. Le marché alimentaire bio approchait 4 milliards de dollars (quatre fois plus qu'en 2010) ; l'offre commence heureusement à rattraper son retard sur la demande. Avec un double effet positif : l'amorce d'une baisse des importations (de 38 % en valeur en 2009 à 35,3 % en 2011) et une réduction du bilan carbone de la filière.

_____

1. *www.credoc.fr/pdf/Rech/C283.pdf.*
2. Source : INSEE.

Le retour du local

Parallèlement, l'intérêt du public pour la production locale progresse, témoignant de l'intérêt pour la traçabilité de la nourriture, du refus du gaspillage (dans les circuits classiques, il dépasse 40 %) et du souci de soutenir l'économie du territoire. En 2012, la vente locale directe représentait 12 % des ventes totales (+ 16 % en un an). 75 % des aliments ou produits bio proviennent de France (et presque 100 % pour la viande, les œufs et le vin), et 80 % des consommateurs se préoccupent de la saisonnalité[1]. Les producteurs y trouvent leur compte : 1/5 d'entre eux – et près de la moitié des producteurs de légumes – vendent désormais en circuit court. Pour 40 % de ceux qui la pratiquent (hors viticulture), cette forme de commercialisation génère plus de 80 % de leur chiffre d'affaires[2].

En allant chercher mon panier bio hebdomadaire, j'ai une pensée reconnaissante pour ces mères de famille japonaises qui, inquiètes de voir l'agriculture s'industrialiser et faire un usage massif des produits chimiques, fondaient en 1965 les premiers Teikei. Elles achetaient à l'avance la récolte du paysan et lui s'engageait à leur fournir des aliments cultivés sans produits chimiques. Puis vinrent les Guildes de nourriture suisses et, en Amérique, les CSA[3]. En 2000, Denise et Daniel Vuillon, maraîchers du Var, créaient la première AMAP. Elles sont aujourd'hui plus de mille six cents en France[4]. Dix ans après naissait Miramap, mouvement interrégional des AMAP,

---

1. *www.consoglobe.com/produits-bio-local-france-cg,62013*.
2. Source : Agreste, janvier 2012.
3. CSA : Community Supported Agriculture. C'est en s'inspirant de ce modèle que les AMAP ont été créées en France. Les adhérents paient un « abonnement » à la ferme, à l'avance ou mensuellement, et ont en échange droit à un « panier » hebdomadaire de produits qu'ils rapportent du marché de producteurs ou de la ferme, ou d'un point de livraison.
4. Source : Miramap – *www.miramap.org*.

autour d'une charte qui revendique une agriculture pas nécessairement certifiée bio, mais sans pesticides, engrais chimiques ni OGM.

Une myriade d'initiatives associatives (jardins partagés, éducation au goût, collectifs d'achat…) constitue le socle d'un mouvement social grandissant. Les consommateurs inventent de nouvelles façons de s'associer aux producteurs. La Ruche qui dit oui ![1] en est un exemple ; elle permet à une communauté de consommateurs d'avoir accès chaque semaine par Internet aux meilleures offres de producteurs de sa région. En 2013, cent cinquante ruches étaient en activité et près de trois cent quatre-vingts se mettaient en place.

Parfois, ce sont les professionnels qui prennent l'initiative. Après avoir conseillé les petites entreprises de l'alimentaire du Morbihan pendant dix ans en tant que praticien hygiène et qualité, Emmanuel Le Guernic décidait en 2009 d'aider les producteurs, artisans, restaurateurs et commerçants locaux à se faire connaître et à valoriser leur savoir-faire et la qualité de leurs produits. Souvent très impliqués dans la vie locale, ces professionnels de proximité ne sont pas toujours des « pros » de la promotion. Au-delà de la simple vente en circuit court, Ma planète alimentaire[2] veut donc être un réseau de proximité – de la ferme à la maison – qui favorise à la fois la qualité des produits et les échanges entre producteurs, artisans, commerçants et consommateurs. L'association ANDES[3] regroupe et accompagne la création d'épiceries solidaires. Ce réseau national de structures professionnelles a abandonné la logique d'assistanat pour changer la relation avec les personnes exclues du système économique ordinaire. Dans chacun des quelque deux cent trente magasins, les plus pauvres ont librement accès

---

1. *www.laruchequiditoui.fr.*
2. *www.maplanetealimentaire.fr.*
3. *www.epiceries-solidaires.org.*

à une offre diversifiée de produits vendus entre 10 % et 30 % de leur prix courant.

Progressivement, des centaines de fermes s'extraient du modèle industriel pour redécouvrir les vertus – notamment économiques – de pratiques respectueuses. De nombreux jeunes cherchent à se lancer dans une agriculture de qualité. Ils peuvent s'appuyer sur les réseaux de paysans, des fermes exemplaires (chez Pierre Rabhi, à Montchamp en Ardèche, à Sainte-Marthe, au Bec-Hélouin, etc.) et des mouvements (Civam, Terre de Liens, etc.) qui depuis des années promeuvent la bio, la permaculture, la culture sans labour et les diverses approches qui constituent l'agro-écologie.

Une prise de conscience par les élus

Le Grenelle de l'Environnement avait fixé des objectifs nationaux, notamment pour l'approvisionnement des cantines en nourriture bio (20 %) et locale ; mais les budgets correspondants n'ayant pas été débloqués, il revient aux collectivités locales de financer les expérimentations.

Nos enfants nous accuseront, le film de Jean-Paul Jaud, a rendu célèbre l'aventure de Barjac et de son maire, Édouard Chaulet, pionnier de l'introduction du bio à l'école. À plus grande échelle, des élus de communautés, départements et régions commencent, souvent en réponse à une demande citoyenne, à se doter de politiques et d'outils favorisant l'accès de tous à une nourriture saine et, pour les plus avancés, à se préoccuper de sécurité et de souveraineté alimentaires[1]. À Lons-le-Saunier, cinq mille repas par jour sont livrés dans les écoles, à l'hôpital et aux personnes âgées servies à domicile. Le pain,

---

1. Le concept de souveraineté alimentaire a été défini en 1996 par La Via Campesina : « Le droit d'une population, d'une région ou d'un pays à définir leur politique agricole et alimentaire, sans dumping de prix vis-à-vis de pays tiers » – *www.foodsovereignty.org/fr/Ressources/Archives/Forum.aspx*.

la viande de bœuf, les yaourts, les fromages et une partie des légumes (89 % des pommes de terre et 50 % des carottes, navets, choux, betteraves) sont biologiques et de proximité[1]. La région Poitou-Charentes a choisi d'appuyer INPACT[2], confédération régionale d'associations indépendantes travaillant ensemble à la mise en œuvre d'un développement agricole et rural durable. De nombreuses régions lancent des appels à projets pour encourager ce type d'initiatives.

Le gouvernement français a pris conscience de l'importance de faire évoluer les modèles de production agricole. Il veut développer la restauration hors domicile avec son plan « ambition bio 2017 » et atteindre les 20 % de produits bio dans les restaurants collectifs appartenant à l'État. Mais aussi doubler les surfaces cultivées en agriculture biologique en favorisant le développement de toutes les structures bio, de la production à la consommation. Sous la bannière de l'agro-écologie, il lançait début 2013 un plan « Agricultures : produisons autrement »[3] visant à réorienter les outils budgétaires de la Politique agricole commune, intégrer l'agro-écologie dans les formations agricoles, mobiliser la recherche et faire évoluer la politique de développement agricole et la fiscalité environnementale. Ces évolutions seront déterminantes si, comme on peut l'espérer, elles sont mises en œuvre.

ÉTATS-UNIS : IL VA FALLOIR TOUT RECONSTRUIRE

Les États-Unis, connus comme le berceau de l'agriculture industrielle, des OGM, de la malbouffe et de leur cortège de troubles de santé – dont le fléau de l'obésité, qui touche 1/3 de la population, en augmentation de 74 % depuis

---

1. *www.fondation-nicolas-hulot.org.*
2. *www.inpactpc.org.*
3. *www.gouvernement.fr/gouvernement/le-projet-agro-ecologique-pour-la-france.*

dix ans[1] –, sont depuis deux décennies le théâtre d'une révolution des mentalités et des modes de consommation.

Les premiers jardins en CSA (AMAP) sont nés en 1990 dans le Massachusetts. Le mouvement atteint aujourd'hui plus de six mille cinq cents jardins, fermes, vergers et ranchs[2].

En 2012, il y avait sept mille huit cent soixante-quatre marchés de producteurs aux États-Unis, soit six mille cinq cents de plus qu'en 1990. Les ventes de nourriture locale ont augmenté de 24 % en douze ans. Pour Gary Paul Nabhan[3], ces taux de croissance soutenus sont en réalité plutôt des « taux de restructuration » ; ils traduisent une multitude d'efforts efficaces mais ponctuels et souvent non coordonnés de réorganisation des chaînes de distribution de la part d'entrepreneurs individuels, en vue de rapprocher producteurs et consommateurs.

En 2007, pour la première fois depuis la Deuxième Guerre mondiale, le nombre de fermes a cessé de décroître (+ 75 810 en cinq ans)[4], grâce à 110 014 nouvelles fermes de petite taille (moins de 2 hectares)[5]. Or, note l'analyste Steve Bosserman, « plus de fermes de petite taille accroissent l'offre disponible pour la consommation locale, ce qui produit plus d'opportunités pour la mise en marché locale ». Le nombre de marchés

---

1. Kyrillos Ja.V., MD, *Obesity in America, A Growing Epidemic*, Thomas Jefferson University.

2. Nabhan G. P., *Slow Money's Role in the Next Stage of the Local Food Movement*, 2 décembre 2012, *slowmoney.org*.

3. Souvent considéré comme le père du mouvement de la nourriture locale, Gary Paul Nabhan est un écrivain naturaliste prolifique. Titulaire de la chaire « Systèmes de nourriture soutenables » de l'université d'Arizona, il coanime aussi l'Initiative de restauration de l'habitat des Borderlands.

4. *www.agcensus.usda.gov/Publications/2007/Online_Highlights/Ag_Atlas_Maps/ Farms/Number/07-M002-RGBDot2-largetext.pdf*.

5. *www.agcensus.usda.gov/Publications/2007/Online_Highlights/Ag_Atlas_Maps/ Farms/Size/07-M004-RGBDot2-largetext.pdf*.

de producteurs a ainsi nettement augmenté de 2002 à 2007[1]. Cette année-là, le *New Oxford American Dictionnary*[2] faisait de « locavore[3] » son « mot de l'année », imaginé par quatre femmes de San Francisco qui proposaient d'acheter en priorité la nourriture produite dans un rayon de 160 km. Deux ans plus tard, Michelle Obama créait un jardin biologique sur les pelouses de la Maison Blanche et y associait les élèves des écoles, faisant de cette opération un point d'orgue de sa campagne nationale contre l'obésité et pour une nourriture saine dans les écoles comme à la maison.

Plus de jardins, plus de fermes, plus de débouchés, voilà qui devrait représenter de belles opportunités d'activité. Pas nécessairement, estime pourtant Bosserman :

> *« Il faut faire un travail considérable pour d'abord comprendre le contexte dans lequel les systèmes locaux de nourriture peuvent être rentables et soutenables, puis pour adopter les modèles d'affaire les mieux à même de réussir dans ces systèmes locaux[4]. »*

Quel est le contexte général ? Dans le système alimentaire mondialisé qui distribue l'essentiel de la nourriture dans le pays, le pourcentage du prix payé par le consommateur final revenant au producteur est passé de plus de 40 % au début des

---

1. Bosserman S., 8 mai 2009, *www.localfoodsystems.org/greeneracres/economics-local-food-system*.

2. *blog.oup.com/2007/11/locavore*.

3. Le mouvement « locavore » encourage les consommateurs à acheter sur les marchés de producteurs, voire à planter et récolter eux-mêmes leur nourriture, arguant que des produits frais et locaux sont plus nutritifs et ont un meilleur goût. Les locavores considèrent également le fait d'éviter les aliments des supermarchés comme une mesure écologique, car leur transport sur de longues distances nécessite souvent plus de carburant, et un système de production mondialisé peu écologique.

4. Bosserman, 2009.

années cinquante[1] à moins de 20 % depuis 2000[2]. Et l'industrialisation à outrance de l'agriculture a entraîné une dépendance
très forte du prix des aliments par rapport à celui du pétrole :
d'avril 2001 à avril 2011, la corrélation entre l'index du prix
de la nourriture (FAO) et le prix moyen du pétrole (EIA) est
de 93,4 %[3] ; chaque mouvement du cours du pétrole entraîne
donc mécaniquement une modification équivalente de celui
des denrées alimentaires. La raréfaction du pétrole condamne
la nourriture industrialisée à une hausse permanente des prix.

En outre, ce système ne parvient à fonctionner qu'à deux
conditions : que celles de ses étapes qui génèrent des moins-
values soient fortement subventionnées et que les externalités – impacts sur la santé et l'environnement, contribution
au réchauffement climatique, etc. – soient exclues du calcul
du coût.

S'il a réussi à s'imposer, c'est qu'il a été capable d'apporter
le volume des aliments, leur variété et un coût abordable.
Il a réussi à fournir la population de façon régulière depuis
la Seconde Guerre mondiale. Mais ce faisant, il s'est arrogé
le quasi-monopole de la distribution. Cette position ultra-
dominante lui permet d'imposer conditions et marges tant
aux producteurs et aux transformateurs qu'aux consommateurs et d'imposer son point de vue aux politiques. Quand
seuls quelques gros intermédiaires contrôlent le marché, la
concurrence perd de sa réalité.

Conséquence aussi logique qu'absurde, les communautés
rurales sont parmi celles qui souffrent le plus de la pauvreté
et de l'insécurité alimentaire (accès insuffisant à une nourriture permettant de mener une vie saine et active). En 2012,
dans dix États de la région des Grandes Plaines, plus de 13 %

---

1. Source : Economic Research Service.
2. *www.farmpolicyfacts.org/index.php/2008/03/farmers-dont-get-much-bread-for-that-loaf.*
3. Sources : Fondation Springcreek, blog de Paul Chefurka, FAO, EIA.

de la population et 24 % des enfants dans ces zones rurales souffraient d'insécurité alimentaire. Les contributions fédérales au développement rural sont en chute libre depuis des années, et elles favorisent trop les grandes exploitations plutôt que d'appuyer les petits fermiers et les zones rurales en général. Pour inverser ces tendances, il est vital que les communautés locales et les politiques publiques trouvent des façons nouvelles et innovantes pour créer des opportunités économiques et revitaliser les économies rurales[1]. C'est précisément ce qui motive la création de systèmes locaux de nourriture. Cette approche présente des avantages indéniables : hausse des revenus des producteurs, renforcement de l'économie locale, maîtrise locale accrue de la propriété des entreprises, sauvegarde de l'emploi, santé, traçabilité des produits, meilleure résilience de la société et rétablissement de l'écosystème. Une fois mis en œuvre dans un grand nombre de régions, ils pourront constituer la base d'une alternative.

La demande pour une nourriture locale et saine croît notablement et n'est pas satisfaite. Or le potentiel est là. Chaque État américain[2] pourrait produire en moyenne 53 % de la nourriture qu'il consomme[3].

Cependant, pour qu'un système alternatif soit viable, la capacité de production locale doit croître de façon notable (Bosserman calcule que, dans le cas de l'Ohio, elle devrait passer de 5 % à 25 %) tout en préservant les avantages spécifiques que nous venons d'évoquer et qui font sa force. Les agriculteurs doivent diversifier leurs productions et intégrer les étapes qui génèrent de la plus-value (transformation, distribution),

---

1. Le rapport intégral peut être téléchargé depuis *ow.ly/aKKYM*.

2. Timmons D., Wang Q., Lass D., « Local Foods : Estimating Capacity », *Journal of Extension*, octobre 2008, *www.joe.org/joe/2008october/a7.php*.

3. Avec bien sûr un large éventail de situations (de 90 % pour le grand Minnesota à 2,6 % pour le tout petit Rhode Island).

reprenant leur place au cœur de la chaîne de valeur alors qu'ils sont généralement devenus des acteurs marginalisés et sans influence, coincés en amont du cycle. Seule cette intégration dans un système holistique qu'ils contrôleraient peut leur permettre de prétendre à une plus grande part des 80 % qui leur échappent aujourd'hui, tout en préservant la santé de l'écosystème. Devenir plus forts sans pour autant perdre leur âme ni renoncer à leur qualité de vie et de production. Pour répondre à la demande croissante de produits locaux, profiter des opportunités qu'offre une nouvelle approche plus systémique et remplir l'espace disponible sur le marché, les entreprises et collectivités locales doivent renforcer leur savoir-faire et lancer des initiatives nouvelles. Notamment en termes de marketing et de politique de marque ; standards de qualité de la nourriture ; éducation, formation et développement des compétences ; monnaies locales, conseils locaux et coopérative ; mais aussi reconstruction des systèmes naturels (santé de la terre, eau, biodiversité, pollinisation…) dont dépend la pérennité de l'agriculture.

Diversification et circuits courts

Pour les agriculteurs, se dégager de la dépendance face aux circuits de grande distribution est souvent une stratégie gagnante. Une étude menée en 2011 sur les prix payés de détail dans le sud-est des États-Unis et dans les Appalaches[1] montre que les paysans vendant sur les marchés de producteurs locaux soutiennent parfaitement la concurrence avec la grande distribution. Pour Anthony Flaccavento, agriculteur bio et promoteur de longue date du développement local soutenable dans les Appalaches, l'étude remet les pendules à l'heure :

---

1. Une copie de l'étude complète peut être demandée à Anthony Flaccavento, directeur, Appalachian Sustainable Development, *flaccavento@ruralscale.com*.

« Bien que cette analyse n'ait porté que sur une seule région du pays, il est encourageant de constater que l'idée que "la nourriture locale est réservée aux bobos" est tout simplement fausse. Nous avons au contraire vérifié que la nourriture locale est proposée à des prix largement compétitifs avec ceux des principaux supermarchés. En fait, elle est même généralement un peu moins chère. »

Conservant l'autonomie de leur production, certains producteurs s'associent pour être en meilleure position de négociation face aux industriels de l'agroalimentaire ou à la grande distribution ; ils préservent ainsi leur part dans la chaîne de valeur et un style de vie auquel ils sont attachés. C'est ce que montre avec éclat depuis vingt ans la coopérative Organic Valley[1].

Stratégies territoriales

Les politiques de production agricole doivent être repensées à l'échelle des territoires pour permettre d'atteindre un niveau optimal de qualité et de sécurité alimentaires. Mais aussi pour préserver la santé, la diversité et les ressources et faire que le système de nourriture de chaque territoire devienne plus autonome et résilient. Cette approche est fondée sur la mobilisation des professionnels et des décideurs publics, mais aussi de la population, autour d'un projet de « Food Shed », que nous traduirons par « bassin de nourriture » par analogie avec les notions de « bassin de vie » ou de « bassin-versant ». Comme notre « terroir », cette notion anglo-saxonne tient à la fois compte de la géographie naturelle (sols, végétation) et humaine (activités, habitat).

Le *partenariat économique du système de nourriture de l'est du Michigan* considère que la taille d'un « bassin de nourriture » correspond à la distance géographique que la nourriture parcourt pour aller du lieu où elle a été cultivée jusqu'à la table de celui qui la mange.

---

1. Voir p. 103.

« Cela peut englober la ferme, le jardin ou la serre, les ateliers ou usines
de transformation, les centres de distribution, les restaurants, les magasins
de détail et les marchés de producteurs. Connaître la dimension d'un
"bassin de nourriture" peut aider à faire des choix plus soutenables
lors de l'achat des aliments. Pour rendre soutenable un système local
de nourriture, on cherchera à faire qu'il ne dépasse pas un rayon de
150 km ; ceci afin de réduire la consommation d'énergie et la pollution,
tout en favorisant l'économie locale[1]. »

Réseaux

Outre la commercialisation des produits de la ferme, il s'agit d'établir des relations nouvelles qui amènent tous les acteurs à se considérer comme des partenaires solidaires d'un système local vivant, d'une « communauté de la nourriture », selon la belle expression de Slow Food. Les réseaux de petites entreprises sont intégrés dans des relations sociales fondées sur des normes et des valeurs partagées. Ils apportent des informations, facilitent la diffusion des innovations et l'accès au capital. La réussite d'un système local de nourriture dépend, pour une bonne part, de la qualité et de la pérennité des liens entre paysans, acheteurs locaux, distributeurs indépendants, investisseurs, services économiques locaux et régionaux, universitaires et institutions.

Les réseaux membres de BALLE, tel que Sustainable Connections, soutiennent les paysans de leur territoire. Parfois, ce sont les autorités locales qui prennent l'initiative, comme pour la création de la ferme urbaine d'Evergreen[2]. Ou des membres de la société civile, comme dans le cas des AMAP ou du système local de nourriture du comté de Washtenaw, dans le sud-est Michigan[3]. Les agriculteurs s'organisent aussi entre eux.

---

1. *fsepmichigan.org/index.php/the-food-shed.*
2. Voir p. 216.
3. Voir p. 107.

ORGANIC VALLEY : LES FERMES FAMILIALES SONT DE RETOUR

« Trop petits, pas assez capitalisés, pas assez concurrentiels », la majorité des paysans français ont fini par disparaître au cours du XXᵉ siècle, et la tendance se prolonge. Alors qu'elles auraient dû rester des outils à leur service, les coopératives françaises ont souvent fait des paysans qui les avaient créées une simple variable d'ajustement de leur propre développement industriel. Un exemple parmi tant d'autres : début 2012 la coopérative Terra Lacta décidait, contre l'avis de ses adhérents producteurs caprins – minoritaires –, de baisser le prix des 1 000 litres de lait de chèvre de 30 euros, réduisant soudain le revenu des exploitants de 30 %[1].

Quel contraste avec l'aventure qui, aux États-Unis, a redonné toute sa place à une agriculture familiale, saine et prospère, celle de la « famille de fermes Organic Valley[2] ». Peut-être y a-t-il là quelques idées à retenir.

1 677 fermes associées

En vingt ans, Organic Valley est devenue la première coopérative indépendante d'agriculteurs familiaux bio d'Amérique du Nord et l'un des principaux producteurs et distributeurs de produits biologiques de saison, produits laitiers, soja et œufs. Elle est passée, sans perdre son âme, de sept cofondateurs à mille six cent soixante-dix-sept coopérateurs, tous propriétaires agricoles. Ils sont implantés dans trente-deux États – essentiellement dans le Midwest – et trois provinces canadiennes. La Coopérative des pools régionaux de producteurs biologiques a un double objectif central : être « une source reconnue de nourriture biologique délicieuse et saine » tout en préservant la qualité et le style de vie des fermes familiales.

_____

1. Girard L., « Les producteurs de lait tournent chèvres », *Le Monde*, 3 mars 2012.
2. Littéralement : « vallée bio ».

Du fait de la qualité de ses produits, de sa gouvernance et de son marketing, elle est parvenue à imposer dans la grande distribution sa marque, Organic Valley™[1], appréciée dans tout le pays. Elle commercialise également, sous sa nouvelle marque Organic Prairie™, la viande bio que produisent ses adhérents (bœuf, porc, dinde et poulet).

Cette belle histoire commence en janvier 1988. Les exploitations agricoles familiales étaient alors au bord de l'extinction. Refusant cette fatalité, George Siemon colla un peu partout dans son comté une affiche invitant les paysans à se réunir au palais de justice pour créer ensemble le Pool de produits biologiques de la région de Coulee, au sud-ouest du Wisconsin. Six d'entre eux se lancèrent avec lui dans l'aventure. « Nous partagions l'amour de la terre et la conviction qu'une nouvelle approche soutenable de l'agriculture pourrait aider les exploitations familiales et les communautés rurales à survivre. »

À cette époque, les gens commençaient à être concernés par la qualité des aliments et les questions environnementales. Ils étaient à la recherche de plus de naturel, de produits alimentaires et d'aliments nutritifs cultivés sans pesticides de synthèse, herbicides ni engrais potentiellement dangereux. Les coopérateurs décidèrent de ne produire que du bio. Ils ont commencé par cultiver des légumes, puis ajouté des produits laitiers. La demande étant au rendez-vous, ils créèrent la marque Organic Valley™, puis élargirent leur gamme de produits, qui comprend lait, fromage, beurre, œufs, jus de fruits, viande, et boissons à base de soja. La coopérative est aujourd'hui la source numéro 1 de lait biologique dans le pays. Pionniers de l'agriculture bio devenus un acteur incontournable du marché, ces paysans ne pensent pas pour autant être « arrivés ». Ils restent plus que jamais mobilisés par

---

1. *www.organicvalley.coop.*

leur mission de promotion de la diversité des exploitations et de la stabilité économique régionale, grâce aux méthodes bio et à la vente de produits certifiés.

Préserver et transmettre une agriculture familiale de qualité

La clé du succès de cette entreprise réside à la fois dans son modèle, dans sa philosophie, dans la personnalité, à la fois visionnaire et pragmatique, de ses animateurs et dans leur haut niveau de professionnalisme. Dans un monde où les entreprises multinationales dominent tous les aspects de l'activité économique, y compris le gouvernement, l'énergie, l'agriculture et l'approvisionnement alimentaire, Organic Valley a été créée par de petits agriculteurs attachés à la qualité de leur mode de vie et de leur environnement…

Leur originalité est de combiner deux modèles économiques, l'exploitation agricole familiale traditionnelle et la coopérative. Cette dernière, en leur donnant les moyens de maîtriser ensemble une plus grande partie de la chaîne de valeur, permet à chaque famille de demeurer sur sa propre terre, d'y pratiquer une agriculture bio de qualité et de gagner dignement sa vie.

Solidarité dans la crise

Les paysans-coopérateurs fixent eux-mêmes, d'un commun accord, le prix auquel la coopérative leur achète leurs produits, en fonction du marché bien sûr, mais avec pour première priorité la pérennité de leurs exploitations familiales. Après avoir connu en 2008 une augmentation de 22 %, les ventes de la coopérative avaient stagné l'année suivante du fait de la crise. Une gestion fine et solidaire des approvisionnements a permis à Organic Valley de passer cette phase délicate sans trop de difficulté et de renouer en 2010 avec 619 millions de dollars de recettes, soit 18 % de mieux qu'en 2009. Comment ont-ils fait ? Pour faire face à la stagnation de la demande, les membres producteurs de lait décidèrent collectivement, début juillet 2009, d'inaugurer une approche nouvelle. La pratique conventionnelle eût voulu que la coopérative baisse le prix de base du lait qu'elle paie à chaque producteur ; ils se mirent au contraire d'accord pour que chacun s'astreigne pour un temps à réduire de 7 % son quota de livraison à la coopérative. Honorant l'esprit et la structure unique de leur entreprise, ils ont préféré cette option plutôt que de réduire le prix de base ou de refuser l'arrivée de nouveaux membres. Cette gestion responsable et innovante a atteint son objectif, en dépit d'une conjoncture économique difficile. Mieux encore, Organic Valley a pu, non seulement, dépasser ses objectifs de vente mais, dans le même temps, intégrer de nouveaux membres qui, sinon, auraient perdu leur moyen de subsistance. En février 2011, la coopérative accueillait cinquante-trois nouveaux propriétaires-coopérateurs, tous membres de la Coopérative des fermiers bio du comté de Lancaster.

Dès août 2010, à peine plus d'un an après la mise en place de ce système pionnier de gestion de crise, les membres producteurs de lait purent repasser de 93 % à 100 % de leur quota habituel de livraison à la coopérative. Ils ont ainsi pu sauvegarder leur prix de vente – fixé d'un commun accord pour leur garantir un niveau de revenu stable –, alors même que les fermiers conventionnels subissaient de plein fouet un creux historique du prix payé pour leur production.

George Siemon, le directeur d'Organic Valley et l'un des sept fondateurs, a consacré toute sa vie à la terre. Lui et sa famille exploitent depuis 1977 une ferme biologique dans la vallée de la rivière Axe Bad, dans le Wisconsin. À la fois enraciné dans la terre et capable de proposer une stratégie globale, il a également contribué à la campagne pour l'établissement de normes nationales efficaces pour la certification biologique et reste sur la brèche, notamment avec la campagne nationale pour l'étiquetage des produits contenant des OGM. En effet, tant la philosophie d'*Organic Valley* que ses décisions sont fondées sur la préservation de la santé et du bien-être des personnes, des animaux et de la terre.

Ils ne craignent pas la concurrence

Matt et Rebekah Fendry et leur fille Nora vivent dans leur ferme laitière de 120 hectares, à une trentaine de kilomètres au sud de Eau Claire, dans le Wisconsin. Cette ferme, c'est pour eux un rêve devenu réalité. Le jeune couple l'a achetée, clés en main et avec son troupeau de Holstein, à un agriculteur qui était passé en bio depuis 1992. Sa terre est saine et superbe. Ils sont membres de la coopérative depuis 2001. Pour eux, les petites fermes ont un avenir grâce à la qualité du marketing qu'offre la coopérative. On commence à parler de la santé du sol et de l'élevage des animaux sans cruauté. Cela représente du travail – Matt et Rebekah travaillent 100 à 120 heures par semaine – mais lorsque l'approche biologique est bien menée, ils ne craignent pas la concurrence des producteurs conventionnels.

Si l'économie de la nourriture concerne au premier chef les producteurs, sa prospérité dépend de l'ensemble des partenaires, du paysan au consommateur final.

SUD-EST DU MICHIGAN : RENAISSANCE D'UN SYSTÈME LOCAL DE NOURRITURE

Il n'existe pas de recette miracle pour revitaliser une communauté locale et son économie alimentaire. Mais plus les projets fleurissent, plus le tissu d'initiatives se densifie et se diversifie, plus le cercle vertueux du système local de nourriture se renforce, et avec lui la résilience du territoire. Souvent lancée par quelques visionnaires, cette dynamique va de pair avec une évolution des mentalités, passant de la peur de la rareté à une culture de l'abondance partagée et de la compétition individualiste à la coopération. À Ann Arbor comme ailleurs, des entrepreneurs et citoyens motivés apprennent – avec patience et imagination – à coopérer pour sortir du monopole d'une industrie agroalimentaire dont le seul horizon est le profit par la surconsommation d'aliments dénaturés. Ils redonnent vie à une production plus locale, centrée sur la vitalité, la santé… et la convivialité.

Pépinières de talents

Au début du siècle, David apprenait l'agriculture bio à Tantré Farms[1], auprès de Richard Andres et Deb Lentz. Un jour, la production de choux fut tellement énorme qu'ils se demandèrent ce qu'ils allaient en faire. « J'en ferais bien de la choucroute ! » s'exclama David. « C'est ton projet, vas-y ! » Richard et Deb l'encouragèrent à tester l'idée, puis l'aidèrent à se lancer. L'aventure de The Brinery[2], entreprise consacrée à l'art ancien de la lacto-fermentation, commençait. Les produits de David sont maintenant en vente un peu partout dans le comté.

Il faut dire que depuis vingt ans, Tantré Farms, c'est à la fois une famille accueillante, un havre de paix, une entreprise saine et une pépinière de nouveaux talents. Certifiée bio depuis 1993, elle produit sur 14 hectares de terre sablonneuse, de bois et de zone humide, une centaine de variétés de légumes, des fruits, du lait et des champignons pour les quatre cents membres de leur CSA[3], les restaurants et le marché de produc-

---

1. Tantré Farm, *www.tantrefarm.com*.
2. The Brinery. En anglais, *brine* signifie « saumure » – *thebrinery.com*.
3. CSA : Community Supported Agriculture. C'est en s'inspirant de ce modèle que les AMAP ont été créées en France. Les adhérents paient un « abonnement » à la ferme, à l'avance ou mensuellement, et ont en échange droit à un « panier » hebdomadaire de produits qu'ils rapportent du marché de producteurs ou de la ferme, ou d'un point de livraison.

teurs. Stagiaires et travailleurs saisonniers viennent vivre et travailler avec eux au rythme des saisons.

J'ai goûté un fromage délicieux ; un nouveau produit de Guy, stagiaire inspiré par l'abondance de lait de la ferme. Quelques mois plus tôt, Tai et Stephanie rêvaient de lancer un CSA de viande, qui faisait défaut dans le comté. Richard leur a prêté un coin de la propriété et les a aidés à monter leur élevage de cochons et volailles bio en plein air. Greg, lui, s'est spécialisé dans les haricots secs et débute avec huit variétés sur une autre parcelle.

Début 2012, Richard et Deb se sont lancés dans un nouveau projet un peu fou : avec Kim Bayer – présidente de l'association Slow Food de la Huron Valley – et quelques autres passionnés, ils ont acheté une ancienne ferme pour créer le *hub* (plateforme) agricole bio du comté[1]. Afin d'offrir aux fermiers locaux et à leurs partenaires les services dont ils ont besoin (coordination des plannings de production, achat des produits aux fermiers à un prix juste, distribution aux institutions, marchés et restaurants, campagnes de sensibilisation à la nourriture locale, dons de nourriture, formation, apprentissage, services aux paysans, etc.). Une subvention de 200 000 dollars reçue en 2013 a permis de commencer les travaux de cette nouvelle entreprise coopérative. Il ne reste plus qu'à réunir 1 million de dollars auprès d'investisseurs locaux.

Quelques kilomètres plus loin, Tillian Farms, un incubateur de futures fermes, a été lancé par l'équipe du Selma Café[2], en partenariat avec le canton d'Ann Arbor et le FSEP – Food System Economic Partnership[3]. Il s'adresse à des cultivateurs expérimentés qui souhaitent s'installer dans le comté et leur prête, pendant deux ans, des terres fertiles, des outils agricoles

---

1. *washtenawfoodhub.com.*

2. *www.repastspresentandfuture.org/*

3. Partenariat économique du système de nourriture du sud-est du Michigan.

et un réseau de soutien professionnel pour les aider à tester et développer leur modèle d'affaires et les accompagner pendant cette transition.

Si ces initiatives sont souvent nées de la volonté d'individus ou d'entreprises locales, les collectivités ont progressivement pris conscience de leur importance. Ainsi, Kathleen Merrigan, secrétaire adjointe de l'État chargée de l'Agriculture, considère que les *hubs* agroalimentaires sont « une occasion historique de donner de nouvelles bases à la croissance économique, créer des emplois et revitaliser nos infrastructures de base, ici dans le Michigan comme dans toutes les communautés rurales à travers l'Amérique. L'établissement et le soutien aux systèmes locaux et régionaux de nourriture sont une stratégie de développement économique qui vise à conserver la richesse au sein des communautés locales[1] ».

L'offre s'étoffe

De nouvelles fermes – souvent également en CSA – comblent les besoins non satisfaits, diversifiant ainsi l'écosystème local de nourriture. Elles allongent aussi la saison de production en installant des serres froides, ce qui crée des emplois permanents et réduit les importations pendant les hivers longs et rigoureux.

Le fait que de nombreuses petites exploitations se soient développées autour d'Ann Arbor pourrait faire craindre que chaque ferme ne soit en concurrence avec toutes les autres. Lauren Beriont, étudiante en environnement à l'université du Michigan et animatrice du projet de ferme des étudiants de l'université, constate le contraire. Chaque ferme a su identifier et capter son propre marché. Seeley Farms s'est spécialisée dans le marché très porteur des jeunes salades ; Tai et Stephanie

---

1. *www.annarbor.com/entertainment/food-drink/food-hubs-are-coming-to-michigan/*.

ont créé le premier CSA de viande ; un agriculteur a choisi la niche des variétés anciennes de tomates ; The Brinery mise sur les légumes marinés et la choucroute. Le CSA Locavorious a opté pour les fruits et légumes locaux congelés pour l'hiver. Au meilleur de la récolte, onze fermes familiales mettent de côté les fruits et légumes commandés à l'avance par les clients et Locavorious les congèle. Ainsi, quand la terre se repose sous la neige et la glace, chacun peut venir chercher ses paquets de produits sains et locaux, au lieu d'acheter, comme auparavant, des produits transportés sur des milliers de kilomètres.

Les choses se font plus locales encore avec l'apparition de la Neighborhood Supported Agriculture (NSA). Les deux initiateurs de ce nouveau concept accueillent, depuis 2009, leurs voisins et amis à la Skinny Fam of Scio. Ces CSA de voisinage sont proposés par quelques petites fermes bio qui, comme la leur, vendent leurs produits dans un rayon de 1 à 5 km.

Biodiversité cultivée

Pour cultiver des semences adaptées à la région, l'association Slow Food de la Huron Valley a lancé un programme de conservation et de promotion de la biodiversité de la région des Grands Lacs. L'association a offert des semences traditionnelles à soixante jardiniers et cinq fermes, qui participent ainsi au renforcement de la sécurité environnementale et alimentaire à partir de semences adaptées au climat et résistantes aux parasites de la région.

Achat local en ligne

Il est maintenant devenu plus simple d'acheter sa nourriture en dehors du système industriel, dans les épiceries locales, les nombreux marchés de producteurs, les CSA, ou encore sur le marché en ligne Lùnasa[1], qui offre un guichet unique

---

1. *www.lunasa.us.*

pour les produits locaux. Avec sa boutique en ligne et un emplacement pratique de collecte des marchandises achetées, Lùnasa facilite vraiment la vie des parents pressés amateurs de produits locaux. En adhérant à Lùnasa, ils sont sûrs d'acheter des produits issus à 100 % d'entreprises indépendantes du sud-est du Michigan.

Traçabilité

« Maintenant, nous pouvons savoir d'où vient notre nourriture », apprécie Kim. Il suffit pour cela de consulter le site de traçabilité gourmande « fermes en temps réel » (RTF)[1], pour découvrir les trois mille deux cents fermes, mille six cents artisans alimentaires, soixante-cinq restaurants (avec leurs menus comprenant des produits « liés à une ferme » ou à un transformateur artisanal) qui ont déjà rejoint le site ; sans compter les milliers de photos postées par les fermes, les marchés de producteurs et artisans des métiers de bouche ; ainsi que les infos utiles ajoutées par les restaurants à propos de leurs « menus tracés du producteur à la table ».

Des épiciers qui jouent le jeu

Plusieurs épiciers locaux ont entrepris de diversifier leur approvisionnement en nourriture locale. Ils la mettent en valeur par l'étiquetage, des opérations de promotion et privilégient son emploi dans leurs sandwiches, leurs plats cuisinés, etc.

Ensemble, célébrer le bien-manger

De grandes fêtes ont maintenant lieu régulièrement, réunissant jeunes et adultes. Le Sommet annuel de la nourriture locale, au printemps, attire sur le campus universitaire plus de 300 organisations de la région autour d'échanges, de conférences et

---

1. *www.realtimefarms.com.*

de dégustations. En 2012, les organisateurs du sommet ont lancé les Victoires de la nourriture locale pour demain, un concours destiné à subventionner les initiatives citoyennes contribuant le mieux à « construire un système local de nourriture sain, soutenable et équitable dans la région du sud-est du Michigan ». Les projets sélectionnés devront mobiliser au moins deux personnes et faire progresser l'idée de système local de nourriture auprès des décideurs, professionnels et/ou du public. Depuis cinq ans, jardiniers confirmés et néophytes prennent part au Festival des jardins potagers. En septembre, le Marché paysan organise le Homegrown Festival et propose des recettes confectionnées par certains des meilleurs chefs locaux avec les produits du terroir. En octobre, le Programme de nourriture soutenable de l'université du Michigan – qui rassemble les projets et activités étudiantes sur ce thème – organise le Festival des récoltes. La première foire des CSA a eu lieu en mars 2013. C'est ainsi qu'année après année, une vraie culture du bien-manger et du vivre-ensemble prend racine dans le comté.

Cantines et restaurants

Trouver des restaurants qui servent des produits locaux est aussi devenu plus facile, car nombre d'entre eux les proposent désormais sur leur carte. C'est bien sûr le cas chez le pionnier, Zingerman's[1] et dans son restaurant, le Roadhouse. Mais aussi au Ravens Club, chez Mani Osteria, Jolly Pumpkin, etc.

Les cantines se sont jointes au mouvement grâce à l'association citoyenne The Agrarian Adventure. Depuis sa création en 2003, elle aide les élèves à découvrir leur nourriture et ses liens avec la santé. Son projet « De la ferme à l'école » met en relation agriculteurs locaux et cuisiniers scolaires, afin que les enfants se voient offrir une nourriture de meilleure

---

1. Voir p. 123.

qualité. Le succès de l'opération a amené ses promoteurs à approcher les autres acheteurs institutionnels (université, département des centres de détention, soupes populaires…), apportant de nouveaux débouchés aux producteurs bio du comté.

L'université du Michigan consacre 14 millions de dollars à ses objectifs de soutenabilité. De la résidence universitaire aux hôpitaux, elle compte atteindre 20 % d'achats de nourriture locale et soutenable, soit le double de la situation actuelle. Le nombre d'initiatives en cours à l'université autour de la nourriture locale est impressionnant. Le nouveau fonds pour l'innovation étudiante Planète Bleue les encourage. Doté de 150 000 dollars, il a notamment récompensé une ferme pilote, portée par Lauren Beriont et plusieurs camarades. Leur intention est de sensibiliser la communauté universitaire en lui apportant une nourriture bio produite « par les étudiants, pour les étudiants ». La ferme a débuté ses activités en 2012. Elle prévoit d'offrir un cadre d'éducation informelle, mais aussi de s'intégrer à plusieurs programmes de recherche et d'accueillir des classes d'application. Une autre lauréate du fonds est la coopérative étudiante de nourriture bio et locale, destinée aux étudiants de premier cycle.

Comment permettre aux personnes démunies d'accéder, elles aussi, à une bonne nourriture ? En 2008, l'organisme HLM Avalon Housing lançait Edible Avalon, son programme de jardins communautaires. En 2011, quatorze étaient opérationnels et les locataires avaient cultivé 1 450 kg de produits frais et bio pour leur consommation familiale.

Deux autres initiatives m'ont particulièrement intéressé : grâce au programme Double Up Food Bucks[1], la valeur des coupons de l'aide alimentaire est doublée quand ils sont utili-

---

1. *www.doubleupfoodbucks.org.*

sés pour acheter de la nourriture bio locale. Un client qui utilise ses coupons sur les marchés de producteurs reçoit – à concurrence de 20 dollars par visite – un montant équivalent sous forme de jetons qu'il peut utiliser sur le marché pour acheter plus de produits frais. Le programme a débuté en 2009 à Detroit. Aujourd'hui, cinquante-cinq marchés de producteurs y participent dans le Michigan. La contrepartie est financée par les dons de fondations et d'entreprises. Entre juin et novembre 2011, selon le Fair Food Network, l'ONG qui gère le programme, deux cent soixante-quinze agriculteurs du Michigan ont vendu dans ce cadre pour plus de 1,3 million de dollars de produits frais sur les cinquante-quatre marchés participants, selon le Fair Food Network, l'ONG qui gère le programme. Pour de nombreux bénéficiaires, il s'agit de leur premier contact avec un marché de producteurs. Le programme a donc un triple impact : les femmes célibataires et les personnes âgées – qui forment la majorité de ces nouveaux clients – accèdent désormais plus facilement à des fruits et légumes frais ; cela génère une nouvelle clientèle pour les producteurs locaux ; et l'agriculture crée de nouveaux emplois. Tout le monde y gagne[1].

Les « ordonnances de santé »

Plus innovant encore : conscients qu'il vaut mieux prévenir que guérir, cinq hôpitaux et cliniques du comté ont inventé les « ordonnances de santé ». Le médecin prescrit à ses patients démunis dont l'alimentation est déséquilibrée des fruits et légumes frais qu'ils peuvent se procurer gratuitement sur deux marchés de producteurs partenaires. Financé par la fondation Kresge, ce programme est coordonné par le service de santé publique du comté. Il s'agit en fait de retrouver la santé en retissant des liens avec soi-même, la société et la nature.

---

1. Cité par Julie Baker, de Ann Arbor.com, le 3 mars 2012.

L'épargne se relocalise

Dans cette région comme ailleurs, des épargnants et investisseurs rejoignent le mouvement national Slow Money[1] pour investir dans une agriculture locale respectueuse de la nature et des gens. Un chapitre local du mouvement a récemment été créé. L'une des toutes premières tâches que se sont fixées ses fondateurs est d'étudier et de rendre accessibles dans un langage simple les lois et dispositions du Michigan pouvant concerner la formation de clubs d'investissement sur la base des principes de Slow Money.

Les politiques publiques accompagnent

En 2011, une loi de l'État sur le « Cottage Food[2] » était signée par le gouverneur ; elle permet à plus de personnes de débuter une activité de transformation alimentaire. Le coût et l'accès à une cuisine professionnelle réglementaire ne sont plus obligatoires pour ces néo-entrepreneurs. L'État veut, ainsi, contribuer à créer le terreau entrepreneurial d'où pourront émerger des entreprises plus grandes. Ce qui contribuera à donner à tous accès à une nourriture locale mais aussi à positionner le Michigan sur la carte du tourisme alimentaire tout en créant de nouveaux emplois.

Le comté vient de créer son conseil de politique alimentaire, chargé de faciliter la coordination des politiques locales, afin que davantage d'habitants aient accès à une nourriture saine. En outre, cela facilitera l'adaptation de la planification urbaine et du zonage. « Déjà, sourit Kim Bayer, une nouvelle ordonnance autorise l'élevage en ville de poulets de basse-cour. »

La ville d'Ann Arbor a décidé d'étendre sa « ceinture verte », à la fois en superficie et en cohérence, indique Mike Garfield,

---

1. Voir p. 157.
2. Produits alimentaires artisanaux fabriqués à la maison.

le directeur du centre d'écologie d'Ann Arbor. Outre la zone dont ils assurent traditionnellement la préservation − la ceinture verte et les conservatoires fonciers locaux −, les organismes de préservation ont ajouté à leurs priorités la sauvegarde des terres agricoles. Les nouveaux programmes de préservation des terres vont fortement contribuer à promouvoir l'agriculture locale et les circuits courts. « Nous avons réservé des fonds pour être en mesure, lorsque le marché changera, de conserver nos terres rurales et de continuer à avoir ici des fermes qui nourrissent les communautés du comté de Washtenaw[1]. » Cette politique, initiée à la demande de six cents citoyens, est financée par un impôt local dédié et à durée déterminée.

Objectif 10 % local

Toutes ces initiatives privées, associatives et publiques contribuent à l'objectif du comté : produire, d'ici 2020, 10 % de la nourriture qu'il consomme. Cet objectif apparemment modeste aura en réalité un effet multiplicateur considérable sur l'activité et l'emploi, en créant de nouveaux circuits de production, distribution et consommation. D'après les calculs de Tillian Farms, convertir ne serait-ce que 5 % des terres agricoles de la monoculture actuelle de soja et de maïs au maraîchage diversifié suffirait à créer plusieurs milliers d'emplois dans le comté, offrant une activité et un revenu aux personnes peu qualifiées, aujourd'hui sans emploi.

Bio et « vrai bio »

Étonné de ne jamais la voir mentionner l'agriculture bio au cours de nos conversations, j'interroge Kim Bayer. « Effectivement, me répond-elle, les initiatives favorisant la nourriture locale ne font pas toujours explicitement mention

---

1. *www.ecocenter.org.*

du bio. Vous entendrez d'autres expressions – "authentique", "cultivé écologiquement" ou encore "cultivé naturellement". Tous ont le même message. Ce qu'on appelle indistinctement le "mouvement pour la nourriture locale" ou le "mouvement pour la bonne nourriture" – cherche à nourrir de façon saine et naturelle les personnes, les animaux et la terre, dans un processus continu, souple et diversifié, et bien sûr sans intrants chimiques ni OGM. Comme l'agriculture bio. »

Alors, pourquoi ne pas faire usage du terme ? Le coût de la certification USDA Organic et certaines de ses exigences techniques sont souvent un obstacle pour les petits fermiers ; elles n'ont pas été conçues pour eux mais pour les plus grandes exploitations et pour l'approche industrielle.

« Nombreux sont ceux qui, ici, estiment que le terme "bio" a été récupéré et décrédibilisé par le "bio industriel" – avec ses fermes de monoculture à grande échelle et ses produits parfois transportés sur des milliers de kilomètres. Elles respectent la lettre des cahiers des charges sans toujours respecter les intentions de l'agriculture biologique. Voilà pourquoi nombreux sont ceux qui n'utilisent plus le mot "bio". »

Cela n'empêche pas le mouvement de l'alimentation locale d'être activement engagé dans le soutien aux exploitations familiales diversifiées qui ont une vraie éthique bio, qu'elles soient ou non labellisées. Cette approche par défaut met aussi le doigt sur un défi qui devient de plus en plus actuel en France et en Europe. Saurons-nous préserver la réalité et l'image du bio au moment où son industrialisation ne cesse de s'étendre, en réponse à la demande des consommateurs ? Quelles stratégies mettre en œuvre pour sortir par le haut de ce paradoxe ? Associer bio et local est probablement une piste majeure.

Un « cluster local »

Michael Shuman évoquait plus haut cet étonnant « cluster local » agricole né à Ann Arbor, dans une région pourtant sans longue tradition ni vocation agricole apparente. En recensant la multiplicité des initiatives qui concourent à cette renaissance de l'économie de sa région, Kim Bayer estime qu'aujourd'hui, le système local de nourriture du sud-est de l'État est bien parti pour offrir à ses habitants une nourriture « saine, écologique, équitable et abordable », comme le préconise la « Charte pour une bonne nourriture dans le Michigan[1] ». C'est au coup par coup, me dit-elle, qu'elle l'a vu émerger depuis vingt ans. « Cela ressemble plus à un patchwork qu'à un chemin direct. Un système complexe, sans contrôle global, qui se développe par l'interaction organique de relations personnelles et d'opportunités de marché. » Comme une rivière qui naît imperceptiblement de milliers de ruisseaux, ce mouvement s'est nourri à diverses sources : tout d'abord, une communauté locale portée par une culture progressiste, sensible à la solidarité ; la tradition libérale des habitants d'Ann Arbor ; la présence de nombreuses compétences dans cette ville universitaire. Et bien sûr la culture de l'entrepreneuriat, que l'on trouve ici comme ailleurs dans le pays. Sans oublier, plus récemment, la décision des autorités locales de relayer le mouvement. Enfin, le contexte général de renaissance des mouvements citoyens face à la crise récente. Et, en toile de fond, la prise de conscience du désastre de santé publique que représentent la malnutrition et la malbouffe, illustré par l'explosion de l'obésité. Tout cela a suscité l'apparition de réponses créatives à la détérioration de la situation générale, marquée par une paupérisation accélérée de la population sous le coup de la disparition des emplois industriels (délocalisations), agricoles (agro-industrie) et des crises financières à répétition.

---

1. La Charte du Michigan Good Food propose une vision d'avenir pour le système de nourriture et d'agriculture de l'État. Elle expose les vingt-cinq priorités du programme pour les dix prochaines années – *www.michiganfood.org*.

Il ne s'agit pas d'une brutale inversion de tendance, car les grandes exploitations continuent à se développer à travers le pays. Mais on observe déjà dans plusieurs zones un retour à la régionalisation du système alimentaire et aux marchés locaux, en particulier autour de Grand Rapids et Traverse City. À moins d'une heure à l'est d'Ann Arbor, Detroit ne possède pas encore de système local de nourriture mais l'agriculture urbaine s'y développe.

Une tendance forte

Au plan national, les systèmes locaux de nourriture sont d'abord apparus en Californie du Nord, dans l'Oregon et l'État de Washington, où existe une tradition de marchés alimentaires locaux et bio. Les régions urbaines sont, elles aussi, particulièrement sensibles à ce thème et cherchent à développer l'agriculture urbaine pour réduire leur très faible autosuffisance alimentaire. Le mouvement s'étend. Comment en serait-il autrement alors que convergent les problèmes de santé publique et les destructions environnementales produits par le modèle agro-industriel, l'impossibilité pour les petits fermiers de continuer à survivre dans ce modèle, la baisse des aides publiques et la demande croissante des consommateurs pour des produits sains et locaux ? Une nouvelle génération de fermiers ruraux ou urbains commence à produire autrement. Les systèmes locaux de nourriture ont de beaux jours devant eux. Pour autant, ils ne devraient pas, à court terme, remplacer un système agro-industriel solidement implanté au cœur des lieux de pouvoir. À plus long terme, ce modèle novateur peut pourtant compter sur deux atouts maîtres : son haut niveau de performance économique, sociale et environnementale et sa faible dépendance vis-à-vis des ressources fossiles, dont le prix ne fera que croître.

Changement d'échelle

À l'image des autres initiatives du même type, la renaissance de l'économie et de la nourriture locale est, à Ann Arbor, le fruit de l'initiative de quelques entrepreneurs et réseaux de personnes particulièrement clairvoyantes et dynamiques.

Dès qu'il sera pleinement opérationnel, le Washtenaw Food Hub permettra de passer à une autre phase, facilitant une synergie accrue entre toutes ces initiatives souvent spontanées et autonomes.

Ici comme ailleurs, pour accomplir la mutation vers un système de nourriture réellement pérenne, il faut dès maintenant préparer la prochaine étape. Gary Nabhan souligne qu'à ce jour aucun système local de nourriture n'a encore été entièrement repensé pour répondre aux trois objectifs simultanés de santé des terres, santé humaine et santé économique de la communauté locale. Pour cela, chaque système local devra évaluer puis restructurer ses atouts et ses modes de fonctionnement afin que la priorité absolue soit donnée à l'équité, à la durabilité et à la résilience. Plusieurs initiatives illustrent ce passage progressif à une échelle supérieure.

Dans la région de la baie de San Francisco, l'initiative Roots of Change[1] prévoit d'y parvenir d'ici 2030. En 1999, un groupe de fondations s'était associé pour explorer les défis posés par le système de production industrielle de nourriture. Dès 2000, elles publiaient le rapport « Roots of Change ». En 2005 était formulée une stratégie à long terme. Depuis, Roots of Change laboure systématiquement ses trois principaux domaines d'intervention (élaboration des politiques, changement d'échelle, rencontres et travail en réseau), mettant l'accent sur quatre thèmes clés : Prospérité économique, Environnement et

---

1. *rootsofchange.org.*

climat, Accès de tous à une nourriture saine et Revalorisation du travail dans l'agriculture et l'alimentation.

Le réseau Neo-Food (NEO = NorthEast Ohio), appuyé par la fondation Cleveland, couvre seize comtés. Depuis cinq ans, il a développé de nombreux partenariats public-privé dont, pour Cleveland et ses alentours, deux cents jardins communautaires, vingt fermes urbaines, autant de marchés de producteurs et plusieurs programmes d'agriculture communautaire. En 2010, une évaluation participative de la situation a été menée avec toutes les catégories d'acteurs de terrain, animée par Michael Shuman. Le rapport final propose une stratégie pour accroître de 25 % la part locale des activités liées à la nourriture sur les seize cantons.

Le mouvement Transition Colorado veut atteindre 25 % de nourriture cultivée, produite et vendue localement dans le comté de Boulder en dix ans. Pour cela, il invite tous les citoyens et organisations publiques et privées du territoire à signer son « Engagement 10 % » et à l'appliquer en localisant 10 % de leur budget de nourriture. Transition Colorado vient de créer une société d'investissement, Localization Partners LLC, spécialisée dans le financement des entreprises locales de production, transformation et commercialisation de nourriture.

Ces projets pionniers sont appelés à prendre de l'ampleur et à essaimer ; ils préfigurent les éco-systèmes de nourriture de demain.

Mais localiser l'économie de la nourriture n'est pas qu'une question de chiffres. C'est aussi étroitement lié à la qualité des démarches entrepreneuriales, comme l'illustre l'aventure exemplaire de Paul et Ari, les deux fondateurs de Zingerman's[1]. Sanctuaire du manger bon et sain, leader économique local,

---

1. *www.zingermanscommunity.com.*

cette entreprise s'est aussi distinguée au niveau national pour sa vision, sa qualité de service, son professionnalisme et sa générosité[1].

ZINGERMAN'S, L'EXCELLENCE AU SERVICE DU LOCAL

Le 15 mars 1982 à 7 heures, Paul Saginaw et Ari Weinzweig ouvrent leur boutique dans le quartier de Kerrytown, à Ann Arbor. Leur objectif est de parvenir jusqu'au soir, après avoir servi du corned-beef, des bagels avec du fromage frais, des *brownies* et du café. À 20 h 30, cette première étape est franchie, avec soulagement. Trente ans plus tard, ni les horaires ni les spécialités n'ont changé. Et les deux associés ont atteint leur but : créer une épicerie fine-traiteur qui serait aussi une épicerie de quartier. Elle offrirait de délicieux sandwiches locaux, à côté de produits alimentaires artisanaux fabriqués à partir de spécialités du monde entier. Au cours de ces trois décennies, Zingerman's a connu comme toute entreprise des moments difficiles et de grandes joies. Aujourd'hui, elle est devenue un haut lieu national de la bonne nourriture, remportant des concours de dégustation de corned-beef à New York et reconnue comme l'un des fromagers tradition-nels les plus réputés.

Grandir en profondeur

Un jour, Paul prit Ari à part et lui dit : « Écoute, depuis dix ans, nous avons réalisé notre vision originale, mais comment pourrions-nous avoir encore plus d'impact sur notre commu-nauté ? Où voulons-nous être dans dix ans ? Ne devons-nous

---

1. Sources : conversations de l'auteur avec Paul Saginaw. Shuman M., *Zingerman's Community of Business*, BALLE. Weinzweig A., *Zingerman's Guide to Good Leading, Part 1*: *A Lapsed Anarchist's Approach to Building a Great Business*, Ann Arbor, Zingerman's Press, 2010.

pas offrir aux gens qui travaillent pour nous de vraies perspectives de croissance ? »

Ils se rendaient également compte que d'autres entraient dans la danse. « Nous nous étions un peu endormis sur nos lauriers, admet Paul ; nous pensions que le marché était à nous ; mais les gens ne sont pas stupides et comprennent ce qui marche bien dans votre entreprise. Les concurrents ont vite fait de s'installer et d'offrir 50 % de votre qualité pour 75 % du prix ; ils vous mettent en difficulté et vous font passer pour des arnaqueurs. »

Paul et Ari décidèrent donc de grandir. Mais sans créer une franchise. « Nous savions que nous voulions un seul magasin, dit Paul, et que nous n'allions pas nous développer en nous clonant nous-mêmes. Par définition, s'il y avait plus d'un magasin, il cesserait d'être "unique". Ce n'était pas une croyance ou une idéologie politique, c'était le style de vie que nous avions choisi. Cela impliquait d'apprendre à connaître nos employés et nos clients et d'affiner sans cesse nos produits et services pour répondre aux besoins de la communauté d'Ann Arbor. » Pour certains, rester local veut dire refuser la croissance. Au contraire, Zingerman's a connu une croissance spectaculaire, mais en un seul lieu. Comme le dit Paul, « nous grandissons en profondeur. »

Dans les années 1990, Paul et Ari ont appliqué leur plan stratégique ; l'entreprise a grandi vers l'amont et l'aval. En 1992, ils créaient une première entreprise, The Bakehouse (Le Fournil), pour localiser la production du pain servi dans l'épicerie. En 2001, The Creamery fournit le fromage et la crème glacée. The Coffee Company, torréfacteur, naissait en 2004. Puis, en 2009, The Candy Manufactory (La Fabrique de bonbons). Parallèlement, ils ont cherché à créer de la valeur en internalisant les services. La société de vente par correspondance avait été créée en 1994 pour commercialiser les produits à l'échelle nationale, puis ZingTrain, une société de conseil et de formation spécialisée dans la qualité du service client. 2003 vit la construction d'un restaurant, le Roadhouse. En 2012, Zingerman's décida d'étendre le magasin initial en éco-construisant une extension dans le style traditionnel du quartier.

Le style badin et amical de Paul et Ari peut masquer leur organisation rigoureuse et un solide sens des affaires. Vision 2020, le document stratégique à long terme produit par les partenaires du groupe ZCoB (Zingerman's Community of Businesses), prévoit d'établir huit à dix nouvelles entreprises. Dont un restaurant tunisien et un stand mobile de nourriture asiatique. Ils veulent aussi créer un restaurant à tarif libre, où les habitants à revenu faible ou nul pourront acheter des aliments sains et locaux, servis avec soin et dignité, en payant ce qu'ils peuvent. Vision 2020 prévoit aussi la mise en place des procédures pour préparer la succession de Paul et Ari.

Stratégie concurrentielle

Aucune des entreprises Zingerman's n'est, en soi, vraiment spéciale. Il existe des milliers de traiteurs, restaurants, boulangeries, crémeries et torréfacteurs qui marchent bien. Ce qui distingue Zingerman's, ce sont ses stratégies.

D'abord, les deux fondateurs mettent sans relâche l'accent sur la qualité, qui est au cœur des produits à valeur ajoutée. The Bakehouse, par exemple, est issu de nombreuses années de frustration à rechercher qualité et cohérence du pain, cet article essentiel au traiteur. Paul, Ari et Frank Carollo, le partenaire gérant cette nouvelle entreprise ont, dès le début, fait appel à l'expertise de Michael London de Greenwich, à New York, pour poser les bases de ce qui est, depuis, devenu l'une des boulangeries les plus renommées du pays.

Clairement, local ne veut pas forcément dire petit. Par cette intégration verticale des activités à valeur ajoutée, ils ont assuré la croissance de ZCoB, devenue l'une des principales entreprises d'Ann Arbor, avec cinq cent quinze emplois, quatre cents à cinq cents stagiaires en formation professionnelle par an, près de 100 % d'approvisionnement local, 43 millions de dollars de chiffre d'affaires et 1,5 million de dollars de bénéfice.

Fidéliser les habitants autour de la marque Zingerman's donne envie aux clients satisfaits de l'une des entreprises du groupe d'essayer les autres. C'est d'autant plus facile que toutes les entreprises du groupe sont installées à Ann Arbor. D'autre part, la diversité de ces entreprises permet de répartir les risques entre les activités plus ou moins bénéficiaires. L'effet d'échelle a permis de mutualiser la comptabilité, l'informatique et la commercialisation, réduisant les coûts sans sacrifier le contrôle par les partenaires gérant chaque entreprise ni leur créativité.

La ZCoB innove en continu. De nouvelles idées sont toujours en gestation : nouveaux produits et services, entreprises nouvelles, nouveaux entrepreneurs et employés. Elle se distingue aussi par l'attention portée à une exécution parfaite. Paul et Ari sont reconnus par leurs pairs tant pour leur leadership que pour leurs pratiques commerciales exemplaires. Et ils se sont même attachés à transmettre tout ce qu'ils ont appris, à travers les séminaires ZingTrain. L'esprit Zingerman's a ainsi été repris par des dizaines d'entreprises de tous secteurs à travers le pays.

Une communauté d'entrepreneurs

Pour Paul, l'adoption du « management à livres ouverts » – totalement transparent – a permis à d'innombrables propositions efficaces d'émerger. Les employés ont accès en permanence à l'ensemble de l'information financière. Partager ces informations et les gains avec les salariés incite chacun à rechercher sans cesse comment faire mieux.

Les huit sociétés Zingerman's sont des entités juridiques distinctes et se voient octroyer une licence de la marque collective. Chacune est détenue par un à trois actionnaires locaux, les « partenaires ». Une neuvième entreprise, appelée le « réseau de services Zingerman's », fournit aux autres la finance, l'informatique, le marketing et les services de paie et de ressources humaines. Chacune est indépendante, mais les seize partenaires souscrivent à un ensemble commun de principes. Cette forme d'organisation nécessite beaucoup de communication, remarque Ari. « Les autres entreprises ne vous contrôlent pas, mais vous voulez leur soutien. Nous discutons les choses très en amont, pour permettre à tous de contribuer. Que ce soit pour un investissement, un choix stratégique ou un nouveau type de produit, c'est vous qui prenez votre décision, mais ce sera une décision avec laquelle tout le monde pourra vivre. C'est pourquoi nous nous réunissons toutes les quinze jours et prenons toutes les décisions par consentement », qu'elles portent sur la gouvernance entre les sociétés, le point sur les activités, la résolution des problèmes ou la planification de l'avenir. ZCoB invite en permanence les employés qui ont de l'ambition à devenir partenaires de nouvelles entreprises dans la communauté d'entreprises. « Aux yeux du public, nous apparaissons comme une seule entreprise, complète Paul, car nous nous efforçons tous d'offrir le même niveau de qualité de service et des prix comparables. »

Une politique d'achat local

Les entreprises Zingerman's se fournissent d'abord entre elles, puis auprès d'autres entreprises de la région. Elles participent à la diversification de l'agriculture du sud-est du Michigan qui, en retour, permet à la ZCoB de se procurer des légumes, fruits, porcs, poulets, œufs et produits laitiers de première qualité. Quand il s'agit de spécialités d'autres régions ou pays, ils recherchent des produits authentiquement locaux.

Cette politique d'achat a permis à Zingerman's de contribuer fortement à l'économie d'Ann Arbor. Au-delà des
cinq cent cinquante emplois qu'elle a créés – souvent pour
des personnes en difficulté sociale –, la ZCoB a un effet
multiplicateur considérable sur l'économie, car elle loca-
lise méthodiquement ses achats. Quatre poulets sur cinq
servis à la Roadhouse sont élevés à Homer, à une heure à
peine à l'ouest ; la viande de bœuf provient pour l'essentiel
d'animaux élevés par les Clubs 4H du Michigan. Le projet
Collaboration Local Business ZCoB aide d'autres entreprises
d'Ann Arbor en animant l'alliance des entreprises locales
(Paul est également membre du conseil national de BALLE).
Une partie des bénéfices est utilisée pour aider les employés
qui le souhaitent à faire du bénévolat auprès des municipalités
et associations locales. Paul a aussi récemment « adopté » trois
créatrices afro-américaines de petites entreprises, et leur a
offert des bourses d'études pour venir à Detroit participer à
des formations ZingTrain.

Responsabilisation des employés

Aucune dimension de l'entreprise ne reçoit plus d'attention que ses employés. La première journée d'orientation
des nouveaux employés est toujours animée par Paul ou Ari.
« C'est la dernière chose que nous déléguerions, dit Paul. Il est
très important que vous entendiez de la bouche des fondateurs
ce que nous essayons d'accomplir en tant qu'organisation. Je
dis aux gens que s'ils veulent faire carrière ici, ma responsabilité est de les aider à y parvenir. »

Grandir en profondeur, c'est aussi associer les employés à la
prise de décision. Les partenaires ne se contentent pas de leur
fournir des soins de santé, des remises sur la nourriture, des
vacances généreuses (jusqu'à six semaines après vingt ans de
maison) et des congés sabbatiques. Les employés participent
à la fixation des objectifs annuels de chaque entreprise et à

la distribution des bénéfices quand les objectifs sont dépassés. Paul et Ari ont investi beaucoup d'énergie dans la création d'un milieu de travail où les décisions ne sont pas prises par les détenteurs d'autorité, mais par les détenteurs de compétence, c'est-à-dire ceux qui ont recherché et trouvé des solutions viables. 5 % de tous les profits alimentent la caisse de solidarité, qui apporte une assistance d'urgence aux employés en soudaine difficulté. Au cours de la décennie à venir, Paul et Ari souhaitent approfondir encore la participation des travailleurs.

Le volet écologique de la Vision 2020 inclut un fort accroissement de la part du bio local dans les achats d'aliments, de l'efficacité énergétique, du recours aux énergies renouvelables, et la réduction au minimum de l'importation de produits nécessitant un transport longue distance. Enfin, la ZCoB s'est engagée à distribuer chaque année 10 % des bénéfices nets d'exploitation de l'année précédente sous forme de dons en espèces et en nature. Une grande partie va à la réduction de la faim et à l'intégration des sans-logis dans le comté. L'une des réussites dont Paul et Ari sont les plus fiers est la banque alimentaire locale Food Gatherers, qui collecte plus de six tonnes de surplus alimentaires et les met à disposition, six jours par semaine, des organismes communautaires d'alimentation pour les personnes dans le besoin.

Comme d'autres détaillants de nourriture, la plupart des entreprises de la ZCoB fonctionnent avec des marges très minces. Pourtant, et malgré le contexte de récession, Zingerman's continue régulièrement de grandir et de donner naissance à de nouvelles entreprises, à l'initiative de ceux de ses employés qui veulent à leur tour devenir entrepreneurs pour satisfaire des besoins clairement identifiés du territoire et de ses habitants, mais aussi d'autres clients parfois plus lointains (vente par correspondance, formation).

Un quartier revitalisé

Il y a trente ans, il valait mieux ne pas trop traîner le soir dans certaines rues de Kerrytown. En y installant les unes après les autres plusieurs de ses entreprises et en employant des chômeurs du cru, Zingerman's a contribué à dynamiser l'activité commerciale, la fréquentation et le niveau de vie des habitants de ce secteur historique, voisin du campus de l'université du Michigan. Le quartier s'est ainsi progressivement transformé en un endroit plus sûr, dynamique et agréable à vivre.

En unissant leurs compétences, leur créativité et leur générosité au service d'un projet de société soutenable, paysans, transformateurs, commerçants, collectivités et citoyens montrent qu'il est possible de s'extraire du carcan mortifère imposé par la pensée productiviste du siècle dernier. Ainsi naissent des entreprises plus saines, possédées et contrôlées localement, au service de systèmes locaux de nourriture capables d'apporter une nourriture saine pour tous, des emplois de qualité mieux rémunérés, tout en prenant soin de la santé et de la vitalité du sol et de la mer, des autres espèces vivantes ainsi que de la pérennité et de la qualité des styles de vie auxquels sont attachés les humains.

Il leur a fallu, pour cela, se libérer de l'emprise de l'approche de l'agro-industrie et de la pêche productiviste – qui ne visent que l'efficacité et le rendement à court terme, sans se préoccuper de l'impact de leur activité sur l'environnement humain et naturel – et accompagner la renaissance de systèmes vivants complexes. Quand ils nouent, à plus grande échelle, des alliances avec d'autres acteurs, ils s'attachent à respecter, dans les prises de décision, à la fois leur vision commune et la primauté du local, plus proche et concerné par les réalités.

Face à un système dominant dysfonctionnel, un autre domaine dans lequel nous pouvons observer un mouvement de réappropriation des ressources et du pouvoir des citoyens est celui de la finance.

Chapitre 5

Finance locale : « Reprendre le contrôle de notre argent »

En 2008, une nouvelle crise financière, d'une gravité inédite, entraînait les économies occidentales dans la récession. Sa cause : le comportement irresponsable de banques qui, s'étant crues trop intelligentes pour échouer, avaient bâti des montages financiers reposant eux-mêmes sur d'autres montages financiers créés autour de dettes qui… ne seraient jamais remboursées. Les États ont sauvé les grosses banques de la faillite en organisant le plus vaste sauvetage jamais imaginé. Pourtant peu de chose a changé depuis. Devant la perspective de profits immédiats sans commune mesure avec la réalité économique, les banquiers continuent à jouer à la roulette et à distribuer des rémunérations indécentes tout en réduisant au minimum leur exposition… à l'impôt.

Dans le même temps, les banques ont réduit la voilure de leurs prêts aux PME. En revanche, les grosses banques continuent à financer largement les investissements des grandes entreprises, parfois au détriment de l'éthique et de l'environnement. Ainsi seuls les citoyens et les PME subissent-ils les conséquences – parfois dramatiques – de ces dysfonctionnements.

LES DÉRIVES DU TOUT-FINANCIER

Après le choc, aucune mesure significative n'est venue préserver l'économie réelle de l'instabilité, des bulles spéculatives et des crises annoncées. Il faudrait pour cela un accord international difficile à obtenir. « Ce qui est bon pour la City est bon pour Londres. »

There is no alternative, proclamait autrefois Margaret Thatcher à propos de la nécessité de déréguler l'économie et la finance. Depuis 2008, les certitudes commencent pourtant à s'effondrer. En novembre 2012, Andrew Haldane, l'un des directeurs exécutifs de la Banque d'Angleterre, déclarait à propos du mouvement populaire de protestation né de ce désastre : « Les efforts d'Occupy pour vulgariser les problèmes du système financier mondial ont été couronnés de succès, pour une raison très simple : ils ont raison[1] ! »

Comment expliquer ces dérives ? La journaliste Amy Cortese[2] a retrouvé la trace de la première bourse de valeurs locale américaine, dans les années 1790. « Les négociants se réunissaient à la Merchant Coffee House, à Philadelphie, et sous un platane de Wall Street[3]. » Ces deux places tinrent bientôt lieu de marchés nationaux. Après la guerre civile, les bourses de valeur locales ont accompagné le développement économique dans tout le pays. Elles jouaient aussi un rôle de pivot économique au sein de leurs propres communautés. À partir de 1934, les nouvelles régulations sur les sociétés faisant appel à l'épargne publique les asséchèrent progressivement au profit de quelques places influentes auprès des autorités, comme celle de New York. « La fusion des Bourses fut une évolution naturelle, précise Cortese, accroissant la transparence et l'efficacité et réduisant les coûts. Mais cela a aussi profondément changé la nature des marchés. » Les Bourses ont perdu leur statut sans but lucratif pour devenir à leur tour des sociétés cotées en Bourse. Les transactions électroniques ont remplacé les spécialistes traditionnels. Le nombre de sociétés cotées a considérablement décru.

---

1. *www.telegraph.co.uk/finance/newsbysector/banksandfinance/9641806/Occupy-protesters-were-right-says-Bank-of-England-official.html.*
2. Auteur de *Locavesting,* Amy Cortese est renommée pour le regard à la fois affûté et pédagogique qu'elle porte sur l'économie, la finance, la nourriture et le développement durable. Elle vit à Brooklyn, New York.
3. Cortese Amy, *Locavesting. The Revolution of Local Investing and How to Profit from It,* Wiley, 2011, p.199.

Aujourd'hui, seuls demeurent la Bourse de New York (NYSE) et le NASDAQ, devenus des entités multinationales sans attache locale[1]. Les Bourses délaissent l'investissement au profit de la spéculation, plus risquée mais tellement plus rentable, et les petits porteurs sont marginalisés. « En 1940, les investisseurs conservaient les actions en moyenne 7 ans […] en 2007, on en était à sept mois, selon les données de NYSE. Le *trading* automatisé à haute fréquence a ramené le taux moyen à environ 11 secondes[2]. » Inutile de préciser que les robotraders n'ont pas été programmés pour prendre en compte la valeur économique d'une compagnie ni ses perspectives d'avenir. Leurs algorithmes n'évaluent que les opportunités de gain à très court terme. Automatisées, les transactions financières ont explosé, jusqu'à représenter plusieurs dizaines de fois le PIB mondial. Le marché des devises a vu ses volumes multipliés par 9,5 entre 1989 et octobre 2011. Chaque jour – et pour les seules transactions au comptant – s'y traite l'équivalent de seize fois le PIB des trente-cinq plus grandes économies ou trente-six fois leurs échanges commerciaux[3]. Non seulement la finance ne s'intéresse plus à l'économie réelle, mais elle en assèche les ressources et la met régulièrement et gravement en danger. La crise de 2008 a poussé le jeu jusqu'à des extrémités inédites. Le scandale du « LiborGate », manipulation des taux interbancaires Ibor et Euribor par une série d'établissements de la City, montre qu'en Europe comme ailleurs, l'autodiscipline dont se réclament les banques reste une fiction.

---

1. NYSE Euronext, racheté par la Deutsche Börse, gérait le New York Stock Exchange, les marchés d'actions de Paris, Bruxelles, Amsterdam et Lisbonne, et le marché européen de produits dérivés Liffe. Il était, début 2013, en cours de rachat par InterContinental Exchange (ICE).
2. Cortese, *op. cit.*, 2011, p. 206.
3. *Le Monde*, 14 mars 2012.

Vers le *Big One* ?

Un nombre croissant de spécialistes pense que l'économie mondiale sera bientôt ébranlée par *The Big One*, un choc d'une intensité plus terrible encore, car les mêmes mécanismes ne pourront que produire les mêmes effets. En attendant une hypothétique réforme sérieuse par les autorités politiques, c'est donc aux clients eux-mêmes qu'il revient de prendre l'initiative pour mieux contrôler l'usage qui est fait de leur argent. En se mobilisant pour que la justice mette son nez dans un système financier apparemment hors de contrôle, mais aussi en plaçant ailleurs leurs économies.

Bruce Cahan[1] estime que seules les banques qui auront décidé de changer de culture et d'opter pour ce qu'il appelle la « haute transparence bancaire » ont un avenir. Tirant les leçons de l'histoire récente, elles auront replacé l'éthique, la relation client et la mesure de leurs impacts au cœur de leur nouveau modèle d'affaires, restaurant l'image profondément écornée de cette industrie. Les ressources technologiques qui pourraient leur permettre de devenir des maisons de verre existent. Elles peuvent aussi s'inspirer de la longue expérience de banques éthiques européennes : Triodos en Hollande et Belgique, Co-Operative Bank au Royaume-Uni, Banca Etica en Italie mais aussi Banco Real au Brésil ou, aux États-Unis, des banques communautaires comme Shorebank à Chicago. Déjà apparaissent des établissements financiers qui fondent leurs opérations et la sélection des projets sur une évaluation sérieuse des impacts sociétaux. Souhaitons qu'ils prennent progressivement des parts de marché aux banques classiques restées prisonnières de la culture de l'opacité.

---

1. Membre d'Ashoka et du Stanford's Center for Internet and Society, Bruce Cahan est président de Urban Logic, Inc., le sponsor de the GoodBank Project (*www.goodbank.info*), dont les recherches portent sur les conditions d'organisation d'une banque hautement transparente.

L'éthique est plus rentable

Qui croit encore aujourd'hui que le système financier mondial, fondé sur la cupidité maximale, est au service de l'économie et de la société ? À l'opposé, une étude récente[1] prouve que les banques éthiques offrent des rendements financiers beaucoup plus élevés que certaines des plus grandes institutions financières mondiales.

Les banques éthiques, plus utiles... et plus rentables

Commandée par l'Alliance mondiale pour une banque fondée sur les valeurs (GABV) et rendue publique en avril 2012, elle compare la performance, entre 2007 et 2010, de dix-sept banques éthiques et vingt-neuf des banques les plus importantes et les plus influentes du monde, celles que le Conseil de stabilité financière considère comme « d'importance mondiale systémique » (GSIFI) ; les *too big to fail* planétaires. Pendant cette période, les banques éthiques ont été deux fois plus enclines à investir leurs actifs dans des prêts (plus de 70 % de leurs actifs en moyenne au cours de la période). Elles apparaissent plus solides financièrement, détenant un capital plus élevé et de meilleure qualité. Ces banques éthiques ont généré des rendements financiers supérieurs : le rendement de l'actif est en moyenne supérieur à 0,50 % contre 0,33 % pour les grandes banques. Les banques vertueuses ont donc fait 51 % de mieux. Le rendement de leurs capitaux propres est en moyenne de 7,1 %, contre 6,6 %. Entre 2007 et 2010, elles ont vu leurs prêts à leurs clients croître de 80 %, contre à peine plus de 20 % pour les banques classiques.

« *Le secteur bancaire a devant lui une occasion sans précédent de changer, pour répondre à certains des plus grands enjeux sociaux et environnementaux de notre temps* », remarque Peter Blom, patron de Triodos, première banque éthique d'Europe. Ce rapport montre que « faire le bien est bénéfique pour les banques, non seulement dans un sens théorique et éthique mais aussi

---

1. Étude téléchargeable sur *www.gabv.org/our-news/report-shows-sustainable-banks-outperform-worlds-largest-banks#.Uh-6zRZdjzc.*

financièrement, quand le résultat est mesuré sur la base des critères classiques ». Une mutation du système bancaire et financier serait donc possible, si la volonté existait.

MOVE YOUR MONEY : CANTONA EN RÊVAIT, HUFFINGTON L'A FAIT !

Fin 2010, Éric Cantona, le footballeur idéaliste, choqué par les pratiques irresponsables des banques, proposait aux Français de leur reprendre leur argent. L'initiative du « footballeur rouge millionnaire » fut tournée en ridicule par les médias et tancée par les dirigeants politiques, de gauche comme de droite. À l'indignation manquait le relais de compétences et d'une stratégie dont il ne disposait pas.

Des Américains pragmatiques relèvent le défi

De l'autre côté de l'Atlantique, ce dont Cantona rêvait, des citoyens, des journalistes, des entrepreneurs et des investisseurs avaient décidé de le faire, en lançant le mouvement Move your Money ![1] Et ce fut un succès.

L'idée naquit quelques jours avant Noël 2009, au cours d'un dîner réunissant Arianna Huffington – la fondatrice et propriétaire du *Huffington Post*, le célèbre journal sur Internet – et un groupe de collègues et amis, dont l'économiste Robert Johnson[2], le spécialiste de stratégie politique Alexis McGill et le cinéaste Eugene Jarecki, eux aussi remontés contre les

---

1. *moveyourmoneyproject.org.*

2. Robert Johnson est un investisseur spécialiste des questions monétaires internationales. Il dirige aujourd'hui l'Initiative de politique économique à l'Institut Franklin et Eleanor Roosevelt et l'Institut pour une nouvelle pensée économique (INET). Ancien économiste à la commission bancaire et au comité du budget du Sénat américain, il fut aussi récemment membre de la commission d'experts de l'ONU sur les finances et la réforme du FMI.

pratiques des grandes banques qui n'avaient tiré aucune leçon de la catastrophe.

Plus grave encore, alors qu'on avait vendu aux citoyens le plan de sauvetage des banques en insistant sur la nécessité de payer très cher pour renflouer les banques de Wall Street afin, leur disait-on, de continuer à rendre le crédit accessible, JP Morgan/Chase, Citibank, Bank of America et Wells Fargo, maintenant requinquées, avaient, en quelques mois, réduit drastiquement leur crédit aux entreprises.

Dans le même temps, les centaines de banques locales – qui, elles, n'avaient reçu ni aide ni garantie – subissaient de plein fouet une concurrence renforcée sur le marché financier et se trouvaient en difficulté. Nombre d'entre elles durent fermer. En favorisant les « Six Grosses » (les quatre citées plus haut plus Goldman Sachs et Morgan Stanley), très influentes au sein des instances gouvernementales, la politique de Washington accélérait en fait la concentration du secteur au détriment des plus vertueux[1].

Wall Street et Washington font partie du problème

Huffington proposa une idée simple : « Si suffisamment de gens qui ont mis de l'argent dans l'une des six grandes banques le déplacent dans les banques locales traditionnelles, plus petites, plus locales, alors, nous, le peuple, aurons collectivement fait un grand pas vers le rétablissement du système financier, pour qu'il redevienne ce qu'il est censé être : le moteur productif et stable de la croissance. Ce n'est ni de gauche ni de droite », juste du bon sens. C'est aussi une manière de punir les grandes banques qui lèsent constamment l'intérêt public.

---

1. « Move Your Money : A New Year's Resolution », Arianna Huffington et Rob Johnson (*www.huffingtonpost.com/arianna-huffington/move-your-money-a-new-yea_b_406022.html*) 29 décembre 2009.

Les citoyens peuvent déplacer sans risque leur argent de ces mastodontes écervelés, car l'assurance dépôts est aussi sûre dans les petites banques qui, elles au moins, ne jouent pas avec les dividendes toxiques de leurs produits dérivés. Huffington insiste sur le message que les Américains peuvent adresser aux financiers et aux politiciens. Qu'ils en ont assez de cette culture bancaire de casino. Mais aussi qu'ils n'attendront pas que Washington bouge pour agir, car le Congrès et les grandes banques sont au cœur du problème.

> *« Nous devons revenir à l'approche – à la fois stable, fiable et centrée sur les besoins des gens – qui est celle des banques locales […]. Faisons en sorte que les grandes banques redeviennent de plus petites banques. Nous en serons tous mieux lotis et plus en sécurité[1]. »*

La fondation Move Your Money fut lancée, ainsi qu'un site et un blog. Le spot très efficace d'Eugene Jarecki fit un gros buzz sur Internet[2]. En juin 2012, Move Your Money estimait que 10 millions de personnes avaient déjà retiré leur argent des banques de Wall Street. Le cabinet Moebs Economic Services évaluait entre 13 et 17 millions le nombre de personnes qui auraient déplacé leur argent de Wall Street vers une banque locale ou une coopérative de crédit à la fin 2012[3]. Et ceci malgré le fait que ces petites banques n'offrent pas toujours le même confort d'utilisation que les banques multinationales.

Les atouts des banques locales...

Elles ont cependant pour elles d'autres atouts. D'une part, les frais bancaires y sont nettement moins élevés. D'autre part, elles

---

1. Huffington et Johnson, « Move Your Money : A New Year's Resolution… ».
2. Spot : *www.youtube.com/watch?v=Icqrx0OimSs&feature=player_embedded.*
3. Blog de Don McNay (*www.huffingtonpost.com/don-mcnay/moving-your-money_b_917815.html*), 4 août 2011.

offrent un service meilleur et plus personnalisé[1]. Les petites banques soutiennent plus et mieux les petites entreprises.

Selon les données officielles[2], 57 % des actifs bancaires sont aux mains des vingt plus grandes banques, qui ne consentent pourtant que 28 % des prêts aux petites entreprises. Les petites banques[3] fournissent 34 % des prêts et les banques de taille moyenne 20 %[4]. Mais la principale motivation de ce déménagement bancaire encore jamais vu reste de réduire la puissance des banques de Wall Street et leur rôle sur les marchés financiers.

… et des coopératives de crédit

Move Your Money encourage également les citoyens à choisir une coopérative de crédit existante, voire à créer leur propre caisse, rejoignant les presque 93 millions de membres dans le pays. En 2009, l'épargne collectée par les caisses de crédit a augmenté de 10,3 %[5]. Ces petits établissements financiers locaux[6] sont exclusivement au service de leurs membres. En 2008[7], les consommateurs ont économisé 9,2 milliards de dollars en préférant les caisses de crédit aux banques.

Dans cette économie turbulente, le modèle des entreprises coopératives de crédit a retrouvé une forte pertinence pour les consommateurs américains. Pour le président du Comité des

---

1. *www.moveyourmoneyproject.org.*

2. La Federal Deposit Insurance Corporation (FDIC), organisme autonome créé par le Congrès américain pour « maintenir la stabilité et la confiance du public dans le système financier du pays », *www.fdic.gov.*

3. Définie comme ayant moins d'1 milliard de dollars d'actifs.

4. Dont les actifs se situent entre 1 et 10 milliards de dollars.

5. Martin A. et Lieber R., « Credit Unions Begin to Promote Their Strengths », *The New York Times*, 11 juin 2010.

6. En 2007, une caisse américaine moyenne disposait de 93 millions de dollars en actifs, et une banque moyenne de 1,53 milliard de dollars.

7. Dernières données disponibles.

services financiers de la Chambre des représentants, M. Barney Frank[1], « si d'autres institutions financières s'étaient comportées comme les coopératives de crédit et les petites banques, l'effondrement des hypothèques ne se serait jamais produit[2] ».

Les nombreuses associations d'entreprises militant pour l'achat local ont toujours recommandé aux consommateurs de préférer les banques locales, mais la crise financière a joué un rôle de détonateur. Les gens comprennent maintenant beaucoup mieux que s'ils veulent voir les entreprises locales survivre et se développer, la solution la plus efficace et rapide est entre leurs propres mains.

Au sein même du mouvement Occupy Wall Street, plusieurs groupes travaillent avec la participation discrète de professionnels de Wall Street écœurés par le monstre qu'est devenue la finance. « *Ce qui se passe à Wall Street, dit l'un d'entre eux, est de pire en pire. Les banquiers sont devenus des prédateurs, des parasites. Face à eux, les agences de régulation sont si faibles qu*'elles n'osent pas se servir de leurs pouvoirs[3]. »

Move Your Money fait des émules. Au Royaume-Uni, Move Your Money UK[4] est apparu en 2012 à Londres. La campagne invite les Britanniques à retirer leur argent des grandes banques – qui ont toutes à un certain degré été impliquées dans la crise financière et n'ont pas, depuis, adopté un comportement plus éthique – pour le confier à des entreprises plus responsables, telles les coopératives de crédit, les mutuelles, les coopératives, les entreprises vertes, etc. Cette campagne rencontre un réel

---

1. Représentant démocrate du Massachussetts.
2. Mica D., « Consumers Are Moving Their Money to Credit Unions, Rising Membership Shows », *www.huffingtonpost.com/daniel-mica/consumers-are-moving---t_b_414190.html.*
3. Cité par Suau A. et Lichtenstein A., « Les rebelles de Wall Street », *Le Monde*, 14 juillet 2012.
4. *www.moveyourmoney.org.uk.*

écho. Le mouvement commence également à prendre en Australie, à l'initiative du mouvement citoyen Choice. En France, des initiatives ont également été lancées (Je change de banque, Finance responsable), qui plébiscitent la Nef, le Crédit Coopératif et plusieurs fonds citoyens et éthiques possédant le label Finansol[1].

Vers une renaissance de la finance locale ?

Fait nouveau, quelqu'un ose poser dans la presse française une question jusque-là incongrue : « Banques locales ou globales ? »[2] Dans *Le Monde* du 24 juillet 2012, Pierre-Cyrille Hautcœur, directeur d'études à l'EHESS, soulignait le contraste frappant entre la situation française et celle de nombreux autres pays, dont l'Allemagne. Chez nos voisins, « un réseau dense de banques locales et régionales de statuts variés (coopératifs, mutualistes), de spécialisations également variées (PME, particuliers, immobilier), coexiste avec les banques universelles comme la Deutsche Bank », en partenariat étroit avec les collectivités et les entreprises. En France, au contraire, le système bancaire est concentré « autour de banques généralistes mondialisées, qui visent à la fois un réseau européen pour les particuliers, la clientèle des entreprises du monde entier et toutes les activités liées aux marchés financiers ». Historien de l'économie, cet auteur souligne le rôle essentiel joué par les banques régionales pour l'industrialisation de la France et de l'Allemagne. Si cette dernière a su conserver la diversité d'un écosystème financier indépendant du grand capitalisme, la crise des années trente et le centralisme parisien tant des gouvernements que des élites financières ont eu raison de la diversité bancaire française. Aux grandes heures de la finance mondialisée, les multinationales hexagonales avaient le vent en

---

1. *www.colibris-lemouvement.org/revolution/localiser-leconomie/les-5-actions-pour-localiser-leconomie/je-change-de-banque.*
2. Hautcœur P.-C., « Banques locales ou globales ? », *Le Monde*, 24 juillet 2012.

poupe. Alors que vient le temps du « redressement productif » du tissu industriel de régions affaiblies, le modèle de la banque globale semble moins adapté que celui de la banque enracinée, proche des entreprises de sa région, capable d'évaluer leur solidité et leurs besoins et prête à les accompagner utilement dans leurs choix et dans la durée. Les grandes banques françaises dominent trop massivement l'économie, la politique et la régulation bancaire pour ne pas freiner toute velléité de rééquilibrage. Les besoins des économies locales et la difficulté que rencontre un nombre croissant de PME pour trouver un partenaire bancaire fiable dans la durée seraient pourtant autant de raisons de changer dans le sens d'un ancrage local de la finance et de la banque.

LA BANQUE PUBLIQUE EST DE RETOUR

En France, la crise récente a ravivé les couleurs d'une institution qui semblait appartenir au passé. La banque publique a en effet plus d'un atout à faire valoir. L'histoire dira dans quelle mesure la création, en 2013, d'une Banque publique d'investissement par le gouvernement français aura été un outil efficace de relance de l'activité économique. Inspirée du modèle allemand de la KfW, établissement de crédit pour la reconstruction, elle fut créée pour relancer la compétitivité des entreprises et créer des emplois locaux. Les régions étant associées à sa gouvernance et à son fonctionnement, chacune dispose d'un guichet unique auquel peuvent s'adresser les entreprises.

Aux États-Unis, c'est à une véritable renaissance que l'on assiste. Les citoyens redécouvrent que si – à l'image des banques locales et des coopératives – les banques publiques sont plus fiables que les grandes banques, c'est qu'elles restent étroitement insérées dans une communauté envers laquelle elles sont redevables. Elles sont donc amenées à être plus transparentes.

Quand les systèmes et les formules de régulation fédéraux actuels ont été édictés, à la suite de la Grande Dépression des années 1930, ils le furent sur la base d'un système de valeurs partagé qui supposait que les banquiers s'attachent à investir avec prudence les fonds que leur confiait la communauté. Or, depuis les années 1980, les firmes de Wall Street ont discrètement mis en place de nouvelles règles du jeu. Elles ont découplé de leurs résultats les primes versées à leurs dirigeants et traders, allant jusqu'à couvrir des pertes massives sur de longues périodes. L'enrichissement des gestionnaires est déconnecté des intérêts de leurs banques, qui se sont elles-mêmes affranchies du contrôle social et de l'évaluation de l'impact de leurs activités en s'assurant que les politiques – qu'elles contrôlent puisqu'elles financent leur élection – modifient les règles de surveillance réglementaire[1]. Pour sortir de la crise financière de 2008 et éviter la faillite des banques multinationales américaines, le gouvernement américain a mis en place un plan de sauvetage et leur a versé 16,115 milliards de dollars, soit plus que la dette totale accumulée du pays (14,66 milliards). Il aurait en réalité suffi d'affecter 1,2 % (191 millions de dollars) à l'effacement de leur dette pour les aider à faire face à leurs missions quotidiennes dans cette période de crise. Mais cela n'a pas été fait. En 2008 et 2009, le Plan de stimulation de l'économie, qui pouvait toucher plus directement les citoyens et l'économie réelle, atteint à peine plus d'un milliard de dollars[2]. Les grands banquiers sont apparus comme les véritables dirigeants du pays.

Ce que les médias se gardaient de leur dire, beaucoup de contribuables américains ont commencé à le comprendre en regardant autour d'eux. L'économie stagne et la pauvreté

---

1. Cahan B., « Using High-Transparency Banks to Reconnect Money and Meaning », *Community Development Investment Review*, Federal Reserve Bank of San Francisco, *www.frbsf.org/publications/community/review/vol5_issue2/cahan.pdf.*
2. Public Banking Institute : *publicbankinginstitute.org.*

croît de façon angoissante. Ils se demandent s'ils n'ont pas, en quelques mois, été victimes d'une gigantesque captation de fonds publics au bénéfice de quelques géants privés.

Le Dakota du Nord et sa banque publique

En cherchant à reprendre le contrôle de leur argent, les Américains découvrent aussi une chose étonnante : des cinquante et un États, un seul, le Dakota du Nord, non seulement ne connaît pas de difficulté financière, mais n'a jamais été en déficit, même au plus fort de la crise de 2008. En juillet 2011, le taux de chômage du Dakota du Nord plafonnait insolemment à 3,3 %, soit à peine plus d'un tiers des 9,1 % du pays, et sa masse salariale croissait de 5,2 % en un an, suivie de loin par le Texas, à 2,6 % [1].

Bien sûr, il y a les revenus du pétrole. Mais Ellen Brown, la présidente du Public Banking Institute, montre que ce facteur n'explique qu'en partie cette situation atypique. En effet, les autres États producteurs, notamment ceux qui extraient beaucoup plus de pétrole, comme le Texas ou l'Alaska, obtiennent tous de moins bons résultats et montrent une plus grande sensibilité aux variations des cours mondiaux du pétrole. Le bilan comptable de l'État du Dakota du Nord est si solide que celui-ci a récemment réduit de 400 millions de dollars les impôts et les taxes foncières individuelles, et qu'il débat actuellement de nouvelles réductions. Cet État connaît également le plus faible taux de saisies immobilières et de non-paiement sur carte bancaire du pays. Il n'a pas non plus connu de faillite bancaire au cours de la dernière décennie.

La raison de cette supériorité serait donc à chercher ailleurs, dans le fait que depuis un siècle, l'État du Dakota du Nord possède une banque publique florissante.

---

1. Brown E., *North Dakota's Economic « Miracle » – It's Not Oil*. *www.yesmagazine. org/new-economy/the-north-dakota-miracle-not-all-about-oil*

« Le boom des bénéfices pétroliers et de l'agriculture a été favorisé par l'accès au crédit, poursuit Ellen Brown. La Banque du Dakota du Nord (BND) n'entre pas en concurrence avec les banques locales, mais établit avec elles des partenariats, par un apport de capital et de liquidités. Elle participe à des prêts, offre des garanties, et agit comme une sorte de mini-Fed[1] » à l'échelle de cet État. Au cours des quinze dernières années, la BND a davantage contribué au budget de l'État que ne l'ont fait les taxes sur le pétrole.

Cette banque rapporte aux citoyens

La BND a également mis en place un programme de prêts aux collectivités locales, appelé Flex PACE, qui leur permet de fournir une assistance aux emprunteurs dans les zones connaissant des difficultés d'emploi, pour la création technologique, le commerce de détail, les petites entreprises et les services communautaires essentiels. En 2010, Flex PACE a augmenté de 62 % ; les prêts commerciaux et les participations bancaires ont progressé de 64 %.

Les revenus de la banque renforcent le budget de l'État : 300 millions de dollars de recettes en dix ans. Une somme substantielle pour un État dont la population représente moins de 10 % de celle du comté de Los Angeles. L'argent du Dakota du Nord et des réserves bancaires ne sort pas de l'État. C'est uniquement là qu'il est investi. Le portefeuille de prêts de la BND augmente régulièrement depuis 2006.

2010 fut, sur le plan financier, la meilleure année de la banque depuis sa création. Les bénéfices ont crû de près de 4 millions de dollars pour atteindre 61,9 millions de dollars au cours de cette septième année consécutive de bénéfices records. Le bénéfice a été alimenté par une base de dépôts solide

---

1. Fed : Réserve fédérale américaine.

et croissante, générée par l'essor important des secteurs de l'énergie et de l'agriculture. La BND a terminé l'année avec le plus haut niveau de capital de son histoire, un peu plus de 325 millions de dollars. Elle a reversé à l'État 19 %. « Combien d'États obtiennent à Wall Street ce niveau de retour sur leurs investissements ? » s'interroge Ellen Brown, avant de conclure :

> *« Certes, tous les États n'ont pas de pétrole (cela ne constitue d'ailleurs pas une base soutenable pour une économie), mais tous pourraient apprendre de la banque d'État du Dakota du Nord, qui permet à celui-ci de capitaliser sur ses ressources pour en profiter pleinement. Les États qui déposent leurs revenus et investissent leurs capitaux dans de grandes banques de Wall Street sont loin de s'offrir une telle opportunité économique. »*

Bientôt, dix-huit nouvelles banques publiques ?

La banque publique fut introduite aux États-Unis par les Quakers, dans la colonie initiale de Pennsylvanie. D'autres gouvernements de colonies suivirent ensuite cet exemple. Plus tard, l'État du Dakota du Nord créa à son tour une banque publique et reste aujourd'hui le seul dans ce cas, avec le succès que l'on vient de voir.

Sur les cinquante et un États de l'Union, quarante-huit connaissent actuellement un déficit budgétaire. Dans la plupart de ces États, comme à Washington, le remède idéologique choisi est de réduire les dépenses. Ce qui implique de réduire – voire supprimer – les filets de sécurité pour la classe moyenne et les plus pauvres et d'abroger les lois garantissant les droits de négociation collective des syndicats.

Mais les choses commencent à évoluer. En 2001, la nation chickasaw, en Oklahoma, créait sa propre banque publique ; depuis la crise de 2008, dix-huit États fédérés ont prévu de créer une banque publique ou d'étudier comment cela pourrait fonctionner dans leur juridiction. Dans dix-sept d'entre eux un projet de loi a d'ores et déjà été soumis. La commission *ad hoc* du Massachusetts est dès à présent en activité[1].

La crise a agi non seulement comme un révélateur des causes de dysfonctionnement du système politique et économique, mais aussi comme un puissant accélérateur d'initiatives et d'innovations au service d'un retour à une plus grande maîtrise de leurs ressources par les personnes et les communautés locales.

LES CITOYENS S'Y METTENT AUSSI : QUELQUES EXEMPLES FRANÇAIS

Des millions de citoyens ont réalisé que le temps était venu de changer un système devenu improductif jusqu'à l'indécence. De multiples initiatives leur proposent de reconquérir une part de ce pouvoir trop longtemps délégué aux banques.

Cigales économes et Garrigue

Le 14 juillet 1983, entre deux défilés militaires, François Mitterrand partage dans les jardins de l'Élysée, avec les patrons des soixante principales entreprises exportatrices nationales, un buffet de produits « exclusivement français[2] ». Au même moment, dans notre maison familiale d'Avallon, l'Aldéa (Agence de liaison pour le développement d'une économie alternative) tient son conseil d'administration et célèbre autour d'un bon bourgogne l'acte de naissance de la première Cigale, dite du Château-d'Eau[3].

---

1. *www.publicbankinginstitute.org.*

2. INA, journal de 20 heures d'Antenne 2.

3. Cette première Cigale avait en effet son siège rue du Château-d'Eau, à Paris, dans les bureaux de l'Aldéa. Ses membres faisaient partie des administrateurs de l'agence (dont Patrice Sauvage, Marcel Souchier, Jean-Claude Lepage, Jean Mata et Jean-Paul Gautier, gérant de la Cigale).

Il s'agissait de montrer qu'il était possible d'avancer vers une économie éthique, solidaire et locale. « *Aldea*, en espagnol, signifie petit village », soulignait l'ami Patrice Sauvage, initiateur de la démarche. Cette réflexion poursuivait et approfondissait celle des réseaux Espérance[1], lancés à la fin des années soixante-dix par René Macaire pour participer à une modification en profondeur des valeurs de la société. « La violence d'une société soumise à l'idéologie d'une croissance matérielle indéfinie devient insoutenable. Les réseaux Espérance sont nés de cette évidence, avec la conviction que la transformation de la société s'enracine dans le changement des personnes. » Pour Macaire, « si, en même temps qu'on lutte contre la misère et le clivage dominant-dominé qui la cause ou la maintient, on n'éveille pas les hommes à prendre en main leur destin, on remplace la misère par l'oppression[2] ». L'Aldéa donnera naissance à deux outils financiers à vocation pédagogique autant qu'économique, le réseau des Cigales[3] et Garrigue[4].

L'apport des Cigales facilite l'accès des entreprises aux ressources bancaires. Ces clubs connaissent aujourd'hui un nouvel élan, notamment au service de la création de sites de production locale d'énergie citoyenne. En 2013, on en comptait deux cent trente.

Créée en 1989 par des membres de l'Aldéa, Garrigue est une société de capital-risque solidaire. Un quart de siècle plus tard, elle rassemble huit cents sociétaires et a accompagné financièrement plus de cent soixante entreprises ayant une activité à forte plus-value sociale et environnementale[5]. La société a

---

1. *reseauxesperance.org.*
2. Macaire R., *La Mutance, clef pour un avenir humain,* Paris, L'Harmattan, 1989.
3. *www.cigales.asso.fr.*
4. *www.garrigue.net.*
5. Parmi lesquelles Enercoop, Ardelaine, Les Nouveaux Robinson, Penn Ar Bed, AutoPartage Provence, Andines, Puerto Cacao, Solidar'Monde. Habitats solidaires, Oxalis, La table de Cana ou encore la Coopérative du meuble de Cotonou (Bénin).

investi un peu plus de 3 millions d'euros dans des activités éthiques et créatives, contribuant à créer ou consolider plus de trois mille six cents emplois.

Terre de Liens : préserve le sol nourricier

En 2003, l'association Terre de Liens[1] naît, à l'initiative de Sjoerd Wartena, de la rencontre entre des mouvements d'éducation populaire, de la finance solidaire, de l'agriculture biologique et biodynamique et de la protection de l'environnement. Son objectif est de rendre le foncier de nouveau accessible aux paysans qui réinventent des formes d'usage de la terre écologiquement responsables et socialement solidaires. Or, pour la plupart d'entre eux, cela veut dire s'endetter pour plusieurs générations. En outre, aucun dispositif ou acteur ne semble capable de freiner la spéculation foncière, l'artificialisation des sols et la concentration des terres.

D'où une formule novatrice, la foncière Terre de Liens, qui prend la forme juridique d'une société en commandite par actions (SCA)[2]. S'appuyant sur la société financière la Nef[3] et faisant appel à l'épargne solidaire, Terre de Liens avait, mi-2013, collecté 31 millions d'euros auprès de huit mille actionnaires solidaires. Elle avait acquis ou reçu en donation plus de quatre-vingt-cinq propriétés agricoles affermées à des agriculteurs bio accompagnés dans leur projet par neuf associations territoriales. La fondation Terre de Liens était officiellement reconnue cette même année.

---

1. *www.terredeliens.org.*

2. La SCA est une structure juridique originale, datant du Moyen Âge. On y distingue deux types d'associés : d'une part les « commanditaires », actionnaires de la société responsables des dettes à concurrence du montant de leur participation au capital, et les associés « commandités », qui sont les dirigeants de la société, indéfiniment et solidairement responsables des dettes. Cela en fait une formidable occasion de contrer les dérives du système classique, en séparant la détention du capital de son usage.

3. *www.lanef.com.*

Slow money France : vers des systèmes locaux de nourriture

Dans le même esprit, les membres français du mouvement Slow Money[1] veulent redonner du sens au financement de l'économie locale et permettre à l'épargnant de reprendre le contrôle de son argent. « Nous savons qu'il est important de consommer local. Et si nous pouvions aussi investir localement ? » Alliance d'investisseurs responsables et éthiques née en 2013, Slow Money France[2] s'est donné pour mission d'accompagner sur les territoires la (re)naissance de systèmes locaux de nourriture (production, transformation, distribution, consommation) dans un esprit de coopération et de mutualisation et en synergie avec les politiques locales de développement soutenable. Ceci avec pour objectif permanent la reconstitution de l'humus, indispensable à la vie sur Terre.

D'autres expériences innovantes fleurissent dans le domaine du financement d'une agriculture paysanne saine, solidaire et respectueuse de la nature. En mars 2012, MIRAMAP co-organisait avec une douzaine de partenaires[3] un séminaire national sur le thème « La finance solidaire au service de l'agriculture paysanne et biologique[4] », destiné à dégager des axes d'action concertée pour le développement des outils de financement citoyen.

Énergie partagée : transition énergétique citoyenne

En 2003, deux familles d'enseignants veulent installer une petite éolienne pour devenir plus autonomes. Face aux contraintes administratives complexes, ces pionniers modifient bientôt

---

1. Voir p. 157.

2. *www.slowmoney.fr.*

3. Le réseau des AMAP Ile-de-France, France Active, fondation MACIF, Les Amis de la Terre France, CRESS Rhône-Alpes, Inter-AFOCG, FADEAR, La Nef, DADR – Région Rhône-Alpes, FN Cigales, FNAB, La Revue Durable.

4. Compte rendu du séminaire : *miramap.org/IMG/pdf/ActesSeminaire-FinancesSolidaire-MIRAMAP-VF.pdf.*

leur projet et décident de changer d'échelle. Pourquoi ne pas créer un parc éolien avec d'autres habitants ? L'association Éoliennes en pays de Vilaine (EPV) est née. En six mois, elle réunit cent adhérents. Ils étudient le modèle des coopératives en Suède, Belgique et Danemark et commencent à rechercher des sites. Dès 2005, les soutiens officiels reçus[1] permettent de recruter un salarié. Deux sites viables sont identifiés : Béganne (Morbihan) et Sévérac-Guenrouët (Loire-Atlantique). Une seule solution leur permet de financer les études tout en conservant l'orientation du projet et sa maîtrise locale : se financer ! La SARL Site à Watts, par les initiateurs, bientôt rejoints par trois clubs Cigale[2] et le conseil général de Loire-Atlantique, à travers la SEM ENEE 44.

Une société d'exploitation est créée pour Béganne. La phase opérationnelle nécessite un investissement de près de 12 millions d'euros. 2,8 millions de fonds propres sont apportés par les membres fondateurs, les citoyens, plusieurs structures de l'ESS[3], des collectivités territoriales et le fonds breton Eilañ. Mobilisés par la CADES (pôle local de développement de l'ESS), six cents citoyens réunis dans cinquante nouveaux clubs d'investisseurs apportent plus de 1,4 million d'euros. Au-delà du montant, c'est une impressionnante action d'éducation populaire : plus de cent réunions de voisinage sont organisées au domicile d'habitants, au cours desquelles sont abordés la réappropriation de la question énergétique en France, le fonctionnement de l'épargne, le modèle souhaité de développement économique du territoire…

---

1. Fondation de France, puis Région Bretagne et conseil général d'Ille-et-Vilaine
2. Voir p. 148.
3. Société Être's Énergies renouvelables, Garrigue, l'association Cinémanivel, la biocoop Héron Bleu, le Foyer de jeunes travailleurs, la Maison d'accueil du pays de Redon.

Avec la Nef, les porteurs décident de répliquer le modèle de Terre de Liens. L'ADEME finance l'étude de faisabilité. Énergie Partagée Investissement (EPI)[1] naît en septembre 2009. Il permettra aux porteurs et acteurs des territoires de collecter des fonds propres tout en conservant la maîtrise citoyenne de leur projet. À l'automne 2011, EPI lance un premier appel de fonds. Mille huit cents souscripteurs apportent plus de 2,6 millions d'euros. Vingt-trois projets sont ouverts à sous-cription sur l'ensemble du territoire national. L'effet multi-plicateur étant d'un facteur 10, une série de projets vont pouvoir être financés, sur la base de quatre critères : ancrage (et contrôle) local ; finalité non spéculative ; gouvernance démocratique, transparente et coopérative ; respect de l'envi-ronnement et réduction des consommations énergétiques.

Bâti Cités, l'habitat solidaire

L'équipe de la société d'écoconstruction Terra Cités[2] cherchait à promouvoir un mode d'investissement ancré dans les terri-toires et soucieux de son impact environnemental et social :

> *« Nous prônons la transparence dans les transactions économiques et leur adossement à des actifs réels et pérennes. Notre propre entreprise s'est d'ailleurs construite et développée grâce à l'investissement éthique d'hommes et de femmes qui nous ont fait confiance, en mettant à notre disposition une part de leurs économies. »*

Ce choix fut salvateur dans les périodes difficiles :

> *« Là où une banque classique aurait fait couler l'entreprise et mis la main sur notre patrimoine, nos investisseurs ont patienté. Ils nous ont laissé le temps de nous adapter et de trouver de nouvelles voies de développement. »*

---

1. *energie-partagee.org.*
2. *www.terracites.fr.*

Jean-Philippe, Esra et Camille voulaient rendre ce fonctionnement également accessible aux porteurs de projets et aux
citoyens cherchant à donner du sens à leur épargne. Avec
la Nef et quelques investisseurs militants, ils lancent début
2012 le fonds citoyen Bâti Cités[1]. Faisant appel à l'épargne
publique, cette SCA financera des projets d'habitats conciliant
écoconstruction et recherche d'un « mieux vivre ensemble »
(habitat participatif, mixité intergénérationnelle…). Bâti Cités
veut contribuer au changement d'échelle de « l'habiter autrement », et promouvoir un nouveau mode de relations financières, centré sur la responsabilité et l'intérêt mutuel. Elle
intervient par l'apport de financement ou par des montages
financiers innovants sur des projets intégrant tout ou partie
des trois dimensions : écoconstruction, implication et participation des habitants, mixité sociale. Les investisseurs pourront
choisir de soutenir des projets réalisés sur leur territoire, dans
l'esprit du *locavesting* prôné par Slow Money.

Les Français plébiscitent l'épargne locale

Ces initiatives pionnières traduisent une réelle demande : les
Français ont compris que leur propre bien-être était étroitement lié à la santé économique, sociale et environnementale
du territoire où ils vivent. Le « local » est dans l'air. Plus de
80 % de nos compatriotes pensent important de savoir à
quoi sert leur épargne et souhaitent favoriser l'entrepreneuriat. Dans la même proportion, ils se disent prêts à consacrer
une partie de leur épargne au développement de l'économie
locale[2].

---

1. *www.bati-cites.fr.*
2. Étude réalisée par OpinionWay, du 25 au 27 mai 2011 (en ligne, selon la
méthode des quotas auprès d'un échantillon représentatif de 1 003 personnes),
pour l'Union des autoentrepreneurs et la Fondation Le Roch Les Mousquetaires.
Reproduit avec permission.

Le concept d'épargne de proximité remporte tous leurs suffrages : ils sont sensibles à sa dimension solidaire (en particulier les jeunes), pensent qu'elle peut contribuer à créer des emplois et à stimuler la croissance économique (surtout les seniors). 84 % des Français trouvent que le concept est innovant ou dans l'ère du temps, et 72 % le trouvent clair et facile à comprendre. Ils pensent majoritairement qu'elle devrait bénéficier aux TPE plutôt qu'aux PME (66 % *versus* 33 %), et préfèrent que leur épargne aille à des entreprises de leur ville (39 %) ou de leur département (34 %), plutôt que seulement de leur quartier (6 %) ou encore de la Région (19 %). 75 % des Français interrogés se déclarent prêts à placer une petite somme tous les ans sur un livret d'épargne de proximité. Les 13 % les plus enthousiastes sont déjà prêts à passer à l'action. Et si 84 % des personnes les plus riches sont motivées, c'est aussi vrai de 60 % des Français ayant un revenu annuel inférieur à 18 000 euros.

Épargne de proximité » et entreprises locales

Avec 3 600 milliards d'euros, les Français sont les champions de l'épargne. Pour autant, celle-ci bénéficie peu à l'économie car les entreprises moyennes, créatrices d'emplois et de richesse pour les territoires, y ont insuffisamment accès, regrette Bernard Cohen-Hadad[1]. Près d'un tiers d'entre elles connaissent des difficultés de financement ou de trésorerie, notamment du fait de leur sous-capitalisation.

L'omniprésence du crédit bancaire (90 % en Europe, contre 15 % aux États-Unis) traduit la difficulté qu'a l'investissement à sortir des mains des intermédiaires. L'émergence des

---

1. Président du *think tank* Étienne Marcel et de la commission financement des entreprises de la CGPME. « Financement : non, le *crowdfunding* n'est pas un gadget », *www.latribune.fr, 08/04/2013.*

technologies de l'information peut contribuer puissamment à l'évolution de cette situation.

Le *crowdfunding* s'installe

Le *crowdfunding*, financement participatif sur Internet, débarque en France en 2007. Les particuliers vont pouvoir appuyer des projets innovants ou participer aux fonds propres d'entreprises sans passer par les circuits classiques. Une vingtaine de sites sont déjà ouverts. Leur objectif commun : établir un lien direct et transparent entre les citoyens et les projets de leur choix. Trente-cinq mille internautes français ont déjà apporté par ce biais 6 millions d'euros en dons, prêts ou capital[1]. Un début encore modeste.

Ulule, le leader européen du *crowdfunding*, est français. Pourtant, la croissance des sites de finance participative était, jusqu'à 2013, freinée par un cadre réglementaire inadapté aux petits investissements sur Internet. Aussi, emboîtant le pas à l'administration Obama, le gouvernement français et l'Autorité des marchés financiers ont-ils décidé d'adapter la réglementation[2]. Parmi les nombreux sites français déjà opérationnels, certains ont choisi la proximité géographique. Ulule développe la présentation locale et régionale de ses projets ; Bulb in Town s'est spécialisé dans les projets des petits commerces et des associations de quartier, leur apportant un moyen innovant de se financer tout en créant un lien fort avec les habitants. Lumo accompagne les collectivités locales en facilitant le cofinancement citoyen de leurs projets d'énergie renouvelable ; en

---

1. Daniel Roland, AFP, 9 avril 2012.
2. Exemption des contraintes réglementaires de marché lorsque le montant cumulé annuel investi est inférieur à 2 000 dollars par investisseur (ou 5 % de ses revenus) et création d'un statut de *funding portal* (courtier en financement participatif) enregistré auprès des autorités de tutelle et régulé par une association professionnelle.

Rhône-Alpes, Prêt de chez moi est la première plateforme proposée par un établissement financier, la Nef[1].

Comme de nombreuses autres initiatives visant à restaurer la biodiversité financière et la résilience des systèmes d'échange (le WIR suisse[2], système de paiement sans numéraire créé en 1934 auquel participent aujourd'hui plus de soixante mille PME et dont la Ville de Nantes s'est inspirée pour lancer son projet Sonantes ; ou encore le SOL Violette à Toulouse et les autres monnaies complémentaires, les SEL, etc.), celles que nous venons d'évoquer traduisent une prise de conscience et la volonté de retrouver autonomie, relation et responsabilité.

SLOW MONEY : WOODY TASCH RALENTIT L'ARGENT

> *« Il me semble que, dans la vie, nous avons besoin de faire un petit peu comme le fermier, qui rend au sol ce qu'il lui prend. »*
>
> Paul NEWMAN.

Woody Tasch est, depuis vingt ans, un spécialiste reconnu de l'investissement dans l'économie « soutenable », vers laquelle il a fait affluer des millions de dollars. Longtemps président

---

1. *www.pret-de-chez-moi.coop.*

2. La banque WIR est une institution bancaire suisse qui émet sa propre monnaie pour faciliter les échanges économiques entre ses membres. Son siège est à Bâle. WIR est l'abréviation du mot allemand *Wirtschaft* qui signifie « économie ». La banque WIR est un organisme sans but lucratif. Il sert l'intérêt des clients. C'est un système très stable, peu enclin à l'échec, ou crise systémique, comme dans le système bancaire actuel. Il reste pleinement opérationnel même en temps de crise économique généralisée. WIR peut avoir contribué à la remarquable stabilité de l'économie suisse, car il amortit les ralentissements du cycle d'affaires (source : Wikipédia).

du Cercle des investisseurs[1], il a pu assister à la naissance d'une économie plus compatible avec la vie mais aussi – et à une échelle infiniment plus vaste – à la destruction, par une économie mondiale prédatrice et apparemment incontrôlée, de ce qui rend la vie possible sur cette planète.

Ramener l'argent sur terre

En 2007, alors qu'il écrivait son livre *Inquiries Into the Nature of Slow Money* (Investigations sur la nature de l'argent lent)[2], Woody eut l'idée de créer un mouvement qui porterait le nom de Slow Money et proposerait de « ralentir la circulation de l'argent en le ramenant sur Terre », en aidant les investisseurs qui le souhaitent à faire travailler leur argent dans l'agriculture locale, là où ils vivent, eux et leur famille. Pour cela, il lui faudrait construire de nouveaux outils de financement enracinés dans l'économie réelle et la vie locale, afin d'inciter et d'aider les investisseurs et bailleurs de fonds intéressés à réorienter vers les petites entreprises alimentaires, les exploitations agricoles bio et les systèmes locaux de nourriture les capitaux qui leur font défaut.

Slow Money est lancé dès 2009. L'objectif est à la fois simple et ambitieux : « Nous construisons une organisation qui permettra à un million d'Américains d'investir dans les systèmes de nourriture du pays. » Ceci pour catalyser des investissements à hauteur d'au moins 25 millions d'euros par an dans un premier temps. Le terme Slow Money fait référence au

---

1. Investors' Circle est un réseau à but non lucratif regroupant plus de deux cents investisseurs, capital-risqueurs professionnels, fondations etc. Woody Tasch en est aujourd'hui le président d'honneur – *www.investorscircle.net*.

2. Tasch W., *Inquiries Into the Nature of Slow Money. Investing as if Food, Farms and Fertility Mattered,* White River Junction, VT, Chelsea Green Publishing, 2008.

mouvement international Slow Food[1], dont il constituera une dimension nouvelle.

Dans un premier temps, Slow Money met en effet l'accent sur la reconquête de leur nourriture par les citoyens. Il accompagne le développement des systèmes locaux de nourriture. C'est une dimension dont chacun peut comprendre combien elle est vitale ; et qui prend en charge des questions essentielles : la santé, la sécurité alimentaire, la biodiversité, la diversité culturelle. Et cela touche la nécessité – encore trop peu soulignée – de stopper la destruction des sols et de les revitaliser.

Vers une économie éco-compatible

C'est un premier pas.

> « Mais, au-delà, il nous faudra aussi rendre toute l'activité économique réellement compatible avec la vie, en travaillant sur des secteurs comme l'énergie, l'écoconstruction, la production sans déchets, les transports, les médias indépendants, etc. Faciliter l'émergence et le renforcement de coopératives et d'établissements de crédits locaux contrôlés par les communautés locales. »

Slow Money est d'ores et déjà considéré par nombre d'observateurs comme l'une des tendances les plus porteuses d'avenir, tant pour le secteur financier que pour le verdissement de l'économie. Il a bénéficié dès son lancement d'une large couverture dans la presse, notamment économique. Moins d'un an après son lancement, *Business Week* lui décernait le titre de « grande idée de l'année 2010 ».

---

1. Slow Food fut fondé par Carlo Petrini en 1986. Promu comme une alternative au fast-food, il s'efforce de préserver la cuisine traditionnelle et régionale et encourage la production de plantes, de graines et de bétail caractéristiques de l'écosystème local. C'est le premier maillon de l'ensemble du mouvement Slow, qui décline ce concept dans différents secteurs. Le mouvement s'est répandu dans plus de cent trente pays.

« L'idée derrière Slow Money, me dit Woody Tasch, est à la fois simple et fondamentale : nous avons besoin de prendre un peu de notre argent – une infime fraction pour commencer – et de le sortir de ce marché financier mondial de plus en plus rapide, volatil, abstrait, complexe et opaque. Et de mettre cette fraction de notre épargne au travail dans des choses que nous comprenons, plus proche de chez nous. »

Mais il s'interroge. « Cette tentative pourtant si simple, modeste et de bon sens pour "poser les bases d'une économie régénératrice", n'est-il pas étrange qu'elle étonne au point qu'on la considère comme un mouvement, voire comme une révolution ? Qu'est-ce que cela nous dit de l'état de la société dans laquelle nous vivons ? »

Slow Money est un mouvement encore jeune mais en pleine germination. Plus de vingt-quatre mille personnes en ont déjà signé les « Principes[1] ». Plusieurs milliers ont rejoint le réseau national Slow Money Alliance et ses chapitres locaux, qui facilitent la circulation de millions de dollars vers les petites entreprises alimentaires. Mi-2013, plus de 30 millions avaient ainsi déjà été investis dans deux cent vingt et une fermes et entreprises de nourriture.

Des groupes locaux autonomes

En 2012, dix-sept chapitres locaux de Slow Money, composés d'investisseurs, avaient émergé dans une douzaine de localités à travers les États-Unis, et dix autres étaient en formation. Le mouvement s'étend désormais à l'international (Suisse, France[2], bientôt Canada, Australie et Japon).

---

1. *www.slowmoney.org/principles.*
2. *www.slowmoney.fr.*

Le réseau national Slow Money s'est aussi doté d'une série d'outils opérationnels :

- les instituts Slow Money : la construction de réseaux d'acteurs régionaux est au cœur de la mission de Slow Money. Ces réseaux sont composés d'entrepreneurs du secteur alimentaire, de responsables d'ONG, d'agriculteurs et d'investisseurs engagés dans les systèmes de financement alimentaire local. L'objectif est que chaque institut Slow Money réunisse cinquante à cent d'entre eux dans sa région, pour évaluer ensemble les stratégies d'investissement dans les systèmes locaux de nourriture de leurs communautés ;
- les clubs d'investissement : les clubs d'investissement Slow Money réunissent des personnes qui s'associent pour créer un fonds commun (chacun contribuant à hauteur de 5 000 dollars). Les décisions d'investissement se font, après étude des dossiers, sur la base d'un vote à la majorité. Six sont déjà opérationnels ;
- une plateforme de *crowdfunding* : Gatheround a pour ambition de recueillir de petits dons (à partir de 50 dollars), de les agréger, puis de les investir. Ceci afin d'apporter des garanties, un capital d'amorçage et un complément d'investissement aux investisseurs Slow Money comme aux nouveaux fonds Slow Money qui émergent à travers le pays. Les retours financiers seront réinvestis au bénéfice des générations futures, pour créer un mécanisme permanent, fonds d'investissement non lucratif dédié à la fertilité du sol.

Chapitre 6

Énergie locale : un nouveau type d'indépendance

« Il n'y a pas de crise d'énergie, juste une crise d'ignorance. »

Buckminster FULLER

S'il est un secteur dont l'évolution au cours des prochaines années devrait avoir un impact considérable sur la vie locale, c'est bien celui de l'énergie.

À LA SOURCE D'UN MONDE SOUTENABLE

Partout, la production de gaz à effet de serre croît ; nous aurons bientôt atteint un seuil au-delà duquel l'augmentation de la température sera devenue incontrôlable, rendant le climat de la planète de moins en moins hospitalier. Pour Jeremy Rifkin[1], le temps est venu d'accélérer l'avènement de la troisième révolution industrielle[2] : le passage aux énergies renouvelables ; la transformation des bâtiments en centres de production d'énergie ; le stockage de l'électricité – en particulier sous la forme d'hydrogène – pour pallier l'intermittence des sources ; l'application des technologies de l'Internet à la création d'un réseau électrique à double sens (chacun pouvant être alternativement producteur ou acheteur d'électricité) ; et la sortie de l'économie fondée sur le pétrole – première source de gaz à effet de serre – pour passer à l'ère de l'électricité et de l'hydrogène dans les transports automobiles, devenus capables de stocker de l'énergie.

---

1. Président de la Foundation on Economic Trends, Jeremy Rifkin a écrit dix-neuf best-sellers sur l'impact des changements scientifiques et technologiques sur l'économie, la main-d'œuvre, la société et l'environnement. À travers le monde, il conseille de nombreux gouvernants et collectivités (dont San Antonio, Rome et en France, Rennes ou la région Nord-Pas-de-Calais).
2. Rifkin J., *La Troisième Révolution industrielle*, 2012.

L'énergie des lobbies

Alors que nos économies finissent de consommer les ressources fossiles avec frénésie, les principaux pays consommateurs devraient se liguer pour inverser la tendance. Transférer les avantages fiscaux et les subventions des énergies fossiles vers les renouvelables ; promouvoir des législations favorables aux économies d'énergie et à la protection de la qualité de l'air, de l'eau et du sol ; faciliter l'accès des PME au financement ; favoriser les innovations et promouvoir l'autoproduction et les réseaux locaux d'énergie. Cette nouvelle révolution indus-trielle est porteuse de prospérité et de millions d'emplois.

Pourtant, où que l'on se tourne, la préservation de l'ave-nir semble avoir perdu de son urgence. Partout, l'emprise des lobbies des énergies fossiles sur les États est considérable. Plus de 750 milliards d'euros de fonds publics (590 milliards d'euros) sont dépensés chaque année par les vingt-quatre pays de l'OCDE pour soutenir la production et la consommation d'énergies fossiles[1].

Pourtant, le diagnostic, la stratégie et les modalités d'action qui peuvent permettre dès maintenant cette mutation vitale sont connus. En Europe, le grand dessein énergétique élaboré sous l'inspiration de Jacques Delors en est nourri. Il n'est pas abandonné, mais tourne au ralenti.

---

1. Cochet Y. (député européen) et Buckle É. (directrice de SustainEnergy), rapport *Fossil Fuel Subsidies and Government Support in 24 OECD countries*, 31 mai 2012, *www.iisd.org/gsi/sites/default/files/ffs_report_sustain_energy.pdf.*

Aux États-Unis, Amory Lovins[1] et l'équipe de son célèbre Rocky Mountain Institute[2] ont décrit avec précision les enjeux, stratégies de sortie et solutions. Dans *Reinventing Fire*[3] (*Réinventer le feu*), publié fin 2011, Lovins offre une nouvelle vision capable de revitaliser les modèles d'affaires et de gagner le défi de l'énergie propre, non pas sous la contrainte de politiques publiques mais conduite par des entreprises qui auront compris qu'elles n'ont d'avenir que soutenable.

D'ici à 2050, les entreprises américaines pourraient amener de façon efficace et profitable leur pays à réaliser la transition des énergies fossiles vers l'efficacité et les énergies renouvelables :

> *« Si le pétrole et le charbon ont construit notre société, leurs inconvénients l'emportent aujourd'hui sur leurs avantages. En outre, le point de basculement – moment où les énergies alternatives deviennent plus efficaces que le pétrole et le charbon – est arrivé. Et il va constituer le pivot de la transformation économique. [...] Le partage entre nations et entreprises gagnantes et perdantes va se jouer sur la capacité de chacune à fonctionner sans combustible fossile[4]. »*

Cette stratégie repose sur des technologies connues mais pas encore mises en œuvre à grande échelle : la « défossilisation » des combustibles ; des véhicules beaucoup plus légers et une mobilité intelligente ; des bâtiments énergétiquement

---

1. Le physicien Amory Lovins est l'un des plus grands experts mondiaux en matière d'énergie et de ses liens avec les ressources, la sécurité, le développement et l'environnement. Il conseille les industries de l'énergie et d'autres secteurs depuis quatre décennies, ainsi que les ministères américains de l'Énergie et de la Défense. Son travail dans cinquante pays a été reconnu par le « Nobel alternatif », les prix Blue Planet, Volvo, Zayed Future Energy (Runner-Up), Onassis, Nissan, Shingo, Goff Smith, Mitchell, les médailles Benjamin Franklin et Happold, les bourses MacArthur et Ashoka. Il est titulaire de onze doctorats *honoris causa*, membre honoraire de l'American Institute of Architects, etc.

2. *www.rmi.org.*

3. Lovins A. B. et Rocky Mountain Institute, *Reinventing Fire®*, 2011.

4. Lovins, 2011.

très performants ; des process industriels plus rationnels ; des réseaux électriques intelligents et décentralisés. Bref, une révolution pragmatique et accessible.

Lovins s'appuie sur trente ans d'expérience pratique ; il a révolutionné l'approche des marchés dans le transport, le bâtiment, l'industrie et l'électricité. Aujourd'hui, il présente les stratégies qui peuvent permettre à l'économie de retrouver une forte croissance en abandonnant progressivement d'ici quarante ans le pétrole, le charbon, l'énergie nucléaire et un tiers du gaz naturel. Et ceci sans même avoir besoin de nouvelles grandes inventions. « Cette transition coûterait 5 milliards d'euros de moins que la poursuite de la routine habituelle ; sans compter les énormes coûts cachés des combustibles fossiles. Elle ne nécessite pas de subvention, aucune loi ni impôt fédéral nouveau. Pas même de décision du Congrès. » Ce qui tombe plutôt bien, vu la paralysie de l'exécutif.

Pourtant, la situation régresse. L'exploitation intensive des sables bitumineux et du gaz de schiste a permis aux lobbies des hydrocarbures de gagner quelques années tout en accélérant la destruction environnementale.

Face aux nouveaux marchés

Les autres grands acteurs mondiaux se tournent résolument vers les énergies du XXIe siècle (dès 2006, les renouvelables chinois[1] représentaient sept fois la puissance du nucléaire ; depuis, l'écart n'a cessé de se creuser[2]). Ils investissent lourdement dans la R&D et la construction des outils industriels qui leur permettront de s'assurer une place de choix sur ces marchés porteurs. Le niveau d'investissement des pays d'Asie dans les renouvelables a dépassé en 2009 celui des États-Unis

---

1. Hors gros hydraulique.
2. Lovins, 2011, p. 243.

et, en 2010, celui de l'Europe, leader historique[1], empêtrée dans une crise politico-financière dont l'issue semble lointaine.

Si elle n'abandonne pas les énergies classiques, la Chine domine nettement le nouveau jeu. Après avoir coiffé au poteau les États-Unis dans l'éolien, elle a pris le leadership du solaire. « Une stratégie dessinée au plus haut niveau de l'État. Pékin entend bien décrocher la plus grosse part de ce gâteau vert estimé à plus de 150 milliards d'euros par le Fonds des Nations unies pour l'environnement. » Il s'agit en effet pour elle d'une course contre la montre : selon l'AIE[2], dès 2035, le pays devra faire face à un triplement de sa consommation d'énergie. Il lui faut installer dans les dix prochaines années « des capacités de production d'énergie solaire et éolienne équivalentes à cent quatre-vingts réacteurs nucléaires. Toujours selon l'AIE, une voiture hybride sur deux sera vendue en Chine[3] ».

L'accident de Fukushima a montré qu'il était possible pour un pays comme le Japon, ayant massivement misé sur le nucléaire, d'effectuer dans l'urgence un changement radical. Fin août 2011, le gouvernement programmait le plus gros investissement jamais réalisé dans le solaire, 100 GWatt à installer d'ici 2015, c'est-à-dire en seulement quatre ans quatre fois ce que l'Allemagne a installé en vingt-cinq ans[4]. Cinquante-deux des cinquante-quatre centrales d'électricité nucléaire japonaises sont arrêtées, dans l'attente de nouvelles règles de sécurité. Même si l'élection d'un nouveau Premier ministre conservateur a freiné le processus, on peut penser que la tendance à long terme sera à l'abandon progressif de cette énergie par un pays qui lui a déjà payé un lourd tribut.

---

1. *Ibid*, p. 245.
2. Agence internationale de l'énergie.
3. *www.novethic.fr/novethic/ecologie,energies,energies_renouvelables,pourquoi_chine_domine_elle_green_business,136691.jsp.*
4. Pauli G., « Solar for ever and more », *www.blueeconomy.eu.*

En Allemagne, le gouvernement a fixé le cadre en décidant de l'abandon du nucléaire. Ses énergéticiens se reconvertissent à marche forcée. L'abandon des centrales nucléaires a coûté un peu plus de 4 milliards aux « quatre grands » du secteur, mais tous se sont rapidement adaptés à la nouvelle donne. Berlin n'a pas encore résolu tous les problèmes, et notamment la nécessaire et urgente consolidation du réseau de distribution[1]. Mais, sur la base d'une orientation publique claire, et malgré les difficultés importantes qu'il va falloir affronter, ces grandes entreprises, comme les milliers de PME du secteur, se sont lancées sur les nouveaux marchés.

Plus au sud, longtemps paralysée par son tropisme nucléaire, la France officielle a raté le train de l'éolien et laissé s'éloigner celui du solaire. Qu'en sera-t-il de la biomasse et de l'énergie marine ? Il est temps que la France crée enfin les conditions de l'épanouissement des *cleantechs*, en définissant une politique lisible et en s'y tenant dans la durée. Si l'Allemagne, l'Autriche, la Hollande ou le Danemark s'y sont mis, le temps est peut-être venu, pour la France, de faire valoir ses atouts. Même si le pays est encore loin d'atteindre les engagements qu'il s'est fixés dans le cadre européen, le débat national sur la transition énergétique – prélude espéré à la définition d'une politique enfin claire et de long terme – a permis de faire progresser le consensus sur des questions importantes : l'émergence d'un modèle résilient fondé sur la sobriété et l'efficacité énergétiques, la diversification du mix de production mais aussi – portée par les territoires et la population – la démocratisation de la problématique énergétique. Il semble qu'une avancée importante ait été actée par les parties prenantes au débat national en termes de gouvernance de cette transition : Philippe Martin, ministre de l'Écologie, confirme en effet que

---

1. Boutelet C., « En Allemagne, la fin du nucléaire pèse sur les comptes des géants de l'énergie », *Le Monde*, 15 mars 2012.

« la question du bouquet énergétique est territoriale. Il faut clairement identifier les ressources des territoires. De fait, une forme d'autonomie énergétique des territoires est recherchée, sous contrôle de l'État pour garantir la solidarité nationale[1] », notamment en termes de coût et d'accès à l'énergie.

Vers une continentalisation des échanges

L'envolée du marché mondial du photovoltaïque a essentiellement bénéficié aux producteurs chinois qui, en 2011, ont exporté pour 21 milliards d'euros de panneaux solaires et composants photovoltaïques, vers l'Union européenne, dont les fabricants sont affaiblis par cette concurrence. D'après la Commission européenne, 80 % de la production chinoise arrive en Europe. En 2013, elle a menacé de surtaxer ces produits pour lutter contre le *dumping* chinois. Mais la pression a peu duré, tant les intérêts des pays européens sont peu homogènes, et un accord *a minima* a rapidement été trouvé.

N'ayant pas anticipé la réduction de la demande américaine et européenne, la Chine a modifié sa stratégie. Alors qu'elle exportait 95 % de sa production, elle se tourne désormais vers son immense marché intérieur. L'État l'a décidé, d'ici 2020, 15 % de l'énergie produite en Chine sera renouvelable. Privées du cadre stable, des marchés réservés et de la précieuse visibilité qu'offre à leurs concurrents chinois une telle stratégie nationale, les entreprises américaines et européennes du solaire sont à la peine.

Ce contexte contribuera-t-il à accélérer le renforcement des marchés régionaux annoncé notamment par Rifkin ? En leur sein, les conditions de production (sociales, économiques, réglementaires et environnementales) pourraient être plus facilement équilibrées, et une concurrence saine s'avérer plus

---

1. Déclaration faite lors de la Synthèse des débats territoriaux, le 8 juillet 2013.

viable. Tous secteurs confondus, les économies régionales sont déjà une réalité. La France n'importe que 8 % de Chine, contre 61 % de l'Union européenne, dont 17 % d'Allemagne. Pour autant, un marché plus petit n'est pas par nature plus vertueux, comme on peut le constater, entre les États-Unis et le Mexique, pour le marché agricole régi par l'ALENA[1]. On y voit la biodiversité, les paysans et les productions traditionnelles du Mexique disparaître à vue d'œil, au bénéfice de firmes comme Monsanto. Comment s'assurer que ces marchés régionaux ne se construiront pas au seul profit de quelques acteurs puissants et au détriment des économies locales ?

UN RENOUVEAU DES ÉNERGIES LOCALES ?

D'autres facteurs concourent à cette régionalisation. Fred Curtis et David Ehrenfeld[2] ont étudié l'impact du changement climatique et de la disponibilité des ressources énergétiques sur l'évolution des transports intercontinentaux[3]. Les deux chercheurs entrevoient une contraction significative du fret intercontinental. Ils anticipent que les entreprises seront amenées à reconfigurer leurs chaînes de production, avec pour effet induit une possible redynamisation des économies territoriales. Partis de prémices différentes, ils rejoignent ici Korten et Shuman.

---

1. La signature de l'Accord de libre-échange nord-américain (ALENA), en janvier 1994, par le Canada, les États-Unis et le Mexique établissait la plus vaste zone de libre-échange au monde.
2. Fred Curtis est professeur d'études économiques et environnementales à la Drew University de Madison, New Jersey. Il étudie tout particulièrement l'économie du changement climatique et le pic pétrolier, ainsi que leurs conséquences pour la société. David Ehrenfeld est professeur de biologie à l'université d'État Rutgers du New Jersey, où il enseigne la conservation et l'écologie de terrain.
3. Curtis F. et Ehrenfeld D., « The New Geography of Trade : Globalization's Decline May Stimulate Local Recovery, » numéro de janvier 2012 de *The Solutions Journal – www.thesolutionsjournal.com/node/1042.*

Changement climatique et fret intercontinental

Coût des carburants

Les coûts de transport aérien, maritime et terrestre vont augmenter, sous la pression de l'augmentation et de la volatilité accrue des prix des carburants fossiles et de l'électricité ; réduisant d'autant l'attrait des pays lointains à faible niveau de salaires. Les économistes Jeff Rubin et Benjamin Tal ont calculé que chaque augmentation de 1 $ du baril de pétrole brut entraîne un renchérissement de 1 % du fret ; or, à court terme, aucun carburant alternatif ne peut encore le remplacer à un tarif acceptable.

Disponibilité énergétique

Faute de ressources énergétiques locales ou de liquidités financières, on voit déjà les coupures d'électricité et le rationnement énergétique se multiplier dans certains pays – Chine, Pakistan, Japon, Argentine[1]...

Effet de serre

Les États ne pourront hésiter indéfiniment à réduire l'impact du transport de longue distance sur le réchauffement climatique. Cela demandera de diminuer rapidement et drastiquement les distances parcourues et de taxer lourdement toute production de carbone[2] augmentant le coût des carburants.

Risques

Les catastrophes naturelles et technologiques, impactant plus souvent les infrastructures routières et portuaires qu'empruntent les chaînes de production et d'approvisionnement[3], renchérissent les productions distantes.

---

1. « Energy Shortages Spreading : Rationing in China, Pakistan, Venezuela, Japan, Argentina ; China Resorts to Punitive Prices to Curb Demand » [online], 20 juin 2011 – *theworldnet.info/en/2011/05*.

2. Smith C.S., « Aviation and oil depletion », *The Oil Drum Europe*, 19 décembre 2006.

3. Lohr S., « Stress test for the global supply chain », *The New York Times*, 19 mars 2011.

Restrictions à l'export

Ceux des pays exportateurs qui le pourront choisiront de satisfaire en priorité leurs propres besoins de base (alimentaires, miniers, etc.). Il restera alors aux pays consommateurs qui n'auront pas les moyens – financiers ou militaires – de faire prévaloir leurs propres intérêts à modifier en conséquence leur style de vie et de consommation.

Les grandes entreprises adaptent leurs chaînes logistiques. Mais peu de gouvernements et aucun accord interétatique n'ont encore tiré tous les enseignements de cette perspective, pourtant de court terme.

Technologie et démocratie

Curtis et Ehrenfeld soulignent enfin l'importance des évolutions induites au sein des sociétés civiles. De nombreuses collectivités locales mettent en place des stratégies d'autosuffisance alimentaire ; les agricultures locales renaissent et une nouvelle génération s'y investit ; les mouvements citoyens en faveur de la résilience locale, comme les Villes en transition[1], font boule de neige.

« Les stratégies de relocalisation incluent les monnaies locales, les fiducies foncières communautaires, le développement décentralisé de l'énergie alternative, la conservation et la réutilisation de l'eau, la production locale de nourriture et de nouveaux réseaux d'entreprises à vocation locale[2]. »

Partout, l'autosuffisance alimentaire est d'actualité, en particulier dans les zones urbaines.

Ayant évalué les solutions disponibles pour mettre à niveau le secteur électrique américain, l'équipe de Lovins conclut que la meilleure solution serait « un hybride d'énergies renouvelables centralisées et distribuées, dont l'intégration soit assurée par des

---

1. *www.transitionnetwork.org.*
2. Curtis et Ehrenfeld, 2012.

systèmes avancés de communication et de contrôle à même de chorégraphier en toute sécurité l'offre et la demande, pratiquement en temps réel ; en utilisant les micro-réseaux autant que de besoin[1] » afin d'assurer la résilience de l'ensemble.

En deux ans, l'Allemagne a installé plus de 10 000 MW de solaire photovoltaïque distribué, en bonne partie sur les toits. Les énergies renouvelables constituent désormais 17 % de la production d'électricité globale. Et la moitié de l'éolien et les trois quarts du solaire y sont gérés localement.

Rifkin observe que les formes de gouvernance sont conditionnées par les modalités d'accès à l'énergie. Or nos sociétés ont engagé dans ce domaine une mutation irréversible :

> *« Puisque les sources d'énergie renouvelable sont distribuées à peu près à égalité dans le monde entier, chaque région est, en puissance, amplement dotée de l'électricité dont elle a besoin pour être relativement autosuffisante et soutenable dans son style de vie, tout en étant interconnectée par des réseaux intelligents à d'autres régions à travers pays et continents. [...] Quand chaque communauté détient sa "puissance" locale, au double sens électrique et politique, elle peut s'engager directement dans un commerce régional, transnational, continental, et dans un commerce mondial limité, sans subir les dures contraintes de la géopolitique qui préside à la répartition des énergies élitistes, les combustibles et l'uranium[2]. »*

Depuis 1993, Mark Sardella accompagne la mise en place de systèmes énergétiques locaux. Pour lui, « retrouver la maîtrise de son avenir économique est un acte fondamental de démocratie ; c'est reprendre le pouvoir de décider de l'origine et de la destination de l'énergie que l'on utilise ». C'est aussi réapprendre à décider ensemble et mettre en place des systèmes

---

1. Lovins, 2011, p 222.
2. Rifkin J., *Une nouvelle conscience pour un monde en crise, vers une civilisation de l'empathie*, Paris, Les Liens qui libèrent, 2011, p. 576-577.

plus justes. « Je suis fasciné, dit-il, par la façon dont les struc-tures sociales et politiques reflètent les structures de l'énergie : les collectivités dotées de systèmes d'énergie décentralisés, détenus et contrôlés au sein de la communauté, tendent à avoir des économies plus équitables et plus démocratiques, quand celles dont les systèmes énergétiques sont centralisés, détenus et contrôlés par des investisseurs extérieurs, présentent une plus grande disparité de richesse et une concentration plus forte du pouvoir politique. »

Le Vermont, pionnier des énergies vertes

Vermont Fuels For Schools – VFFS[1] (Combustibles du Vermont pour les écoles) – est une initiative à l'échelle de l'État du Vermont. Depuis 2001, elle accompagne les écoles dans la mise en œuvre des systèmes de chauffage à base de copeaux de bois. Son objectif : remplacer les combustibles fossiles onéreux par du bois produit localement. Aujourd'hui, plus de 30 % des élèves fréquentent une école publique chauf-fée au bois. Cet exemple s'inscrit dans une approche cohérente de l'État. Alors qu'un grand nombre de décideurs américains en sont encore à nier la réalité du changement climatique, ceux du Vermont appuient les initiatives citoyennes de sensi-bilisation. Plus de cent comités citoyens locaux travaillent avec les organismes publics pour changer les politiques et pratiques municipales, afin de sortir rapidement de la dépendance aux combustibles fossiles, optimiser l'efficacité énergétique des bâtiments et utiliser les énergies vertes.

Le sénateur Bernie Sanders et le gouverneur Peter Shumlin[2] y voient une extraordinaire occasion de sortir par le haut de la dépression actuelle, en créant des millions d'emplois.

---

1. *www.biomasscenter.org.*
2. Sen. B. Sanders & Gov. P. Shumlin, « Vermont Is Helping to Lead the Nation in Transforming Our Energy System », huffingtonpost.com, 24 avril 2012.

Ce petit État est devenu l'un des mieux pourvus en emplois verts par habitant[1], ce qui contribue à en faire l'un de ceux qui souffrent le moins du chômage. Un réseau dense de nouvelles entreprises emploie des foreurs et des géothermiciens, des bûcherons alimentent les écoles en bois de chauffage, des spécialistes du solaire et de l'éolien. Ce résultat a été rendu possible par des politiques coordonnées soutenant efficacement les entreprises de technologie propre.

C'est aussi une opportunité historique de regagner l'indépendance énergétique perdue. La moitié des maisons y sont chauffées au pétrole et les prix de l'électricité dépassent la moyenne nationale. « Sur 1 milliard de dollars dépensé chaque année pour chauffer nos maisons et bâtiments dans le Vermont, 80 % de cet argent sort de l'État », voire du pays. Par contraste, « 80 % de ce que nous investissons dans l'efficacité énergétique restent dans le Vermont pour acheter des biens et des services locaux et créer des emplois ».

Concrètement, il faut régler l'obstacle des coûts initiaux que doivent consentir les propriétaires de maison et les entreprises pour rendre leurs bâtiments performants énergétiquement et les équiper pour les énergies renouvelables. Ils ont pour cela réuni les fournisseurs d'énergie, les investisseurs et les consommateurs au sein d'un Sommet pour l'investissement dans l'énergie propre, et créent des outils de financement innovants comme le financement sur la base de la facture ou le dispositif novateur du Property Assessed Clean Energy (PACE)[2].

---

1. Selon une estimation du département du Travail des États-Unis, 2012.

2. PACE : ce mode de financement innovant permet aux municipalités de mettre sur le marché des obligations grâce auxquelles elles vont ensuite pouvoir prêter aux propriétaires de bâtiments pour financer les travaux d'équipement en ENR et de performance énergétique. Les prêts sont remboursés à taux fixe à long terme par le moyen d'une taxe spécifique dont le montant est indexé sur l'impôt foncier annuel. Ces prêts sont attachés non à la personne mais au bien immobilier, *pacenow.org.*

Le Vermont est devenu n° 1 national pour l'efficacité de ses politiques de performance énergétique et pour l'isolation de l'habitat des ménages à faible revenu, dont la facture énergétique a baissé de 916 dollars en moyenne par an et par ménage. En outre, il sera bientôt le premier État doté d'une couverture quasi universelle en compteurs intelligents. Imaginons que, dans les dix prochaines années, tous les autres États fassent ce que le Vermont a accompli pendant la décennie écoulée. Les États-Unis pourraient fermer trois cent quatre-vingt-dix centrales à charbon et les consommateurs économiseraient 170 milliards de dollars.

Si les décisions des acteurs économiques étaient rationnelles, la transition énergétique serait déjà bien avancée. Mais elles ne le sont que très imparfaitement. Il importe donc que la puissance publique favorise – ou cesse d'entraver – le mouvement.

Villes et régions du monde

Les villes et régions membres du réseau mondial ICLEI[1] n'attendent plus le réveil des États. Elles se sont engagées à devenir dès que possible « carbone-neutres » et « 100 % renouvelables ». Elles veulent apprendre à créer les réseaux énergétiques intelligents, optimiser les réseaux électriques et interconnecter ceux du chauffage urbain. Régions, villes et villages doivent coopérer pour optimiser l'usage de l'expertise et des ressources locales. Il leur faut gérer de façon coordonnée la demande et l'approvisionnement ; mettre en place des systèmes énergétiques non plus de haut en bas, mais horizontaux et coordonnés sur la base des besoins et des capacités de production locale.

---

1. ICLEI (*local governments for sustainability*/gouvernements locaux pour la durabilité) est une association qui regroupe plus de 1 220 collectivités locales de 70 pays activement engagées pour le développement soutenable. Ses membres représentent près de 570 millions de citoyens, *www.iclei.org.*

En Europe : de nombreux pionniers

Avec le soutien de l'Union européenne, des centaines de communes européennes travaillent à réduire leur impact climatique et leur dépendance énergétique. Celles qui, petites et grandes, participent chaque année au concours de la Champions' League des énergies renouvelables[1] veulent devenir énergétiquement responsables et autonomes.

Le Danemark, par exemple, est un pays pionnier. La mutation énergétique y a été initiée par le mouvement des coopératives éoliennes de production, composées de citoyens. Par loi, aucune ferme éolienne ne peut être installée sans leur participation. Leur dynamisme a favorisé l'émergence d'une industrie de niveau mondial. Présenté en 2011, un plan pour rendre le pays indépendant des combustibles fossiles d'ici 2050 a obtenu un large soutien politique. Il prévoit qu'en 2050, le Danemark fonctionnera uniquement avec des véhicules électriques ; devenu économe en énergie, il saura stocker l'énergie renouvelable (l'intermittence du vent ne sera plus un problème). Ce plan offrira aux Danois – dont le pays est devenu l'un des leaders industriels dans l'éolien et la gestion de réseaux – une énergie illimitée à bon marché et leur procurera une confortable rente à l'export.

FRANCE : DOULOUREUSE DÉCENTRALISATION

Si dans de nombreux pays européens – Allemagne, Suède, Autriche… – accéder à l'autonomie énergétique locale est considéré comme un devoir citoyen, en France cette vision reste minoritaire et l'investissement énergétique local et citoyen est encore faible. Non pas faute de volonté locale, mais parce que la décentralisation demeure étrangère à notre

---

1. *www.res-league.eu/fre.*

patrimoine administratif, marqué par des siècles de centralisme et par le monopole historique d'un État qui s'accroche à l'atome comme les vaporistes s'accrochèrent naguère au charbon.

Pour Christian Pierret, maire de Saint-Dié-des-Vosges, président de la Fédération des villes moyennes et ancien ministre de l'Industrie, « une véritable révolution culturelle » est indispensable. Doutant de la capacité de l'État à promouvoir rapidement la décentralisation, il pense nécessaire de révolutionner les représentations et les pratiques locales sans attendre une nouvelle loi mais en utilisant tous les moyens disponibles[1]. La prise de conscience des acteurs locaux est au rendez-vous, confirme Edward Arkwright, alors directeur de la stratégie de la Caisse des dépôts et consignations. À preuve, les fonds affectés par la Caisse à la rénovation thermique des HLM ont rencontré une demande deux fois supérieure aux prévisions[2].

L'incroyable gisement

Les plans Climat des collectivités peuvent avoir un impact considérable sur la baisse de la consommation d'énergie et sur l'activité économique locale. Celui de Paris, adopté en 2007, prévoit d'avoir réduit de 25 % la consommation d'énergie et les émissions de gaz à effet de serre de cent mille immeubles privés d'ici 2020. La municipalité a haussé le curseur à – 30 % d'émissions et de consommation énergétique pour ses trois mille bâtiments publics.

---

1. Propos tenus lors du colloque « décentralisation de l'énergie : stratégie et territoires » organisé le mardi 15 février 2011 par le Conseil supérieur de la formation et de la recherche stratégiques (CSFRS), et rapportés par le journaliste Ph. Collet, in Actu-Environnement.com, 21 février 2012.
2. Collet, *Id.*

Chambéry : star du solaire

« En France, les pouvoirs publics trouvent toujours de bons arguments pour dire qu'il ne faut pas aller trop vite, regrette Henri Dupassieux, adjoint au maire de Chambéry (Savoie) chargé du développement durable, *alors que nos voisins vont beaucoup plus vite. L'Allemagne installe chaque année en photovoltaïque l'équivalent de notre objectif français de puissance cumulée à l'horizon 2020 (5 400 MW)[1].* »

À Chambéry, star du solaire thermique, « aujourd'hui, il n'y a pratiquement plus de bâtiments et logements collectifs qui se fassent sans solaire thermique. » La Ville collabore avec la région Rhône-Alpes et le département de la Savoie, notamment dans la création de l'Institut national de l'énergie solaire.

En 2004, Chambéry fut l'une des premières villes françaises à installer une centrale solaire de grande puissance. Elle a favorisé l'émergence d'un marché local et l'organisation de l'offre professionnelle (bureaux d'études, fabricants, distributeurs et installateurs). Son réseau de chauffage urbain dessert l'équivalent de vingt-cinq mille logements. Il est passé de 100 % gaz en 2008, à 30 % fournis par la récupération de chaleur issue de son usine d'incinération. Prochaine étape : 60 % d'énergies renouvelables grâce à deux chaufferies bois. Ce qui réduira la taxe payée par les usagers tout en boostant la filière bois savoyarde. Ainsi, pense Henri Dupassieux, Chambéry aura respecté dès 2013 les objectifs européens, qui prévoient pour l'horizon 2020 – 20 % de rejet de CO_2, – 20 % de consommation d'énergies fossiles, et + 20 % d'énergies renouvelables[2].

---

1. Cité par Régnier Y., « Chambéry : le pionnier français du solaire voit désormais plus large », *CLER*, avril 2011.
2. Source : Régnier Y., *op. cit.*

Pays du Mené : 100 % renouvelable en 2030

Le pays du Mené est, en France, un pionnier. Il a décidé de devenir « territoire à énergie positive » en produisant, d'ici 2025, 100 % de l'énergie que consomment les six mille cinq cents habitants de ses sept communes. Et ceci à partir des seules ressources renouvelables locales.

Dès la fin des années 1990, un groupe d'agriculteurs crée l'association Mené Initiatives rurales pour réfléchir à l'avenir économique et à l'impact environnemental d'un modèle agricole fragilisé. Le premier projet qui sort de terre est une unité de méthanisation des lisiers de porcs à l'échelle du territoire.

En 2004, la collectivité et le mouvement associatif s'interrogent sur une dynamique de territoire qui serait centrée sur les énergies renouvelables. Une étude[1] montre que le pays pourrait devenir « 100 % énergies renouvelables » en remplaçant les énergies importées par des énergies renouvelables locales (vent, biomasse agricole, soleil, bois…) et en relançant l'économie locale. Année après année, les projets publics ou privés se montent : réseaux de chaleur alimentés par chaufferie bois ; huilerie alimentant les tracteurs ; Geotexia, unité de méthanisation ; pépinière d'entreprises pour entreprises du domaine de la production d'énergies renouvelables et de l'écoconstruction ; logements à énergie positive. Enfin, un premier parc éolien participatif dans lequel des Cigales regroupant environ cent vingt habitants apportent 30 % du capital. Une clé de la réussite aura, ici aussi, été la forte volonté d'un élu face à l'obstacle français numéro 1 : l'empilement administratif. Cette initiative fait aujourd'hui tache d'huile en France, à travers le réseau des territoires à énergie positive (TEPos[2]).

---

1. Confiée à Solagro, association spécialisée dans la réalisation d'écobilans et d'études sur les énergies renouvelables –*www.solagro.org.*

2. *www.territoires-energie-positive.fr.*

Alliance pour l'énergie locale :
stimuler l'économie des territoires

Pour accélérer l'indispensable mutation, les cent quarante collectivités locales françaises signataires de la Convention des maires[1] et le réseau européen de villes Energy Cities[2] lançaient fin 2011 l'Alliance pour l'énergie locale. Le temps est venu, explique Gérard Magnin, délégué général d'Energy Cities, de « réunir tous les acteurs publics, privés et associatifs qui ont un intérêt à une politique énergétique orientée sans ambiguïté vers la maîtrise de la demande des consommations énergétiques dans tous les secteurs consommateurs et l'utilisation optimale de ressources énergétiques locales renouvelables et de récupération[3] ».

Demain, les quelques gros opérateurs nationaux auront cédé la place à des millions de foyers, entreprises, collectivités et professionnels, non seulement du secteur de l'énergie, mais de tous les domaines impliqués (urbanistes, constructeurs, sylviculteurs, informaticiens, agriculteurs, transporteurs, banquiers, assureurs…). D'où l'accent mis par la Convention des maires et Energy Cities sur l'établissement d'une « alliance » entre tous ces acteurs, à chaque niveau (local, régional, national et européen). Un véritable apprentissage collectif.

---

1. La Convention des maires a été signée par 3 842 villes et régions européennes, représentant près de 161 millions d'habitants. Les signataires se sont engagés volontairement à améliorer l'efficacité énergétique et à augmenter l'usage des sources d'énergie renouvelable sur leurs territoires. Ils visent à respecter et à dépasser l'objectif de l'Union européenne de réduire les émissions de CO_2 de 20 % d'ici 2020 – *www.conventiondesmaires.eu*.
2. Energy Cities représente plus de mille autorités locales dans trente pays – *energy-cities.eu*.
3. Gérard Magnin, délégué général d'Energy Cities. « Vers une Alliance pour l'énergie locale pour stimuler l'économie des territoires », janvier 2012, *www.energy-cities.eu/IMG/pdf/alliance_pour_l_energie.pdf*.

En 2012, Energy Cities a extrait des meilleures pratiques de ses membres « trente propositions pour accélérer la transition énergétique des villes européennes » et les a largement diffusées auprès des décideurs locaux et nationaux[1]. Articulées autour de cinq axes stratégiques[2], elles offrent des réponses concrètes et relient l'action d'aujourd'hui à la vision à long terme de la ville à basse consommation d'énergie et à haute qualité de vie pour tous.

Les trois atouts de l'énergie localisée

Comme leurs homologues américains, les animateurs de l'Alliance ont compris que cette transition était porteuse d'une triple bonne nouvelle :

- des emplois locaux : PME, artisans, entreprises locales de distribution d'énergie, collectivités, etc. ;

- de l'argent local : en captant la plus-value sur place, les collectivités, les entreprises et la population vont « garder l'argent à la maison », le faisant travailler dans l'économie locale plutôt que de le laisser filer vers les multinationales de l'énergie ;

- plus de démocratie : la question énergétique devient un sujet sociétal. Le comportement et l'adhésion de citoyens – autrefois consommateurs, devenus producteurs et acteurs conscients des enjeux énergétiques et climatiques – sont une clé du succès des politiques publiques.

NégaWatt : l'expertise citoyenne

L'expertise et l'engagement citoyens sont indispensables. L'Europe compte un grand nombre de *think tanks* spécialisés dans ce domaine. En revanche, en France, si de nombreuses

---

1. *www.energy-cities.eu/spip.php?page=energy_transition_fr.*
2. Renforcer les capacités d'action locale, connaître les ressources et les flux de son territoire, repenser la question financière, inventer une nouvelle gouvernance locale, aménager le territoire pour réduire les consommations énergétiques.

associations jouent un rôle important, un seul *think tank* indépendant, l'association négaWatt, réussit à faire entendre quelque peu sa voix face à l'omniprésence du discours conventionnel.

Mêlant pragmatisme et expertises croisées mûries par des professionnels engagés, le scénario négaWatt propose une stratégie complète fondée sur des évolutions concrètes et réalistes (politique de sobriété et d'efficacité énergétiques ; maintien d'un haut niveau de services énergétiques ; recours prioritaire aux énergies renouvelables ; gestion coordonnée des réseaux de gaz, d'électricité et de chaleur ; anticipation de la fin des « fossiles faciles », etc.)[1]. Une sérieuse base de réflexion pour l'action. En attendant qu'un véritable débat national soit engagé.

Enercoop, l'énergie des citoyens

Fruit de la rencontre de deux jeunes professionnels passionnés, Julien Noé et Patrick Behm, Enercoop naît en mai 2005, avec l'aide d'organisations locales et le soutien de Greenpeace. Cinquante producteurs d'énergie renouvelable se joignent à l'aventure. Les premières années sont difficiles, sur un marché très compétitif où EDF casse les prix. Mais Enercoop garde le cap et atteint aujourd'hui seize mille clients dans un marché qui reste à 95 % détenu par le fournisseur historique. Avec sa stratégie de développement régional, la coopérative espère achever sa démonstration d'un modèle alternatif à large échelle.

Proposant une alternative à la production d'énergie nucléaire sur un modèle pérenne, écologique et réplicable, Enercoop est en passe de transformer le marché de l'électricité en France. Elle innove en réunissant citoyens et entrepreneurs au sein de coopératives de production et de consommation d'éner-

---

1. Association négaWatt, Salomon T., Jedlicka M., Martignac Y., *Manifeste négaWatt*, Actes Sud, 2012.

gie verte ; et démontre qu'un réseau d'unités de production d'énergie solaire, éolienne, petit hydraulique et de biomasse est viable sur l'ensemble du territoire.

Les producteurs individuels d'énergies renouvelables peinent à pérenniser leur activité, qui dépend de la demande d'EDF et nécessite des investissements élevés. En rejoignant Enercoop, ils trouvent le soutien et l'investissement indispensables à leur développement. Progressivement, Enercoop intègre à la coopérative ses producteurs et leurs capacités et développe de nouveaux sites de production en lien avec l'arrivée de nouveaux consommateurs. Elle pérennise ainsi l'activité de chacun.

En engageant familles, entreprises et administrations dans la vie coopérative, Enercoop les accompagne dans la réduction de leur consommation. Ainsi, bien que les prix d'Enercoop soient actuellement en moyenne 15 % supérieurs à ceux d'EDF, ses clients réduisent leur consommation d'environ 20 %. Leurs factures restent donc au même niveau, avec un meilleur impact écologique. Dès 2015, les prix d'EDF devraient avoir atteint le niveau de ceux de son challenger, puis les dépasser, du fait du coût exorbitant de la maintenance de ses centrales nucléaires. En revanche, la coopérative est dès maintenant en mesure de garantir la stabilité de ses tarifs. Pour Julien Noé, le marché se retournera alors durablement en faveur de la coopérative, lui permettant de développer sa capacité de manière exponentielle.

Investissant dans des infrastructures de production groupées et de taille moyenne, le modèle d'Enercoop est aisément reproductible. Un site de production éolienne peut alimenter jusqu'à deux mille cinq cents foyers et mobilise un important réseau local de consommateurs. Six coopératives locales sont déjà fonctionnelles et trois autres en cours de préfiguration, en route vers la couverture nationale, prévue pour 2015.

On le voit, la technique peut se mettre au service de l'incontournable mutation qui est devant nous. Mais, comme le dit Rifkin, le facteur décisif est d'un autre ordre : « Saurons-nous, se demande-t-il, parvenir à une conscience de la biosphère et à une empathie mondiale à temps pour éviter l'effondrement planétaire[1] ? »

Un autre secteur essentiel pour la construction d'économies locales vivantes est celle de la culture et de l'information.

---

1. Rifkin J., *op. cit.*, 2011.

Chapitre 7

Librairie indépendante :
entre commerce et démocratie

Une exception française menacée

La librairie française traditionnelle n'a pas trop mal résisté au cours des récentes décennies, notamment grâce à la politique de prix unique du livre. Mais la pression des géants de la vente en ligne (Amazon) et de la grande distribution (centres culturels Leclerc, Cultura/Auchan) ne cesse de croître.

Les chaînes spécialisées ont connu des fortunes diverses, du fait de stratégies plus moins inspirées. Virgin Megastore, victime de sa spécialisation dans le disque, n'a pas trouvé repreneur. PPR tente, en l'introduisant en Bourse, de se délester de la FNAC, elle aussi plombée par la forte baisse des ventes de CD, de la vidéo et de l'électronique. En attendant, il ferme des boutiques et licencie. Actissia, deuxième distributeur du livre en France et propriété depuis 2011 du fonds américain Najafi, a cru bon d'uniformiser ses réseaux de librairies locales (regroupées sous l'enseigne Chapitre) en les alignant par le bas sur France-Loisirs, sa marque phare. Peut-être pas si judicieux. Les librairies voient leurs ventes s'effondrer ; le groupe cherche alors à réduire l'activité traditionnelle, en fermant douze de ses cinquante-sept librairies[1].

Certains s'y sont pris autrement. « Des commerces de détail, la librairie est celui qui baisse le moins » note Guillaume Husson, délégué général du Syndicat de la librairie française (SLF). Entre 2011 et 2012 les biens culturels perdaient en moyenne 6 % ; le livre ne reculait que de 1,9 %[2].

Les enseignes qui, comme Le Furet du Nord, « ont fait le choix d'être spécialisées sur le livre sont protégées car ce bien souffre moins de la dématérialisation », explique Claude Terrier, de

---

1. Beuve-Méry A., « Pour les libraires, le contexte économique est difficile, mais pas désespéré », *Le Monde*, 27 avril 2013.
2. Institut GfK, cité par Rivier M., « Le Furet, liseur de bonnes aventures », *Libération*, 17 février 2013.

l'institut d'études GfK. Depuis 1936, Le Furet a créé douze librairies dans son Nord natal. Il en a récemment ouvert cinq nouvelles, dont deux en région parisienne. Un temps racheté par Lagardère, il est depuis 2008 passé sous le contrôle du groupe Crédit du Nord. Pour Pierre Coursières, le patron actuel, le secret est de respecter les basiques du commerce. Les vendeurs représentent donc deux tiers de l'effectif. Impliqués, ils sont très autonomes dans leur gestion des stocks, adaptant l'offre à la demande locale. Élèves et professeurs sont souvent une clientèle recherchée, attirée par les classiques de la littérature et les manuels, qui dégagent plus de marge. L'enseigne s'adapte aussi à l'e-commerce, avec sa liseuse et un site performant. Un autre atout est de s'implanter dans des centres commerciaux périphériques où l'offre est moindre et le loyer plus facilement négociable[1].

Avec deux mille cinq cents libraires indépendants – le réseau le plus dense du monde – la France a évité la débâcle subie par l'Angleterre voisine, qui compte aujourd'hui moins de mille survivants. Pourtant les ventes de livres papier poursuivent leur lente contraction ; les marges moyennes demeurent infimes (0,7 % en moyenne) alors que les charges locatives explosent en centre-ville. Représentant 2 % des ventes, le livre numérique devrait bientôt atteindre 15 %, l'étiage américain actuel. Globalement, l'achat de livres sur Internet représente déjà 17 % du marché, porté par les nouveaux avantages qu'offre l'achat en ligne (5 % de réduction, remise des frais de port, occasion, accès à toute l'offre disponible, rapidité, avis des autres internautes, etc.)[2]. L'État s'efforce de créer un cadre (prix unique, label, médiateur du livre, fonds de soutien)[3] dans lequel il reviendra

---

1. *Ibid.*
2. Chabault V., « Comment le commerce électronique reconfigure-t-il les pratiques d'achat de livres ? », *Le Huffington Post*, 26 juillet 2013.
3. AFP, « Aurélie Filippetti lance un plan d'aide aux librairies indépendantes », *Le Monde*, 25 mars 2013.

à la profession de s'inventer un avenir. La réponse se trouve du côté du lecteur – qui recherche peut-être plus que la satisfaction immédiate de son *Homo æconomicus* – mais aussi des libraires qui célèbrent chaque année en avril la « Fête de la librairie par les libraires indépendants[1] ». Souhaitons que le professionnalisme, l'adaptabilité, la coopération, la passion du service et l'ancrage local pérennisent ces foyers de connaissance et d'échange dont nos sociétés démocratiques ont bien besoin.

BORDERS BOOKS : LA CHUTE D'UN TITAN

Outre-Atlantique, la situation se fait plus radicale, et augure pour certains des évolutions à venir en France. En 1992, l'Association nationale des libraires indépendants comptait quatre mille cinq cents membres. Huit ans plus tard, les deux tiers avaient disparu, et la part de marché des libraires indépendants était tombée de 17 % à 9 %. Borders a méthodiquement écrasé les libraires indépendants avec ses cinq cent onze supermarchés du livre[2], soit plus du tiers des grandes surfaces de livres construites à travers le pays pendant cette période. Pendant plusieurs décennies, cette grande surface spécialisée s'est développée aux États-Unis et ailleurs, avec un concept alors nouveau : dans un grand espace se mêlaient livres, musique et café. « Manger ou être mangé » : début août 2011, le monstre aux couleurs rouge et blanc fut, à son tour, terrassé par une nouvelle vague commerciale et technologique. En 2000, la montée des libraires en ligne comme Amazon et des détaillants *low cost* comme Wal-Mart et Target avaient laminé sa clientèle. Il n'a pas pris à temps le virage numérique, avec un

---

1. Devenue, sous l'égide de l'Unesco, Journée mondiale du livre et du droit d'auteur.
2. Auquels s'ajoutaient 175 libraires de détail, sous les marques Waldenbooks, Borders Express, Borders Airport Stores et Borders Outlet.

site internet peu ergonomique et la création trop tardive, en 2010, d'une tablette de lecture numérique destinée à contrer Amazon et les autres Kindle, Nook, iPad[1], etc. Alors que déjà, Amazon se lançait dans l'édition intégrée, publiant et diffusant en exclusivité les livres qu'il édite.

Au moment où la chaîne Borders Books annonce la fermeture de tous ses magasins et sa liquidation, dans un coin de Brooklyn, à New York, la librairie locale Greenlight[2], ouverte à peine trois ans plus tôt, est en pleine santé et commence à pousser les murs. Un autre libraire indépendant, Andrew Laties – auteur et « propriétaire franc-tireur » (le titre de son livre) de plusieurs librairies successives au cours des années – est heureux et soulagé de la nouvelle. « Je me bats contre Borders depuis 1993, car ils ont poussé des milliers de librairies indépendantes à fermer[3]. »

LES ATOUTS DES (BONS) LIBRAIRES INDÉPENDANTS

Alors même que les petits libraires continuent à se débattre pour survivre face à l'achat en ligne, l'aventure des deux propriétaires de Greenlight, Rebecca Fitting et Jessica Bagnulo, témoigne peut-être d'un frémissement. La vitrine voisine héberge désormais leurs bureaux et un café géré par l'épicerie gastronomique installée un peu plus loin sur le trottoir d'en face. Greenlight a également établi un partenariat avec la BAM (Académie de musique de Brooklyn). Elle gère l'espace livres des deux établissements de l'académie, dont elle vend aussi les produits sur son site internet.

---

1. *www.scpr.org/programs/patt-morrison/2011/07/19/19946/borders-tentative.*
2. *greenlightbookstore.com.*
3. Cité par Mandell J., « Fortgreene Clinton Patch », 12 août 2011, *fortgreene. patch.com/articles/a-bookstore-booms-in-brooklyn.*

Fitting et Bagnulo sont deux professionnelles expérimentées de ce métier, dont elles ont pratiqué toutes les facettes (libraire de détail, grande surface, édition, vente, gestion). Elles ont dans le sang non seulement l'amour du livre et de la lecture, mais aussi le goût de partager avec leurs clients un espace de vie et d'échange. Leur affaire, bien que jeune, est maintenant dans le vert. Elles ont su combiner tous les atouts, « un quartier vivant, un excellent emplacement, et nos compétences complémentaires ; tout ce qu'il fallait pour nous associer et créer une librairie en pleine santé ».

Une poignée d'autres librairies indépendantes prospèrent encore à New York, surtout à Brooklyn, comme Boulevard Books and Café sur les hauts de Dyker, Word à Greenpoint et BookCourt à Cobble Hill. Il y a aussi toute une communauté d'éditeurs et libraires à DUMBO[1]. Ces librairies jouent un rôle de centre d'animation culturelle. Greenlight propose quatre événements par semaine et nombre de partenariats avec les autorités locales, les entreprises et les écoles. Pour tenir leur affaire à flot, elles peuvent compter sur une solide relation de proximité avec leurs clients. Mais à long terme, quel peut être l'avenir des librairies indépendantes alors même que personne ne sait, avec l'arrivée des plateformes de lecture électronique, quel sera celui du support papier ? Fin 2011, le marché du livre numérique avait « décollé aux États-Unis avec un chiffre d'affaires de 20 % à 25 %, il devrait atteindre un palier de 40 % d'ici à cinq ans[2] ». Mais il ne se serait pas pour autant substitué au livre papier. Ainsi, « *Freedom*, de Jonathan Franzen, a été téléchargé trois cent mille fois, ce qui

---

1. DUMBO est un quartier de New York. C'est l'acronyme de *Down Under the Manhattan Bridge Overpass*, « sous le viaduc de Manhattan ».
2. Arnaud Nourry, P-DG d'Hachette Livre (2e éditeur généraliste international, 5e aux États-Unis, 1er en France et au Royaume-Uni), cité par A. Beuve-Méry, « En Europe, le livre numérique n'a pas encore percé », *Le Monde*, 16 octobre 2011.

n'a pas empêché la vente de plus d'un million d'exemplaires en grand format cartonné[1] ».

À l'affût des opportunités

Pour Chuck Robinson, de Village Books à Bellingham, ancien président de l'Association américaine des libraires, les librairies indépendantes sont soumises à une « mort par mille coupures » (marges faibles, charges croissantes, baisse de la lecture, compétition des grandes surfaces, de la vente en ligne, nouvelles technologies dématérialisant le livre). Pourtant, il ne pense pas que l'issue soit forcément fatale. Cette profession devra, plus que jamais, miser sur la relation de proximité, le professionnalisme et la qualité de service. « Bien que les défis à relever semblent décourageants, nous continuons à ajouter de la valeur au monde des livres, que ce soit dans l'imprimé ou l'électronique. Nous apportons aussi de la valeur à la communauté en tant que centre littéraire et intellectuel et par le soutien que nous apportons aux organisations et causes qui rendent la vie plus riche dans cet endroit[2]. » Mais il leur faut en permanence réviser leur modèle économique et imaginer de nouveaux services. Ainsi Village Books vend-il des e-livres sur son site Internet et, dans le magasin, des cartes qui permettent de télécharger le livre, même s'il est difficile d'être compétitif face aux leaders du marché.

Fin 2009, Village Books prit une décision importante, acquérir une machine d'impression à la demande, l'Expresso Book Machine[3]. Trois raisons motivent cette nouvelle aventure : « 1) Des millions de livres sont maintenant disponibles pour

---

1. A. Beuve-Méry, art. cit.

2. C. Robinson, *It takes a Village Books. 30 Years of Building Community, One Book at a Time*, Chuckanut Éditions, 2010, p. 205.

3. J'ai vu cette machine chez Village Books. Elle ressemble à une grosse photocopieuse. En sept minutes, elle imprime et relie un livre de poche de 300 pages – *www.ondemandbooks.com*.

être imprimés à la demande, et leur nombre s'accroît chaque jour. Ceci inclut les ouvrages épuisés du domaine public et d'un nombre croissant d'éditeurs ; 2) de plus en plus d'auteurs choisissent l'autopublication, que ce soit pour une diffusion personnelle et familiale ou pour la vente ; 3) Village Books prévoit de publier quelques livres, y compris des rééditions d'ouvrages d'intérêt local qui sinon resteraient définitivement indisponibles. » Mais rien n'est jamais gagné, et la fragilité du secteur le rend particulièrement vulnérable aux variations de la conjoncture[1].

L'avenir d'un tiers-lieu

Pourtant, et alors que la poussière retombe sur les ruines de la Borders, Amy Cortese constate la vitalité de la réponse d'habitants aux demandes d'apport de fonds lancées par quelques librairies locales à la suite de la publication de son récent livre *Locavesting*[2]. « Les gens veulent vraiment leurs libraires indépendantes ; elles ajoutent à la qualité de notre vie et au caractère de nos quartiers[3]. » L'avenir de ce métier passe par le renforcement de sa dimension de « tiers-lieu », telle que la propose le sociologue Ray Oldenburg. Les « tiers-lieux », ces nombreux endroits « où les gens peuvent se rassembler, laisser de côté les préoccupations de la maison et du travail (leurs premier et second lieux) et passer le temps, simplement pour le plaisir de la bonne compagnie et d'une conversation animée. Ils sont le cœur de la vitalité sociale d'une communauté et la base d'une démocratie[4] ». C'est, en substance, ce que suggérait le regretté

---

1. Au Royaume-Uni, de 2006 à 2011, soit en à peine six ans, un libraire indépendant sur cinq a disparu, et un sur quatre si l'on inclut les grandes surfaces spécialisées. Nicolas Martin, « Entrée Libre », France 5, 5 octobre 2011.
2. Cortese, 2011.
3. Citée par S. McKenna Schmidt, *in* « Shelf-Awareness », 17 octobre 2011, *www.shelf-awareness.com/issue.html?issue=1582#m13701*.
4. Oldenburg R., *The Great Good Place*, Philadelphia, Da Capo Press, 1999.

Harry W. Schwartz, libraire à Milwaukee, collègue et ami de Chuck Robinson : « La vente de livres était et continue d'être pour moi une expression culturelle et politique, une expression de changement porteur de progrès, de défi à l'autorité oppressive, de recherche d'une communauté de valeurs qui puisse agir comme le soubassement d'un monde meilleur. Le véritable bénéfice, dans la librairie, est le bénéfice social ; son résultat se mesure à l'impact de la librairie sur sa communauté[1]. »

On notera avec intérêt que la « loi du marché » n'a pas toujours et partout le dernier mot. Il existe un autre secteur dans lequel la loi des hommes a décidé de préserver le rôle des entreprises locales. L'État du Dakota du Nord impose en effet depuis 1963 que les pharmacies appartiennent à et soient gérées par des pharmaciens diplômés et enregistrés. De ce fait, 90 % des pharmacies de l'État sont détenues par des indépendants, alors qu'elles ne sont plus que 30 % dans le reste du pays, où leur nombre a diminué de 20 % depuis dix ans au profit de la grande distribution. Malgré les assauts répétés de Wal-Mart et Walgreen's, cette loi reste en vigueur, comme un rappel que rien n'est inéluctable.

---

1. Robinson, *op. cit.*, 2010, p. 207.

Chapitre 8

Médias locaux : les chemins de l'indépendance

« Le journalisme,
c'est le contact et la distance. »

Hubert BEUVE-MÉRY

Pour que l'économie s'enracine de nouveau dans les réalités locales, une culture démocratique forte doit renaître et s'enraciner, ce qui passe notamment par une information indépendante.

« LIBÉRER LES JOURNAUX DE L'ARGENT »

En France pas plus qu'ailleurs, l'indépendance des médias ne va de soi. Dans un éditorial du 31 août 1944, Albert Camus, alors rédacteur en chef clandestin du journal *Combat*, écrivait :

> *« Notre désir, d'autant plus profond qu'il était souvent muet, était de libérer les journaux de l'argent et de leur donner un ton et une vérité qui mettent le public à la hauteur de ce qu'il y a de meilleur en lui. Nous pensions alors qu'un pays vaut souvent ce que vaut sa presse. Et s'il est vrai que les journaux sont la voix d'une nation, nous étions décidés, à notre place et pour notre faible part, à élever ce pays en élevant son langage[1]. »*

Le rêve de Camus garde son actualité. On retrouve ici la vision des animateurs de BALLE, pour qui il ne peut y avoir de communauté humaine libre sans médias indépendants.

Peut-être de futurs médias en ligne permettront-ils à ce rêve de se réaliser ? Internet a suscité l'espoir d'une renaissance de la presse indépendante. Rue89 a tenu quelques années le pari ; n'ayant pu construire un modèle d'affaires viable, elle fut absorbée par le groupe du *Nouvel Observateur*. Financé exclusivement par ses lecteurs, Mediapart est, à ce jour, le seul journal en ligne indépendant qui ait réussi à émerger au niveau national. Les scandales que révèlent régulièrement

---

1. Cité par Caunègre G., « L'indépendance de la presse au cœur d'un documentaire », Sud-Ouest, 3 octobre 2012 *www.sudouest.fr/2012/03/03/l-independance-de-la-presse-au-coeur-d-un-documentaire-648838-3523.php.*

ses équipes d'« investigateurs » soulignent la nécessité vitale d'un tel contre-pouvoir. Les grands médias nationaux, de droite comme de gauche, appartiennent désormais à quelques groupes industriels et/ou financiers.

De même, les centaines[1] de journaux locaux et régionaux aux opinions les plus contrastées qui, autrefois, parsemaient la France ont disparu ou ont été rachetés par l'un ou l'autre des onze groupes de presse qui forment aujourd'hui la PQR[2], elle-même souvent en petite santé faute de recettes publicitaires. Près de six cents radios locales indépendantes survivent vaille que vaille, dont un grand nombre craint de ne pas passer le cap de la mutation numérique.

En revanche, nous ne manquons pas de médias spécialisés qui ont trouvé leur public et leur modèle économique. Ils allient souvent support papier et média en ligne. Ainsi, parmi tant d'autres, dans le domaine qui nous intéresse ici, la scoop parisienne *Alternatives économiques*, le magazine *Terra Eco*[3], basé à Nantes ; *Esprit Village*[4], qui fêtait en 2013 dans le bocage normand vingt années de passion pour le monde rural ; ou encore *Bretagne durable*, premier média territorial dédié au développement durable et solidaire.

Avec le renforcement du rôle des collectivités territoriales, la qualité de la démocratie demanderait que se fassent jour des médias d'investigation locaux ou régionaux. Une solution pourrait venir d'outre-Atlantique où, au cœur de la crise, naissent des modèles innovants.

_____

1. Il en parut jusqu'à mille trois cents au XIXᵉ siècle.
2. Presse quotidienne régionale.
3. *www.terraeco.net.*
4. *www.village.tm.fr.*

Problèmes de concentration

Aux États-Unis, comme ailleurs, et comme dans les autres secteurs de l'économie, les médias ont subi un impressionnant processus de concentration. Le paysage actuel est dominé par quelques sociétés qui possèdent la plupart des journaux et stations de télévision et de radio. Ce petit groupe de propriétaires a un pouvoir considérable sur ce qui y est raconté. La radio et la télévision publiques nationales dépendent, elles aussi, des fonds de sponsors privés, ce qui limite d'autant leur liberté d'action. Et pour couronner le tout, souligne Sarah Van Gelder, rédactrice en chef de la revue *Yes ! Magazine*[1], elles subissent les attaques répétées de ceux qui pensent que l'État ne devrait jouer aucun rôle dans les médias.

Quant aux radios locales, il s'agit de stations qui s'appuient sur leur communauté locale. Parfois, elles sont installées dans une école ou une université. Les auditeurs leur apportent une contribution volontaire. Dotées de peu de moyens, la plupart se battent pour survivre, avec une équipe bénévole.

Il existe encore quelques chaînes de télévision indépendantes, certaines bien soutenues par la population locale. Mais le principal problème est le coût d'un journalisme d'investigation sérieux. Or c'est lui qui, dans une démocratie, rend le citoyen plus autonome et responsable. Lorsque les journaux des grandes villes ont eux aussi, pour la plupart disparu, tout le monde pensait qu'Internet prendrait le relais. Mais « on réalise aujourd'hui que le journalisme d'investigation n'est pas une activité que tout un chacun peut faire en amateur sur son blog. C'est onéreux, cela prend des heures, voire des mois, décrypter des documents ennuyeux et assister à des réunions ennuyeuses. Il y a donc actuellement un vide énorme dans le domaine de l'enquête. Cette forme de journalisme ne renaîtra

---

1. Voir p. 207.

que si l'on trouve un modèle qui permette de le rémunérer ». Beaucoup de ces journaux locaux faisaient un travail d'investigation de qualité. Or, sans sources fiables, comment connaître la réalité et la mettre en perspective ? D'une part, les gens perdent confiance dans les informations qu'ils reçoivent. Et d'autre part, ils n'ont plus accès aux informations essentielles.

Cependant, en dépit de la concentration des entreprises de presse, de l'Internet et des flux de publicité, des millions de gens ont depuis des années recours à des sites de services gratuits tels que l'emblématique Craigslist[1], site de petites annonces en ligne. Le modèle d'affaires de base pour les journaux de demain pourrait bien se trouver de ce côté-là.

Vers un modèle d'entreprise hyper-locale ?

En effet, une partie de l'Internet commence à combler cette lacune. Notamment le blogging local, dans le contexte de médias hyper-locaux. Van Gelder pense que ce modèle peut se développer à un coût relativement faible et les frais en être couverts par les annonceurs locaux, intéressés par une audience ciblée, le public réellement susceptible de venir dans leur magasin. Ces ressources permettraient de couvrir au moins une partie d'un vrai travail journalistique.

Pour suivre la progression importante de ce phénomène émergent, la *Columbia Journalism Review* a créé The News

---

1. Créé en 1995 à San Francisco par Craig Newmark, *www.Craigslist.org* est l'un des premiers sites de petites annonces (notamment professionnelles) dans le monde ; il a plus de 20 milliards de pages visitées chaque mois. Des pages locales sont ouvertes dans près de sept cents villes dans le monde. Le fonctionnement de l'équipe composée d'une trentaine de personnes est assuré par les annonces payantes dans seulement douze villes américaines. Les autres sont gratuites (source : Wikipédia).

Frontier[1], un blog et une base de données qui donnent un aperçu des diverses stratégies choisies par les créateurs de ces nouveaux médias. La plupart des sites démarrent avec une grosse subvention de base et, ensuite, leurs propriétaires en font une seconde activité – généralement non rémunérée, tout au moins au début –, en plus de leur activité principale, pour pouvoir faire vivre leur média :

> « *Ils produisent des contenus qui leur permettent de se faire une place au sein de la communauté locale et élaborent des stratégies pour trouver plus de sources de revenus futurs. Ils semblent assez divisés sur l'opportunité de rendre leur média lucratif ou non, avec tous les pièges et promesses que chacune de ces deux voies implique[2].* »

Ces sites voient rapidement leur nombre s'accroître et partagent plusieurs caractéristiques : ils sont concentrés sur le local, présents uniquement sur le Web, appartiennent à des gens du cru, sont orientés sur l'actualité (par opposition aux sites idéologiques), offrent une édition quotidienne et abordent un large éventail de sujets.

La *Voix de San Diego* sort les cadavres des placards

À San Diego, en Californie, notait, dès 2008, Richard Pérez-Peña dans le *New York Times*[3], « certains des secrets les plus sombres de la ville (conflits d'intérêts et rémunérations cachées de dirigeants municipaux, logement social pas si social, manipulations des statistiques criminelles, etc.) ont été amenés à la lumière au cours des deux années passées ». Et ceci non pas par le journal local qui a pignon sur rue, le *San Diego Union-Tribune*, mais par une bande de jeunes journalistes réunis autour d'un site internet sans but lucratif, *The Voice of*

---

1. *www.cjr.org/the_news_frontier.*

2. *www.cjr.org/author/lauren-kirchner-1.*

3. *www.nytimes.com/2008/11/18/business/media/18voice.html?pagewanted =1&_r=1&sq=Voice%20of%20San%20Diego&st=cse&scp=1.*

San Diego[1], qui n'existait même pas quatre ans plus tôt. La promesse de cette équipe de journalistes est claire :

> *« Nous essayons d'aller au-delà des communiqués et des conférences de presse pour vous apporter les histoires que nos dirigeants et les puissants ne veulent pas voir présentées ; le genre d'histoires qui entraînent des changements positifs, dévoilent des informations vitales pour les habitants de San Diego, et nous rassemblent en tant que communauté locale. Et nous complétons ces informations par des analyses et une mise en perspective[2]. »*

I-News : investigation et démocratie

I-News[3], le Rocky Mountain Investigative News Network, est un autre média internet non lucratif qui propose un journalisme d'investigation en profondeur, en complémentarité et en partenariat avec les médias les plus respectés de la région des Rocheuses, dans le Colorado. Il est dirigé par Laura Frank, une journaliste d'investigation forte de plus de vingt ans d'expérience dans les quotidiens, la radio et la télévision publique.

Son premier objectif est de nourrir la réflexion des citoyens.

> *« Nous traitons les questions importantes à l'échelle de l'État et celles qui ont un impact local. Notre spécialité est de présenter les informations complexes sous la forme d'histoires multimédia intéressantes, pour que les citoyens puissent prendre des décisions meilleures car plus éclairées. »*

Elle veut offrir « un journalisme d'investigation à fort impact, mettant l'accent sur l'analyse et la visualisation des données, l'analyse statistique et la recherche sur les dossiers publics. Ce sont les compétences dont les rédactions manquent actuellement le plus. Pourtant, ce sont des compétences nécessaires de toute urgence pour produire un journalisme d'intérêt public ».

---

1. *VoiceofSanDiego.org*
2. *www.voiceofsandiego.org/support_us/about_us.*
3. *www.inewsnetwork.org.*

I-News veut devenir une source fiable et régulière pour les médias traditionnels, qui subissent un resserrement tant de leurs ressources que de leurs délais. « Ils n'ont pas toujours le temps ni les compétences spécialisées pour tout faire. » Il veut aussi contribuer à former la prochaine génération de journalistes d'investigation et à façonner l'avenir des médias. Dans ce but, I-News collabore avec des étudiants en journalisme de l'université du Colorado et, en été, forme des journalistes lycéens dans son institut de journalisme d'investigation.

Ce jeune site repose encore presque entièrement sur des dons et des subventions de fondations, mais l'équipe expérimente un modèle d'affaires « à quatre pieds » : les subventions et les dons actuels, les abonnements d'autres médias à ses services ; les abonnements des lecteurs ; et les activités de formation au journalisme d'investigation.

Oakland Local : la voix de la rue

Plus à l'ouest, *Oakland Local*[1] se développe dans un contexte très différent : ce site est né en 2010 de l'immense indignation qui a suivi la diffusion sur Internet d'images prises par une habitante sur son téléphone portable. Il s'agissait de l'assassinat en direct d'un homme par la police locale. Un an après, *Oakland Local* propose un journalisme professionnel, tout en conservant sa spécificité : une information « depuis la rue », dans cette ville portuaire, parfois dangereuse, de quatre cent quarante-sept mille habitants. Susan Mernit, la fondatrice et directrice bénévole de ce média populaire, s'appuie sur une équipe de huit journalistes, pigistes ou bénévoles. Oakland est marquée par les difficultés économiques et sociales d'une communauté très diverse et souvent pauvre, où l'on parle cent quatre-vingt-dix-sept langues. Ce média sans but lucratif s'est donc fixé un double objectif : « Apporter des informations

---

1. *oaklandlocal.com*.

journalistiques de qualité aux habitants tout en les incitant à développer leurs propres compétences et leur engagement dans la vie de la cité. » Pour cela, les articles des professionnels voisinent avec ceux d'habitants, qui peuvent bénéficier de cours gratuits de rédaction et de communication sur Internet. « Tant de gens ont des choses importantes à dire, dont les médias habituels ne se font pas l'écho », dit encore Mernit. *Oakland Local* met tout particulièrement l'accent sur la vie quotidienne, le suivi critique des décisions publiques et les initiatives qui rendent la vie urbaine plus soutenable (vivre ensemble, nourriture saine, agriculture locale, vélo, réhabilitation urbaine, etc.). Si ses deux premières années de fonctionnement ont été rendues possibles grâce à des subventions, *Oakland Local* cherche désormais son modèle économique dans un équilibre entre les abonnements des lecteurs et la publicité locale.

Du plus établi, le MinnPost de Minneapolis, avec son budget annuel de 1,3 million de dollars, au plus petit, le New Haven Independent, dont l'équipe bénévole se réunit au café, ces médias nouveaux, souligne Pérez-Peña, ne représentent encore qu'une fraction du lectorat de la presse locale dans le pays. Il est un peu tôt pour savoir quel modèle économique sera le plus viable à long terme. Cependant, le coût de fonctionnement de ce nouveau média devrait rester bien inférieur à celui des médias traditionnels. Il devrait rester durablement présent dans le paysage, tant il répond à un criant besoin de proximité et de démocratie. Comme le souligne Buzz Woolley, journaliste de *Voice of San Diego*, « l'information est maintenant un service public au moins autant qu'une marchandise, elle devrait être pensée de la même manière que les soins de santé ou d'éducation. C'est une des choses dont vous avez besoin pour que vive une société civile, et il est clair que cela, le marché ne sait pas bien le faire ».

Warren Buffet : papier pas mort

Autre indice que, malgré la disparition de nombreux journaux, les médias hyper-locaux ont peut-être bien de l'avenir,
même sous leur forme traditionnelle imprimée : Berkshire
Hathaway, la société du célèbre investisseur Warren Buffett –
souvent appelé « le vieux sage d'Omaha » pour la prudence
et la clairvoyance de ses investissements – a récemment
racheté soixante-trois journaux généralistes locaux. Mais
pas n'importe lesquels, confie Buffet. Ils doivent desservir
des marchés plus petits que ceux des grandes villes, là où
« le sentiment d'appartenance à une communauté est plus
développé ». Estimant que la clé de la pérennité de ce média
réside dans sa dimension hyper-locale, Buffet donne comme
consigne aux rédacteurs en chef de ses journaux : rendre
leur journal indispensable à toute personne qui se soucie
de ce qui se passe dans leur ville ou leur village. Il mise en
particulier sur les nouvelles générations : « Le sport scolaire
va les attirer vers le journal. » Chez lui dans le Nebraska
comme ailleurs, « ils veulent êt re informés sur le football
et s'intéressent à tous les joueurs de l'équipe. On peut donc,
par ce moyen, essayer de donner aux jeunes l'habitude de lire
un journal ». Très au fait des difficultés de la presse locale, il
considère pourtant qu'elle conserve toute sa place même si
son modèle économique s'érode lentement. Les journaux
dans lesquels il investit devront conserver ou retrouver un
équilibre économique dans la durée. Pour autant, essayer
de réduire les coûts en centralisant la rédaction à l'échelle
régionale ou nationale – comme on le voit de plus en plus
en France –, ou éditer une version en ligne gratuite sont, à
son avis, deux graves erreurs de stratégie[1].

---

1. « Why Warren Buffett Still Buys Newspapers as the Industry Sinks »,
Howard Kurtz, The Daily Beast. com, 4 juin 2012.

Si reconnecter les citoyens à leur communauté locale est important pour la vie sociale et démocratique, cela peut donc également redevenir viable sur le plan économique.

Les médias et l'économie locale vivante

J'ai demandé à Sarah Van Gelder, directrice de la rédaction de la revue *Yes ! Magazine* qu'elle anime depuis l'origine avec David Korten, comment l'idée d'économie locale vivante est reçue et reprise par les médias, notamment locaux, aux États-Unis. « Si l'on parle de sa version superficielle, elle est bien reprise. L'intérêt pour les gens d'acheter des produits locaux est une idée facile à comprendre. » Mais si l'on veut creuser un peu plus – réfléchir à toutes les implications d'une alternative à l'emprise des grandes entreprises sur la société et à son effet à long terme sur la vie des communautés locales –, c'est encore très nouveau pour la plupart des gens, y compris les journalistes.

L'intérêt est que cette question ne prête pas à polémique. C'est un sujet avec lequel les gens se sentent à l'aise. Et politiquement, la question est perçue comme « non partisane ». Certaines chambres de commerce locales aiment et poussent l'idée, car leurs entreprises en bénéficient. Bien sûr, la Chambre nationale de commerce clairement non, précise Van Gelder, car elle est au cœur d'une politique très conservatrice favorable au grand *business*. Ce qui a d'ailleurs amené nombre de chambres locales à se dissocier de l'organisation nationale.

À *Yes ! Magazine*, « nous percevons les immenses zones de crise actuelles – pas simplement la "crise" à court terme dont tout le monde parle, mais bien la crise profonde et planétaire à long terme. Et nous avons choisi de mettre l'accent sur la recherche de solutions, de réponses aux questions que chacun se pose. » Ils étudient les systèmes nouveaux susceptibles d'avoir un réel potentiel d'impact : le financement de la nourriture locale, les systèmes économiques locaux, la résilience, le bonheur, la justice et la paix, le pouvoir des gens, etc. Le magazine repère des solutions concrètes permettant aux lecteurs de se sentir impliqués et d'agir ; il est pour cela en permanence à l'affût de lieux ou de gens ordinaires exerçant le type de leadership qui apporte un vrai changement et d'exemples illustrant la puissance de l'engagement personnel et de l'action collective à la base. Généralement, c'est en faisant les choses ensemble qu'on y parvient, conclut-elle.

Chapitre 9

Gouvernance d'entreprise : qui décide ?

À l'échelle de la planète, l'économie est – à l'image des sociétés humaines – d'une infinie diversité. Les modèles varient selon les régions, les cultures et les secteurs d'activité. Si l'on veut bien sortir l'économie du réduit dans lequel les experts de la « science économique » ont fini par la confiner en la limitant à la sphère privée de l'économie formelle de marché, elle apparaît dans toute son amplitude.

Dès lors que nous lui réassignons sa fonction traditionnelle, qui est de satisfaire les besoins humains, l'économie inclut – bien au-delà de l'économie formelle (privée ou publique) et de l'économie souterraine – tout ce qui constitue l'économie « autonome » qui, pour Pierre Rosenvallon, se fonde « sur des formes de socialisation qui n'ont pas d'existence fiscale (voisinage, famille au sens large) ou sur des activités qui ne peuvent pas donner lieu à prélèvement fiscal parce qu'elles sont gratuites ou réciproques (travail domestique). Elle n'est pas concurrente mais complémentaire et, dans une certaine mesure, alternative par rapport à l'économie de marché ou par rapport aux formes de distribution étatique[1] ». Plus que d'une alternative, ne pourrait-on dire qu'il s'agit là du socle premier à partir duquel se déploient – en se complexifiant parfois jusqu'à l'outrance – les autres manifestations de l'activité économique ?

Dans la perspective actuelle de reconstruction de sociétés résilientes, rappelons-nous la distinction féconde qu'Yvan Illich marquait entre « la production autonome de valeurs d'usage » et la « production hétéronome de valeurs marchandes ».

> *« Moins on est capable ou en mesure de produire par nous-mêmes les valeurs d'usage (biens et services) nécessaires à notre vie et à notre développement personnel (et celui de notre famille) et plus on est obligé de recourir au marché des biens et services [...] si l'on en a les moyens[2]. »*

---

1. Pierre Rosanvallon, cité par Parodi M., « L'économie sociale et solidaire une alternative à l'économie capitaliste ? », *www.recma.org/node/861*.
2. Parodi, *id.*

En Europe, une tradition ancienne

En France et en Europe, la tradition coopérative plonge ses racines dans les mouvements mutualistes et coopératifs du XIXe siècle et au-delà. Elle a perdu de sa visibilité au cours du dernier demi-siècle, occultée par l'éclat de l'économie de marché triomphante. Mais la crise aidant, voilà qu'elle refait surface dans la conscience collective et s'impose, sous le nom d'économie sociale et solidaire, comme un élément important de la biodiversité économique et entrepreneuriale. Pesant 10 % du PIB français et 2,4 millions d'emplois, les associations, coopératives, mutuelles et fondations représentent une réalité tangible. Mais, si elles font référence à des valeurs communes[1], il s'agit parfois d'entités devenues fort dissemblables. Qu'ont en commun une banque multinationale qui parie sur les « marchés casinos » et une association locale ?

La rencontre entre entreprise et société est aussi nourrie par le courant des entrepreneurs sociaux. D'origine anglo-saxonne, il met l'efficacité et la puissance de l'entreprise (quel que soit son statut juridique) au service de la résolution de problèmes sociaux et/ou écologiques. Cette approche trouve un écho certain chez les jeunes générations.

Dans ce contexte, l'État a entrepris, en 2013, de clarifier la notion d'économie sociale et solidaire. La nouvelle loi sur l'ESS[2] vise, d'une part, à reconnaître ce secteur spécifique – d'autant qu'il se montre plus créateur d'emplois et résilient face à la crise que l'économie capitaliste classique ; d'autre part, à lui faciliter l'accès au financement et aux marchés

---

1. Valeurs communes : entreprises de personnes et non de capitaux, solidarité entre les membres, gouvernance démocratique, impartageabilité de la propriété collective ; et spécifiques : non-lucrativité pour les associations, les mutuelles et les fondations ; lucrativité encadrée et réglementée pour les coopératives.
2. Loi en cours d'élaboration au moment où nous écrivons.

publics ; enfin à l'élargir à des entreprises qui, bien que créées sous un statut capitalistique classique, appliquent au quotidien les principes de l'ESS. Cette ouverture est bienvenue. La réflexion de fond – qui reste à mener – ne devrait-elle pas aller au-delà et se demander comment inciter l'ensemble des acteurs économiques à se doter d'une réelle éthique sociale et environnementale ?

JEFFREY HOLLENDER, AU-DELÀ DE LA SEPTIÈME GÉNÉRATION

Aux États-Unis, le réseau BALLE est né à l'époque où les jeunes héros du capitalisme responsable et vert (Ben & Jerry's, Body Shop, etc.) étaient rachetés, les uns après les autres, par des géants multinationaux. Après une brève période d'euphorie – ces David vertueux et profitables allaient inoculer leurs valeurs aux gourmands Goliath – chacun se rendit compte qu'ils avaient simplement été digérés sans autre impact que d'image. Quelques années plus tard, Jeffrey Hollender tirait de sa propre expérience des leçons radicales.

En 1988, Hollender cofondait ce qui est aujourd'hui devenu la marque américaine n° 1 des produits naturels de nettoyage et de soins personnels. Seventh Generation, pionnier d'une nouvelle catégorie de produits de nettoyage, a connu une croissance exponentielle, accompagnant celle de son principal partenaire de vente au détail, Whole Foods[1].

Basé à Burlington, Seventh Generation est l'un des membres actifs du réseau local Entreprises du Vermont pour la responsabilité sociale. La société s'est fixé pour but de « devenir la

---

1. Whole Foods Market est une chaîne de supermarchés alimentaires basée à Austin, au Texas, spécialisée dans les produits naturels et biologiques. WFM est classée par l'Agence américaine de protection environnementale troisième sur la liste des vingt-cinq meilleurs promoteurs de l'environnement et figure aux États-Unis parmi les entreprises socialement les plus responsables.

marque la plus fiable au monde offrant des produits authentiques, sûrs, et écologiquement responsables pour une maison saine ». Au début, Jeffrey Hollender et ses associés développèrent un catalogue de vente d'articles encore peu connus, comme les ampoules et appareils économes en énergie, les articles pour la conservation de l'eau, les produits de nettoyage non toxiques ou le papier hygiénique fabriqué à partir de papier recyclé non blanchi. Le groupe a commencé à vendre ses produits à des coopératives et magasins d'aliments naturels. En 1995, ils cédèrent le catalogue de VPC pour se concentrer sur la vente au commerce de détail.

Vision, exigence, transparence

Les produits de la marque sont fabriqués à partir de fibre 100 % recyclée et sans eau de Javel, avec des ressources renouvelables, biodégradables et sans phosphate. Seventh Generation vend et distribue des produits de haute qualité environnementale aux magasins d'alimentation naturelle, aux supermarchés et aux catalogues de vente, en Amérique du Nord.

En 1988, alors que la société cherchait comment traduire ses valeurs par une identité cohérente, une employée amérindienne suggéra le nom de Septième Génération. Elle suggéra de s'inspirer de la *Gayaneshakgowa*, la « Grande Loi de la paix » des Haudenosaunee, les six nations iroquoises. C'était d'elle que son peuple tenait sa sagesse, et elle avait inspiré les rédacteurs de la Constitution des États-Unis. La Gayaneshakgowa dit que « dans toutes nos délibérations, nous devons considérer l'impact de nos décisions sur les sept prochaines générations ». Cette idée traduisait parfaitement ce en quoi le groupe croyait : que l'environnement ne nous est confié que temporairement et que nous sommes responsables des conséquences de nos actions sur la nature et sur ceux qui viendront après nous.

Désaccord

En 2010, Seventh Generation est devenue une référence incontestée. La société a été distinguée à de nombreuses reprises pour la pertinence de sa vision et la qualité de sa gestion, de son éthique et de ses performances environnementales. Son chiffre d'affaires annuel atteignait 150 millions d'euros et continue depuis de progresser. Vu le développement rapide du marché, le conseil d'administration s'est fixé pour but d'atteindre un chiffre d'affaires annuel de 1 milliard de dollars.

Le fondateur, Jeff Hollender[1], P-DG et président exécutif de l'entreprise depuis la création de l'entreprise, fut évincé en 2010. Contrairement aux actionnaires majoritaires, il ne croyait pas possible de réaliser une telle mutation sans nuire à l'excellence sociale et environnementale qui faisait de cette société une exception remarquée depuis près d'un quart de siècle.

La règle se joue des exceptions

En septembre 2011, un an après son départ, il faisait, devant un auditoire d'investisseurs sociaux, le point sur les leçons de vingt-cinq ans passés à créer et développer cette grande entreprise. Fidèle à son exigence légendaire et à son souci permanent de transparence[2], il tira quatre grandes conclusions du chapitre qu'il venait de clore :

- « Moins mauvais » ne veut pas dire « bon ». De nos jours, on met l'accent et on investit dans des produits qui sont « moins mauvais ». Mais cela ne suffira pas pour sauver la

---

1. J. Hollender est également cofondateur du Conseil américain pour l'entreprise durable et administrateur de Greenpeace États-Unis, d'Entreprises du Vermont pour la responsabilité sociale et du Fonds pour la santé de l'environnement.

2. *www.triplepundit.com/2011/09/jeffrey-hollender-encore-seventh-generation-socap11.*

planète. Nous devons nous concentrer davantage sur les produits qui sont vraiment bons, et cesser de nous contenter de produits qui sont moins mauvais.

- Notre paradigme économique général est défectueux. Qui bénéficie réellement de l'action de nos entreprises ? Même les entreprises bien intentionnées, comme Seventh Generation, sont encastrées dans une culture qui crée de l'inégalité. Et le fait que la compagnie ait plafonné ses salaires les plus élevés à dix-sept fois le plus bas ne règle pas la question. Le problème est plus vaste, c'est toute la structure sociétale qui est conçue pour concentrer la richesse.

- « Wanted : gouvernance des entreprises vertes ». Le monde du « vert » manque de gouvernance d'entreprise. Or la gouvernance est essentielle pour que les promesses soient tenues et que les nobles missions soient réellement accomplies.

- Les efforts de quelques francs-tireurs ne suffisent pas à changer le système. Revenant sur ce dernier quart de siècle, Hollender conclue : « Nous avons été une exception à la règle. Mais cela n'a pas suffi à générer des changements radicaux. Le climat actuel des affaires maintient un *statu quo* et décourage les efforts destinés à le perturber. Un point critique est de parvenir à développer des solutions systémiques », comme celles que l'American Sustainable Business Council[1] s'efforce de promouvoir.

Un autre modèle pour changer l'économie

Pour l'avenir, Hollender a trouvé l'inspiration dans un modèle basé à Cleveland, Ohio : les coopératives Evergreen[2]. Pionnières des modèles innovants de création d'emplois, de richesse et de soutenabilité, les entreprises Evergreen appartiennent à leurs employés, sont basées localement et embauchent localement.

---

1. J. Hollender est cofondateur de l'ASBC : *www.asbcouncil.org.*
2. Voir p. 216.

Leur objectif est de créer des emplois verts qui ont du sens et de conserver les précieuses ressources financières au sein de la communauté locale. Hollender voit cela comme la base sur laquelle peuvent s'édifier des communautés locales réellement soutenables.

Hollender travaille donc à un nouveau projet, baptisé Commonwise[1], destiné à développer le concept expérimenté par Evergreen. Commonwise construira et portera à une échelle plus vaste ce modèle qui fonctionne et représente bien le type de solution qui, pense-t-il, peut permettre de modifier le paysage entrepreneurial et l'économie afin que les « bonnes » sociétés – celles qui sont réellement soutenables, responsables, qui traitent bien leurs employés et se comportent en entreprises citoyennes au sein de leur communauté – soient mieux armées pour gagner la compétition face au *big business*.

> « *Elles ont souvent besoin de capitaux, d'un marketing et d'une politique de marque plus efficaces, d'acheter des produits et des services de façon plus rentable. Que ce soient des hôpitaux publics, des coopératives alimentaires, des entreprises sociales à but lucratif, il leur faut de l'aide pour prospérer et remplacer les entreprises qui ont un effet ravageur sur notre économie et notre environnement[2].* »

COOPÉRATIVES *EVERGREEN* : CLEVELAND MISE SUR SES HABITANTS

Contexte difficile

Pendant et après la Grande Dépression, Cleveland a connu son lot de troubles et de corruption. Eliott Ness, après avoir

---

1. *commonwise.com*.
2. Interview de Jeff Hollender par Monika Mitchell, de Good-Business International, 19 août 2011, *good-b.com/?p=3093*.

contribué à mettre Al Capone derrière les barreaux à Chicago, y fut appelé pour assainir la police et mettre le crime au pas. Pendant les années 1980, Cleveland a amélioré son image et sa situation économique. Mais la crise de l'acier et de l'automobile a durement frappé l'économie régionale, alors que des investissements publics pas toujours judicieux mettaient les finances publiques en difficulté et la ville en faillite. Les quartiers du centre progressivement délaissés, les infrastructures souvent en mauvais état, la ville n'a pas pu ou su retenir sa population la mieux formée. Cependant, les dirigeants et la population ont réalisé qu'il était possible de reconquérir le dynamisme local, non plus en continuant d'essayer de séduire des entreprises ou des financements extérieurs, mais en identifiant ses propres forces et richesses et en reconstruisant sur cette base.

Les responsables du développement économique décidèrent de focaliser leurs efforts sur la zone la plus porteuse, où sont implantés les hôpitaux et les universités, qui se trouve aussi à la jonction de plusieurs quartiers en difficulté. Le taux de chômage y dépasse 20 % et un tiers de leurs habitants, majoritairement noirs, vivent dans la pauvreté, avec son cortège de désocialisation, de violence et de drogue.

Réorienter trois milliards de dollars

C'est dans ce contexte qu'est né un projet original, le réseau de coopératives Evergreen[1]. Préparé depuis 2005, il est lancé officiellement en 2009[2]. L'idée était, pour la Fondation Cleveland, les hôpitaux et les universités du secteur, de réorienter les 3 milliards de dollars que ces institutions dépensent chaque année en biens et services pour en faire un levier de dévelop-

---

1. *evergreencooperatives.com*
2. *Sources :* Balle, Evergreen et fondation Cleveland.

pement local et de création de revenus pour les quarante-trois mille habitants des quartiers environnants.

« Cet effort a rassemblé beaucoup de monde, dans le cadre d'une stratégie de développement économique plus vaste », précise Ted Howard, directeur du Partenariat pour la démocratie de l'université du Maryland, programme qui a contribué à définir et animer cette initiative. Au-delà de la création de coopératives, il s'agit en effet de revitaliser, stabiliser et transformer une grande partie de Cleveland.

Les partenaires se mirent d'accord sur un plan d'action : garantir des accords d'approvisionnement de la part des grandes institutions – les hôpitaux universitaires, la clinique Cleveland et l'université Case Western Reserve. Puis mettre sur pied de petites entreprises locales qui pourraient fournir les biens et services dont elles ont besoin. Ces entreprises seraient des coopératives appartenant aux travailleurs, de sorte que leur richesse puisse s'accumuler dans la communauté locale plutôt que d'être distribuée à des actionnaires. Et ce seraient des éco-entreprises, rendant le fait de travailler avec elles attrayant pour ces grandes institutions qui veulent réduire leur bilan carbone et leur empreinte écologique.

Le projet se démarque du modèle habituel des coopératives américaines, qui sont généralement des initiatives isolées, sans relation les unes avec les autres. Evergreen s'inspire de l'expérience coopérative la plus connue au monde, celle de Mondragòn, au pays basque espagnol. « Ce qui est vraiment impressionnant dans la société Mondragòn, c'est qu'il y a cinquante ans la région était plus pauvre que Cleveland. Elle avait un niveau d'éducation plus faible et un taux de chômage très élevé », remarque Lillian Kuri, de la fondation Cleveland. « En créant ce réseau de coopératives, ils sont maintenant arrivés à plus de cent vingt coopératives et dix mille employés-propriétaires. Ils ont vraiment stabilisé cette région d'Espagne. Ils ont misé sur l'innovation, et construit à la fois sur des principes démocratiques et sur les forces du marché réel », générant 2 milliards de dollars de chiffre d'affaires par an.

Dès octobre 2009, deux premières coopératives, la blanchisserie coopérative Evergreen et la coopérative solaire Ohio ouvraient leurs portes.

Une blanchisserie verte

La blanchisserie coopérative Evergreen est – dans le secteur de la blanchisserie industrielle spécialisée dans le service aux établissements de santé – l'entreprise la plus « verte » de l'Ohio. Elle compte actuellement neuf employés et prévoit d'augmenter ses effectifs à cinquante. Elle traitera alors 4 500 tonnes de linge chaque année. Deux grandes maisons de soins infirmiers de la région lui ont déjà fait confiance. L'entreprise utilise moins d'eau pour nettoyer le linge (3,7 l d'eau par kilo de linge, contre 13,7 l/kg), moins d'énergie pour chauffer l'eau dans les laveuses et l'air dans les séchoirs, et beaucoup moins d'énergie pour le repassage que les blanchisseries traditionnelles.

Tout d'abord sceptique sur la rentabilité d'un tel projet, James Anderson – aujourd'hui P-DG de la Coopérative – est convaincu. « En termes de gestion, être "vert" fait clairement la différence. Nous avons payé plus pour certains procédés, mais le retour sur investissement est assez rapide. » Pour ce qui est du modèle coopératif, Anderson connaît bien son potentiel de réussite et de rentabilité. Vingt ans d'expérience dans des coopératives sidérurgiques lui ont montré qu'elles génèrent moins d'absentéisme et une productivité plus élevée que la concurrence.

Du soleil sur les toits

La seconde entreprise, lancée en octobre 2009, est la coopérative solaire Ohio. Initialement conçue comme une entreprise d'installation de panneaux solaires sur les toits des établissements de santé et d'enseignement du secteur, la société a également créé un département de travaux d'isolation pour pouvoir fournir des emplois même pendant les hivers rigoureux et enneigés. Avec quatorze employés, elle était déjà rentable cinq mois seulement après son lancement.

Salades urbaines

Green City Growers[1] est la troisième coopérative Evergreen. Son but est de créer, pour la population locale, quarante-deux emplois stables, qualifiés et bien payés. Elle est installée au cœur de la ville sur une friche de 4 hectares sélectionnée par la mairie, avec une grande serre hydroponique et 1,6 hectare en plein champ. Elle vise la production de 3 millions de têtes de laitue par an et 150 tonnes de plantes aromatiques. L'idée est de cultiver sur place pour les institutions et détaillants des aliments substitués aux importations de Californie. Son objectif est de fournir sur le marché local et régional (240 km à la ronde) 0,3 % des salades et 3,3 % des feuilles de salades, avec des normes de sécurité alimentaire élevées. Les hivers froids de l'Ohio n'étant pas favorables à une culture d'aliments sous serre à bas prix, Evergreen pense réduire les coûts et les émissions de gaz à effet de serre grâce à sa serre éco-conçue et à l'utilisation de sources d'énergie renouvelables (géothermie et solaire).

Et les marchés publics ?

Ce projet ne peut être caritatif et dépendre de subventions forcément aléatoires. Il doit donc devenir rentable pour se

---

1. *www.growmycitygreen.com.*

pérenniser. Acheter localement est déjà une pratique courante dans les institutions partenaires. Ces institutions lancent des appels d'offres. Mais des critères tels que le niveau de service, le lieu d'implantation du fournisseur, son engagement par rapport à la diversité peuvent permettre de choisir un fournisseur dont l'offre est plus satisfaisante, même si elle n'est pas toujours la moins-disante. Il y a pour elles des avantages complémentaires qui ne peuvent pas toujours être quantifiés. Renforcer l'économie locale rend la zone plus attractive et encourage l'installation du personnel à proximité. Les hôpitaux sont attachés à l'impact de leurs achats sur l'amélioration de la santé et de la sécurité des habitants. Depuis longtemps, dans la passation des marchés publics, on accorde des préférences aux entreprises détenues par des femmes, des minorités, des anciens combattants, ou d'autres groupes défavorisés. Vingt-sept États y ont également intégré une préférence pour les fournisseurs locaux[1]. Plusieurs États et collectivités ont adopté de telles politiques lors du ralentissement économique.

Si l'offre locale devient compétitive par rapport à celle de leurs fournisseurs habituels, les institutions du grand cercle de l'Université préféreront donc acheter sur place.

Notons qu'en France également, cet intérêt des collectivités est perceptible. Faisant le lien entre achat local et développement durable, des collectivités commencent à s'appuyer notamment sur les outils de la « commande publique responsable » (clauses sociales et environnementales), la création de filières territoriales ou les PTCE[2] pour orienter davantage de moyens vers un développement local durable.

---

1. Enquête 2009 de l'Association nationale des acheteurs publics d'État/ NASPO, *www.naspo.org.*
2. Voir p. 272.

La voix des quartiers

Neighborhood Voice, quatrième coopérative du réseau Evergreen, est un média local, à la fois papier et en ligne. Géré par des étudiants de l'université, il permet aux étudiants et habitants d'acquérir des compétences journalistiques et entrepreneuriales. Se voulant un journal libre au sein de la communauté locale, *Neighborhood Voice* constitue un forum pour les cent vingt-trois mille habitants, les organisations et entreprises des huit quartiers du pôle hospitalier et universitaire.

Six autres coopératives Evergreen devraient encore naître, en réponse aux besoins de divers secteurs économiques de la zone. Et d'autres villes – dont Atlanta, Pittsburgh et Washington DC – cherchent déjà à répliquer cette démarche.

Mais être une entreprise sociale ou une coopérative ne suffit pas. Encore faut-il avoir une vision véritablement globale, cohérente et soutenable ; et créer de la richesse pour un ensemble assez vaste de parties prenantes. Jeff Hollender insiste sur l'importance de hausser la barre des attentes vis-à-vis de ces entreprises. « Nous ne serons pas l'exception à la règle, nous allons changer les règles. Nous allons déplacer le mauvais [système] en mettant le bon à sa place[1]. »

Guide pratique de l'entrepreneur social ou le succès en dix étapes

Traduit et adapté avec la permission de Jeffrey Hollender[2].

- « L'entreprise, un système naturel. La pensée systémique est un cadre essentiel qui repose sur la conviction que les éléments individuels d'un ensemble ne peuvent être pleinement saisis que dans le contexte des relations qu'ils entretiennent avec les autres parties du système dont ils sont un élément.

---

1. King, *op. cit.*

2. D'après Hollender J., « The Essential Guide to Successful Social Entrepreneurship », *www.jeffreyhollender.com/?p=1990*.

- Trouvez et embauchez les bonnes personnes. C'est votre meilleur investissement. Embauchez toujours des gens plus intelligents que vous. Assurez-vous qu'ils s'engagent au service de la réussite de l'entreprise, plutôt que de leur propre succès.

- Choisissez vos investisseurs avec plus de soin que vos amis : une fois que vous avez accepté leur argent, il est presque impossible de se débarrasser d'eux. En revanche, ils aiment s'assurer qu'ils peuvent se débarrasser de vous. Interviewez au moins trois autres dirigeants qui ont eu affaire à l'investisseur envisagé, pour savoir précisément comment s'est déroulée l'expérience.

- Une transparence radicale est la clé de l'authenticité, et l'authenticité est le Graal des bonnes entreprises. Soyez honnête jusqu'à en avoir mal. Soyez honnête en tout temps. Partager le bon, le mauvais et le laid.

- Mesurez ce qui compte vraiment. Mesurez ce qui compte pour vos parties prenantes, pas seulement pour vous. Ce que vous mesurez doit être significatif. Comparez vos résultats à des objectifs que vous aurez fixés en amont.

- Ne soyez pas un obstacle sur votre propre chemin. Le leadership est un art. Posez des questions, n'apportez pas toujours les réponses. Investissez dans votre croissance personnelle. Restez et devenez toujours plus humble.

- La question de la propriété est essentielle. Les entreprises doivent endiguer la dangereuse concentration de richesse engendrée par un monde où les employés ont peu ou pas de participation dans les entreprises. Des propriétaires sont plus performants que des employés. Tous les employés devraient être propriétaires de leur entreprise.

- Gouvernance d'entreprise. Ennuyeux, mais vital. Votre règlement intérieur doit inclure les normes de soutenabilité, les engagements en faveur de la diversité, les modalités de votre reporting sur la responsabilité sociale, l'équité dans la rémunération et le type de dialogue ouvert que vous établirez avec vos parties prenantes.

- Le marché libre est un leurre – Assurez-vous que vous savez qui a les manettes en main. À Seventh Generation, nous vendions du papier toilette fabriqué à partir de fibres recyclées. Or le gouvernement américain subventionne à hauteur d'un milliard de dollars par an l'industrie des fibres vierges, ce qui fait artificiellement apparaître les fibres recyclées comme chères. Pour plus de détails, voyez le rapport "Ciseaux Verts" des Amis de la Terre, qui donne un récapitulatif complet des "mauvaises" subventions gouvernementales aux États-Unis.

• "Moins mauvais" ne veut pas dire "bon". Nous en sommes arrivés à confondre bon avec moins mauvais. Des serviettes en papier recyclé faites avec des fibres blanchies sans chlore ne sont pas "bonnes", elles sont "moins mauvaises". Comme les légumes bio cultivés en Chine et transportés ensuite par avion, les voitures hybrides et même un vélo s'il est fait avec les mauvais matériaux. Les "bons" produits sont encore rares et souvent difficiles à trouver. Par exemple, le bœuf d'embouche bio nourri sur prairie – qui renforce le sol et séquestre le CO_2 – vendu localement est un "bon" produit. Achetez des objets de seconde main chez Emmaüs ou de l'électroménager chez Envie, ou faites vos courses sur un marché de producteurs bio locaux. Assurez-vous que votre entreprise propose quelque chose de réellement bon – pas juste d'un peu moins mauvais. »

Depuis quelques décennies, Jeffrey Hollender et les autres pionniers de l'entreprise responsable repèrent les éléments clés, mais aussi les pièges sur ce chemin encore mal balisé. Deux thèmes reviennent constamment : la raison d'être de l'entreprise et la propriété.

UNE NOUVELLE RACE D'ENTREPRISES : LES B-CORPORATIONS

Huit États américains ont déjà adopté une législation autorisant la création d'entreprises sous la forme de B–Corp (Benefit Corporation)[1]. Ces sociétés certifiées et innovantes utilisent la capacité d'action et la puissance d'impact de l'entreprise pour résoudre des problèmes sociaux et environnementaux. À la différence des entreprises traditionnelles, elles répondent de façon complète et transparente aux normes de performance

---

1. *www.bcorporation.net.*

sociale et environnementale ; elles se fixent des exigences beaucoup plus élevées de responsabilité juridique ; les B-Corps tendent enfin à construire des communautés d'entreprises pour améliorer ensemble la qualité du monde de l'entreprise.

Créée par Jay Coen Gilbert, Bart Houlahan et Andrew Kassoy, trois entrepreneurs visionnaires et militants, cette démarche a bientôt été largement adoptée. Près de cinq cent quatre-vingts sociétés étaient certifiées fin 2012 dans soixante secteurs d'activité, et pesant 3,35 milliards de dollars de chiffre d'affaires. Six mois plus tard, elles étaient déjà 760 dans vingt-sept pays. De la nourriture et des vêtements aux comptables ou aux avocats en passant par les transports et les fournitures de bureau, elles forment une communauté très diverse, unie par un objectif fédérateur : redéfinir les critères de réussite en affaires. « Notre question, explique Jay Coen Gilbert, était : "Comment aider les entreprises qui sont vraiment focalisées sur la soutenabilité et/ou la participation à la vie de leur communauté locale ? Comment faire face au problème de la sauvegarde des valeurs fondatrices pour que ces entreprises soient construites pour durer[1] ?" » Cela les a amenés à concevoir une structure juridique répondant mieux aux besoins des entrepreneurs qui veulent gagner de l'argent tout en ayant un réel impact social et environnemental. Le droit des sociétés en vigueur n'est pas un cadre adapté car il privilégie avant tout la recherche du profit.

Sur le B Impact Rating System[2], les B-Corps atteignent un score de 25 % supérieur en moyenne à celui des autres entreprises « soutenables ». Ce nouveau système d'évaluation permet aux entreprises de comparer leurs performances dans différents domaines – relations avec leurs travailleurs, avec l'environ-

---

1. Cité par Clifford C., « B Corps : The Next Generation of Company ? », Entrepreneur.com, 11 juin 2012.

2. *www.bcorporation.net.*

nement, les actionnaires, le monde associatif, ou encore les politiques publiques. Il les accompagne dans le temps pour suivre leurs progrès. L'accès aux rapports d'impact des entreprises certifiées est public et transparent. Tout le monde peut connaître les données de performance sociale et environnementale qui se cachent derrière les produits proposés.

La certification B-Corporations est gérée et animée par B-Lab, une organisation sans but lucratif. Sa stratégie n'est pas de militer contre l'ordre ancien, mais de participer à l'émergence d'une nouvelle économie.

B-Corporations : trois niveaux d'intervention

B-Lab veut entraîner un changement systémique grâce à trois initiatives interdépendantes :

- accompagner les entreprises dans leur démarche d'amélioration et aider le public à faire le tri entre les entreprises réellement vertueuses et celles qui, derrière des actions marketing trompeuses, cachent leur quête d'une maximisation de la valeur pour les actionnaires ;
- valoriser auprès des investisseurs institutionnels les atouts de ces démarches entrepreneuriales d'avenir ;
- promouvoir l'adoption d'une législation favorisant l'émergence d'une nouvelle forme d'entreprise aux normes de responsabilité et de transparence plus élevées.

Pourtant, se conformer aux engagements d'une B-Corp ne suffit pas à garantir que la mission sociale de l'entreprise soit inscrite dans le marbre. Lui-même co-initiateur du label B-Corp, Jeffrey Hollender, en a fait l'amère expérience. Un an après son éviction, il confiait que son erreur avait été de ne pas s'être adressé aux bonnes personnes pour financer son entreprise et qu'il aurait mieux fait d'y associer ses employés, car eux auraient protégé ce qu'ils avaient construit ensemble[1]. La question de la propriété reste un enjeu central.

---

1. Rapporté par Marjorie Kelly.

MARJORIE KELLY : POUR UNE « PROPRIÉTÉ GÉNÉRATRICE »

J'écoutais récemment Marjorie Kelly[1] présenter ses derniers travaux concernant l'influence de la propriété sur l'identité et le fonctionnement des entreprises. Elle a observé qu'un certain nombre d'entreprises et d'organisations, partout sur la planète, ont non seulement mieux résisté à la crise que la moyenne, mais qu'elles prospèrent tout en restaurant leur environnement humain et naturel[2]. Deux prix Nobel – Mohammed Yunus, fondateur de la Grameen Bank et co-concepteur du parte-nariat Grameen Danone, et Elinor Ostrom, de l'université de l'Indiana, qui étudie la gouvernance économique des biens communs – se sont particulièrement intéressés à ces formes émergentes d'organisation, qui viennent étoffer la famille plus ancienne des organisations appartenant à leurs membres (dont les coopératives). Marjorie Kelly réunit ces organisations résilientes sous l'appellation *generative ownership* (« propriété génératrice »). « Une économie génératrice est une économie dont l'architecture fondamentale tend à produire des résultats bénéfiques plutôt que nuisibles. C'est une économie vivante qui tend intrinsèquement à être socialement juste et écologi-quement soutenable[3] » par opposition à la forme de propriété dominante qu'elle appelle « propriété extractrice », car elle extrait de la terre les ressources fossiles afin d'obtenir ensuite un maximum de richesse financière.

S'il est clair que la recherche du profit financier maximum n'a plus sa place dans la construction d'une « économie de la permanence » telle qu'appelée de ses vœux par E.F.

---

1. Membre du Tellus Institute, un *think tank* de Boston, Marjorie Kelly codi-rige la société Cutting Edge Capital. Elle a écrit *The Divine Right of Capital, Building an Economy That works for All,* et *Owning our Future, The Emerging Ownership Revolution.*
2. Kelly M., *Owning our Future*, San Francisco, Berret Koehler, 2012.
3. *Ibid.*, p 11.

Schumacher, comment définir un modèle alternatif viable ?
Kelly identifie cinq composantes de base – l'intention, la
composition, la gouvernance, le capital et les réseaux – qui
peuvent se combiner pour produire une palette variée de types
d'entreprises plus ou moins imprégnées de ces deux idéaux
types. Ce qui permet de décrypter les situations rencontrées
et de concevoir de nouvelles formes d'organisation plus en
phase avec ces valeurs porteuses d'avenir.

Modèles du pouvoir économique
Architecture de la propriété

Traduit et adapté avec la permission de Marjorie Kelly

COMPOSANTES	PROPRIÉTÉ EXTRACTRICE	PROPRIÉTÉ GÉNÉRATRICE
Intention	Intention financière : maximiser les profits à court terme.	Intention de vie : créer les conditions favorables à la vie sur le long terme.
Composition	Propriétaires absentéistes : propriété déconnectée de la vie de l'entreprise.	Propriétaires enracinés : propriété entre les mains de personnes réelles, impliquées.
Gouvernance	Gouvernance par les marchés de capitaux : En pilotage automatique.	Gouvernance soumise à la mission de l'entreprise : contrôle sur la mise en œuvre de la mission.
Capital	Finance de type « casino » : le capital comme seul maître.	Finance par les parties prenantes : le capital comme allié.
Réseaux	Réseaux de marchandises : échanges sur la seule base du prix et du profit.	Réseaux éthiques : appui collectif aux normes écologiques et sociales.

Tant sur les formes de propriété que sur la gouvernance, la
réflexion va également bon train de ce côté de l'Atlantique.
À preuve le récent travail de longue haleine coordonné par
B. Roger et O. Favereau sur le projet « Entreprises, formes de
la propriété et responsabilités sociales ».

Sortir de la financiarisation des entreprises

Il propose quatre axes permettant de sortir de la « déformation » imposée à la gestion des entreprises par la financiarisation :

- redéfinir le statut du dirigeant en refondant son autorité et sa légitimité par un contrat d'entreprise et faire participer les salariés à ce choix ;

- approfondir la démocratie dans l'entreprise (transparence de l'information, participation aux décisions) ;

- redéfinir les droits et devoirs des investisseurs en privilégiant les actionnaires de long terme et en facilitant le regroupement des individuels ;

- constitutionnaliser les pouvoirs et devoirs des multinationales envers les consommateurs, les riverains, les États, etc[1].

Répondre à nos véritables besoins nécessite de nous autoriser à sortir d'abord des carcans conceptuels qui occultent – et délégitiment à tort – les mille solutions s'offrant à nous, sur le large spectre de « l'économie ». La principale limite n'est-elle pas, ici aussi, celle du regard que nous osons poser sur le monde ?

---

1. *web02008.global-sp.net/index.php/pole-de-recherche/economie-homme-societe/economie-homme-socit-projet-de-recherche.html.*

Que retenir ?

De ce rapide tour d'horizon de quelques-unes des « briques de base » de l'économie locale, on peut en particulier retenir que :

- les entrepreneurs et acteurs locaux n'ont pas attendu qu'interviennent des changements à l'échelle planétaire pour commencer à changer le monde à l'échelle locale ;

- s'il doit se produire, le changement de paradigme s'opérera plutôt à travers l'émergence d'un cadre différent, non plus centralisé, globalisé et soumis à l'impératif de rentabilité financière maximale ; mais localisé, systémique, contrôlé et orienté par les producteurs et les consommateurs. Un système en train d'éclore, à côté du système actuellement dominant en cours d'obsolescence accélérée, et peut-être destiné à prendre sa relève.

Les systèmes locaux de nourriture

- Les États et les organisations internationales commencent à peine à reconnaître l'urgence de redonner la priorité à une agriculture soutenable enracinée localement, fondée sur l'initiative des paysans et destinée à permettre à la population locale de se nourrir tout en préservant la nature et en luttant contre le changement climatique. Comme le dit Olivier De Schutter, le rapporteur spécial des Nations unies sur le droit à l'alimentation, « les investissements dans l'agriculture familiale sont une nécessité pour faire reculer la pauvreté[1] ».

- L'agro-industrie continue de s'approprier et de dévitaliser une part croissante des sols de la planète. Cependant, jamais le nombre de petits fermiers pratiquant l'agro-écologie n'a été aussi important, et la renaissance des circuits courts de nourriture se développe partout dans le monde. En contrôlant sur place une part plus grande de la chaîne de valeur, producteurs et transformateurs locaux recommencent à vivre dignement de leur travail.

---

1. O. De Schutter, lors de l'émission « Internationales », TV5 Monde-RFI-*Le Monde*, 29 avril 2012.

- Les systèmes locaux de nourriture sont un modèle pour l'avenir. Ils combinent hausse des revenus des producteurs, renforcement et diversification de l'économie locale, propriété locale des entreprises, création d'emplois, santé, traçabilité, résilience accrue de la société et rétablissement des écosystèmes.

- Comme le montrent Organic Valley, les familles de paysans peuvent s'associer avec succès afin d'être présents sur le marché sans abandonner leur mode de vie.

Finance locale : « Reprendre le contrôle de notre argent »

- La crise de 2008 a dévoilé aux yeux de milliards d'humains à quel point le système financier contemporain n'avait plus pour moteurs que la cupidité et les mécanismes automatiques qu'il a créés. Mais à cette occasion, une infinité d'approches nouvelles se sont fait jour. Elles relient directement épargnants, investisseurs et entrepreneurs, localement ou à distance, grâce aux techniques de communication.

- Les citoyens peuvent reprendre le pouvoir sur leur argent en choisissant les organisations financières à qui ils le confient.

- Il existe des alternatives viables au système dominant : les banques éthiques, locales, et/ou publiques ont démontré qu'elles savaient être à la fois plus solides, plus utiles à l'économie, plus rentables pour l'investisseur et plus respectueuses de la vie.

Énergie locale : un nouveau type d'indépendance

- Il n'est pas impossible que l'épuisement programmé des énergies fossiles nous rende un peu plus intelligents et moins pollueurs, nous préservant enfin des guerres ancestrales pour le contrôle des sources d'énergie. Les réseaux énergétiques centralisés et à sens unique du siècle dernier devraient se voir progressivement relégués par la révolution énergétique en cours, fondée sur l'autoproduction et les réseaux intelligents. S'appuyant sur ces réseaux, celle-ci va dans le sens de la création d'emplois et d'une autonomie locale accrue.

Librairies et journaux locaux : économie contre démocratie ?

- Née de la société de consommation, la grande distribution s'est assuré le contrôle des circuits de consommation. Poussée par l'évolution de la demande des consommateurs et le prix croissant des carburants, elle s'adapte et redécouvre la logistique de proximité.

- À côté de ces méga-organisations créées au siècle dernier renaissent des pratiques de consommation locale soutenable qui cherchent à réduire le rôle des intermédiaires accapareurs de plus-value. Si le commerce local indépendant s'est trouvé marginalisé, il conserve un atout qu'il pourrait mieux valoriser : sa fonction de lien au sein de la communauté. Les libraires et les médias locaux indépendants en sont un symbole et pourraient davantage jouer un rôle culturel et citoyen.

- Les nouvelles technologies peuvent signer la fin du commerce local indépendant ; à moins qu'elles ne lui offrent une planche de salut, s'il sait s'approprier ces outils puissants de mise en relation et de fidélisation.

- Les médias locaux indépendants d'autrefois ont disparu au profit de grands groupes. D'autres peuvent renaître – et avec eux la diversité d'expressions et d'opinions nécessaire à toute société démocratique – avec, là aussi, l'aide des technologies de l'information.

Gouvernance d'entreprise

- L'histoire récente des *success-stories* d'entreprises éthiques et écologiques telles que Seventh Generation, montre que le contrôle de la propriété est un enjeu vital pour la pérennité d'un projet soutenable. D'où l'importance de développer l'association des travailleurs à la propriété de l'entreprise.

- Le modèle classique a, pour une bonne part, échoué à honorer sa mission ; il s'est discrédité avec la captation des fruits de la création de valeur par le seul actionnaire, au détriment des travailleurs et de l'environnement. Les formes émergentes d'entreprises devraient s'efforcer de recréer les conditions d'un partenariat fonctionnel entre l'entreprise et toutes ses parties prenantes, au service d'une raison d'être radicalement nouvelle : contribuer activement à reconstruire les équilibres sociaux et écologiques indispensables au fonctionnement harmonieux des sociétés humaines.

- S'agissant de pourvoir aux besoins humains élémentaires tout en respectant la vie, notre principale limite réside dans les barrières conceptuelles que nous acceptons plus ou moins consciemment de nous voir imposer.

Partie 3
Changeons d'échelle

Chapitre 10

La solution réseaux : changer le monde, c'est mieux à plusieurs

LE MOUVEMENT **BALLE** : DES ENTREPRENEURS QUI VEULENT DÉCENTRALISER L'ÉCONOMIE ET LA DÉMOCRATIE

« Le retour au local n'est-il pas un réflexe réactionnaire ? » me demande-t-on parfois quand je présente le travail des localistes américains. Si la tentation du repli sur soi est partout une réalité, un réflexe de survie face à l'explosion des sécurités anciennes, ce mouvement-là est d'une autre veine.

« Il faut, dit Edgar Morin, maintenir la mondialisation dans le sens où elle établit la solidarité des peuples, mais il faut aussi préserver le local et le régional contre l'emprise des multinationales[1]. » Nous devons réinventer un monde qui préserve l'humain et la nature des aberrations d'un système politico-économique sous influence. S'il nous menace tous de suicide collectif, c'est que nous avons laissé des intérêts privés, obsédés par le profit à court terme, prendre les rênes de nos gouvernements et des institutions internationales.

L'une des pistes est de reconstruire notre pouvoir individuel et collectif au quotidien. Cela demande, comme le proposent David Korten et Michael Shuman, de changer le regard que nous portons sur le monde, de redéfinir nos priorités et notre mesure du succès.

On rencontre partout les mêmes défis. Slow Food International, initiative née en Italie pour préserver les cultures humaines et la biodiversité, a pour vice-présidente Vandana Shiva, scientifique indienne et militante de longue date, qui se bat pour la préservation de l'agriculture paysanne contre l'emprise des multinationales, particulièrement dans le domaine des pesticides et des semences. Les solutions locales sont une réponse globale.

---

1. Hessel – Morin : « Résistons à la tentation réactionnaire ! », propos recueillis par Nicolas Truong, *Le Monde*, 28 février 2013.

En France aussi, un mouvement à la fois populaire et intellectuel mûrit, qui veut inventer une vision et des solutions nouvelles pour répondre à des défis sur lesquels la pensée politique ancienne semble devenue impuissante. Et l'on recommence à scruter ce qui fait la force des territoires qui, mieux que d'autres, résistent à la crise : « diversification, niveau de formation, fierté et patriotisme local, optimisme », constatait Axel Kahn, à l'issue de son récent itinéraire pédestre à travers la France[1].

L'intérêt et l'apport spécifique du mouvement nord-américain de l'économie locale vivante sont d'être initiés et impulsés par des entrepreneurs. BALLE (Business Alliance for Living Local Economies)[2] réunit aujourd'hui plus de quatre-vingts réseaux locaux d'entreprises, aux États-Unis et au Canada, soit plus de trente-cinq mille entreprises indépendantes et quatre cent cinquante mille emplois locaux. Sa création et son développement impressionnant, en une décennie, doivent beaucoup à la passion de quelques entrepreneurs visionnaires, réunis par Judy Wicks et Laury Hammel[3], ses deux cofondateurs.

JUDY WICKS : « BONJOUR, BELLE ENTREPRISE ! »

Dès notre première rencontre, en mai 2007, Judy Wicks m'avait impressionné par la qualité d'attention qu'elle portait à chaque personne et – comme j'allais l'apprendre plus tard – à chaque être vivant.

---

1. *axelkahn.fr/blog.*
2. BALLE : *www.livingeconomies.org.*
3. Laury Hammel a fondé le Club Longfellow en 1980, en commençant par un club de tennis près de Boston. Les *clubs Longfellow* forment maintenant un groupe de clubs de santé et de sport, centres de santé holistique, centres pour enfants et camps qui accueillent 12 000 membres et environ 10 000 nouveaux clients chaque année.

Pour elle, « une entreprise qui marche, c'est bien plus qu'une affaire d'argent. C'est avant tout des relations authentiques et satisfaisantes avec vos clients, vos employés, vos fournisseurs, vos voisins, et l'environnement naturel de votre communauté ».

Guère étonnant pour quelqu'un qui, pendant vingt-cinq ans a pris l'habitude de commencer sa journée face à son miroir, par cette gracieuse salutation matinale : « Bonjour, belle entreprise ! »

Judy a été fort marquée, à la sortie de l'université, par son expérience dans le cadre du service national volontaire contre la pauvreté, qui l'a amenée dans un village inuit. Ayant grandi dans la société de consommation, elle découvrait un autre monde : la culture inuit rejette le matérialisme, partageant tout entre voisins et n'accumulant jamais plus que ce dont chacun a besoin. À partir de cette expérience, Judy commence à envisager ce que pourrait être une nouvelle économie, fondée sur la coopération plutôt que la compétition et sur le partage plutôt que sur l'accaparement[1]. En 1972, alors qu'elle vient à peine d'emménager dans une charmante rue du vieux Philadelphie, près de l'université, Judy apprend que son nouveau quartier va être détruit pour construire un centre commercial. Elle participe activement au combat – finalement victorieux – des habitants pour que le quartier conserve son charme et sa vitalité. En 1983, Judy ouvre au rez-de-chaussée de sa maison le White Dog Café. Avec le succès, l'établissement s'étend progressivement aux maisons adjacentes. Six ans plus tard, elle est à la tête d'un véritable restaurant qui peut accueillir deux cents convives et offre une carte nourrie de produits frais et de saison issus des fermes familiales de la région.

Judy vit toutes ces années à l'étage de sa maison, avec ses deux enfants, qui ne dédaignent pas, à l'occasion, de prêter main-

---

1. Costa T., *Farmer Jane, Women Changing the Way we Eat*, p. 106.

forte au rez-de-chaussée. Profondément enracinée dans sa communauté, cette maman-militante-entrepreneuse y anime de nombreuses activités, notamment dans le domaine éducatif, et concentre la mission de son entreprise familiale sur le service non seulement à ses clients, mais aussi à son personnel, à la communauté et à la nature. Le White Dog Café devient bientôt la première entreprise de l'État de Pennsylvanie dont l'électricité soit d'origine 100 % éolienne ; elle met en place un programme de recyclage et de compostage et installe un chauffe-eau solaire pour laver toute sa vaisselle.

En 1998, ayant découvert le traitement cruel que subissent les porcs d'élevage industriel, Judy demande à son chef de supprimer cette viande du menu, le temps pour elle de trouver un éleveur plus respectueux de la vie. Par le fermier qui lui fournit les œufs et les poulets de pleine nature, elle découvre un fermier amish[1] qui élève ses cochons en plein air et avec humanité. Mais elle ne s'arrête pas là. Informée des conditions de vie dégradées imposées aux vaches, désormais privées de pâturages et confinées dans des hangars pour accroître la rentabilité des élevages, elle part à la découverte des fermes de la région, recherchant des fournisseurs locaux qui puissent lui fournir du bœuf et des produits laitiers issus d'élevages bio respectant les conditions de vie naturelle des animaux. D'un petit café vendant quelques pâtisseries à emporter, elle a ainsi fait du White Dog Café un restaurant réputé pour son menu local et éthique. Bientôt, 95 % de ses produits frais proviennent de fermes locales, dans un rayon de 80 km.

Mais il allait maintenant falloir passer à une autre échelle. En effet, pour vraiment contribuer à améliorer la qualité de

---

1. Les Amish sont une église chrétienne mennonite. Ils sont connus pour leur attachement à une vie rurale et à des pratiques simples, et pour leur réticence à utiliser la technologie moderne. Ils sont particulièrement nombreux dans certaines régions de Pennsylvanie.

la nourriture des personnes autour d'elle et les conditions d'élevage des animaux de la région, une entreprise seule ne suffirait pas. Il lui faudrait mobiliser les autres restaurateurs de Philadelphie. Judy créa donc une organisation sans but lucratif, White Dog Community Enterprises[1], à laquelle elle décida de verser 20 % des bénéfices de son café pour l'aider à accomplir sa mission : créer une économie locale vivante dans la région de Philadelphie.

Le premier permanent de l'association reçut pour mission de mettre en relation les chefs et les fermiers locaux et de construire un réseau régional de fermes, de restaurants et de magasins. Parallèlement, Judy consentit un prêt à titre gratuit au fermier qui lui fournissait son porc, pour lui permettre d'acheter un camion réfrigéré et ainsi livrer également les autres restaurants. Elle se demanda alors ce qui pourrait faire l'objet d'un approvisionnement à la fois plus local et plus soutenable : les vêtements ? les matériaux de construction ? l'énergie ?

Elle commença à se réunir avec d'autres entrepreneurs de même sensibilité dans le secteur de Philadelphie et à partager avec eux sa vision d'une économie locale soutenable. C'est ainsi que naquit en 2001 le Sustainable Business Network of Greater Philadelphia, le Réseau des entreprises soutenables du secteur de Philadelphie[2]. Aujourd'hui, SBN Philly compte plus de quatre cents membres de tous les secteurs de l'économie locale.

Ainsi sont nées quelques idées simples destinées à changer le monde. Judy a pris sa retraite en 2011 et cédé son affaire au restaurateur philadelphien Marty Grims. Et ceci à travers un contrat assez unique : l'acheteur s'y engage à garantir le

---

1. Fondation fusionnée en 2011 avec SBN Philadelphia.

2. *www.sbnphiladelphia.org.*

respect des valeurs fondamentales de la démarche initiée par la fondatrice : propriété indépendante et locale de l'entreprise, poursuite des pratiques commerciales soutenables, dont l'achat auprès des agriculteurs locaux, le compostage et l'utilisation des énergies renouvelables. Judy consacre maintenant la plus grande partie de son temps à ses engagements sociaux et humanitaires, notamment le respect dû aux animaux, le planning familial et les violences faites aux femmes. « Mon véritable métier, conclut-elle, aura été d'utiliser la bonne nourriture pour transformer des consommateurs innocents en militants des causes sociales et de la vie ! »

Naissance du mouvement nord-américain

C'est au cours d'une conversation, à l'occasion d'une rencontre organisée par SVN-Social Venture Network, mouvement national de chefs d'entreprises, d'investisseurs et d'entrepreneurs sociaux, que Judy Wicks et Laury Hammel ont ensemble rêvé de forger un puissant outil populaire qui changerait l'économie en Amérique du Nord, et pourquoi pas au-delà. Judy était riche de l'expérience du Réseau des entreprises soutenables du secteur de Philadelphie, Laury s'était toujours passionné pour la création d'entreprises socialement responsables. Il avait notamment créé dès 1988 l'Association des entreprises de Nouvelle-Angleterre pour la responsabilité sociale, et cofondé en 1991 au niveau national BSR, Business Social Responsability[1].

BALLE fut d'abord un simple projet, porté par SVN et appuyé sur les compétences de Judy et Laury. Dès l'été 2001, Judy convia une vingtaine de membres de SVN pour explorer l'idée de réseaux locaux afin de construire des économies locales vraiment soutenables. Le groupe invita aussi Michael Shuman à apporter son expertise sur l'avantage qu'offrent

---

1. *www.bsr.org.*

les entreprises possédées localement. On décida de faire des économies locales l'un des thèmes de la prochaine conférence annuelle de SVN et Judy proposa d'inviter un auteur renommé, David Korten, à partager sa vision d'une alternative à la mondialisation économique fondée sur le renforcement de la démocratie et des communautés locales.

Au soir de la conférence, inspirés par les interventions de David, Michael et Judy, les membres de SVN intéressés par la formation de réseaux dans leurs régions respectives, adoptèrent le nom de BALLE (Business Alliance for Living Local Economies) et décidèrent de se réunir dès le 14 octobre 2001.

BALLE fut officiellement lancé ce jour-là, sous la coprésidence de ses deux fondateurs, Laury et Judy ; Michael et David furent nommés membres du premier conseil d'administration. Sous l'impulsion de Laury, BALLE devint une organisation à but non lucratif autonome et tint sa première conférence nationale à Portland, Oregon, en 2003. BALLE et SVN continuent depuis de coopérer sur de nombreux projets.

BALLE embaucha Michelle et Derek Long, fondateurs du réseau local Sustainable Connections de Bellingham, comme premiers coordinateurs nationaux, suivis de 2004 à 2007 par Don Shaffer, qui a depuis pris la présidence du fonds RSF Social Finance[1], puis Doug Hammond et de nouveau Michelle, depuis 2009. En dix ans, BALLE est devenu l'un des moteurs d'un nouveau projet de société.

Pour ce mouvement d'entrepreneurs, la question fondamentale est probablement celle de la démocratie. Comme le rappelait plus haut David Korten, le pouvoir devrait être enraciné au cœur du peuple et des communautés locales – et donc décentralisé – plutôt que centralisé entre les mains du gouvernement et des grandes compagnies.

---

1. *www.rsfsocialfinance.org.*

Une économie de la relation

Ce qui impressionne le plus Michelle Long, la directrice exécutive du réseau, c'est de rencontrer, partout où se sont créés des réseaux locaux affiliés à BALLE, ces centaines d'entrepreneurs qui se demandent en priorité non pas : « Comment puis-je gagner plus ? » mais : « Que pouvons-nous faire qui soit optimal pour l'avenir de notre communauté ? » Et cela à propos de tout : l'emploi, l'environnement, le transport sur longue distance, la finance, et tous les types de transactions.

Le mouvement construit une économie de la relation.

> « Aujourd'hui, nous ne sommes pas amenés à nous sentir responsables des conséquences de nos choix ; nous ignorons d'où vient notre nourriture quand elle atterrit dans notre assiette, ni quel genre d'impact sa production a pu avoir en chemin. Nous ne savons pas où vont nos déchets quand notre repas est terminé. Quand nous plaçons notre argent dans un fonds mutualisé, nous n'avons pas la moindre idée de l'impact qu'il aura ni d'à quoi il servira. C'est pourquoi nous voulons reconnecter les fermiers avec ceux qui mangent, les entreprises avec leurs communautés locales et avec l'écosystème qu'elles servent. Tout cela, c'est d'abord une affaire de relation entre partenaires. »

Mobiliser les acteurs locaux

Ces réseaux locaux d'entrepreneurs contribuent à changer la vision du monde qu'ont leurs communautés. Les idées circulent à travers le mouvement et prennent racine là où l'humus est fécond, parfois de façon impressionnante. Ainsi, après avoir entendu Van Jones[1] – lors d'une

---

1. Van Jones est le pionnier de la promotion conjointe des droits humains et des énergies renouvelables. Il a cofondé trois associations influentes : le centre Ella Baker pour les droits de l'homme, Color of Change et Green For All. Auteur du best-seller *The Green-Collar Economy*, il fut aussi conseiller d'Obama pour les emplois verts à la Maison Blanche en 2009. Actuellement *senior fellow* du Center for American Progress, il enseigne à l'université de Princeton.

précédente conférence de BALLE – montrer le potentiel considérable que représentent les nouveaux emplois verts pour redonner activité et dignité aux populations pauvres du pays, Leanne Krueger-Braneky, directrice exécutive de SBN (Sustainable Business of Philadelphia), s'est engagée à mettre en place, dans sa ville et sa région, une stratégie permettant de faciliter l'accès des personnes démunies aux opportunités d'emploi et d'affaires dans l'économie verte. Leanne savait que ce ne serait pas facile et qu'il lui faudrait des arguments solides. Elle a alors fait réaliser des études pour identifier précisément, sur ces marchés émergents, les produits et services pour lesquels l'offre locale répondait imparfaitement à la demande, et qui de ce fait devaient être importés (expertise en écoconstruction, transports verts, nourriture, efficacité énergétique, etc.). Elle invita alors les organisations et les entreprises de la région et leur présenta les résultats de l'enquête. Convaincus de la pertinence de la démarche innovante qui leur était proposée, de son impact potentiel en termes de développement de l'économie locale et de création d'emplois, les partenaires validèrent le plan d'action que leur proposait Leanne. On s'accorda sur les modalités d'une stratégie de renforcement de l'économie verte locale et chacun se mit à l'ouvrage. L'élément clé de la démarche était le programme de préparation à l'emploi dans les secteurs de l'économie verte, qui généra plusieurs centaines d'emplois pour la population démunie.

Une croyance puissante

Depuis 2011, sous l'impulsion de Michelle, BALLE est passé à la vitesse supérieure. Partant d'une série de constats de forces et carences après dix ans d'enracinement, sa proposition était de changer d'échelle pour obtenir un impact plus significatif.

Tous ces réseaux locaux, dans leur grande diversité, suivent en réalité un fil directeur commun et rencontrent les mêmes difficultés.

Cinq actions prioritaires

Le réseau a retiré de ce constat cinq priorités pour l'action :

- Localiser l'activité en privilégiant la production locale de biens matériels et d'énergie en réponse aux besoins du territoire.

- Développer la propriété locale des entreprises pour que celles-ci contribuent durablement à la prospérité du territoire.

- Restaurer la nature, c'est-à-dire réparer les dégâts infligés aux systèmes vivants dont notre survie dépend ; mais aussi nous inspirer des solutions inventées par la nature pour améliorer nos conditions de vie.

- Donner à chacun sa chance. L'entreprise doit s'enrichir des talents de tous et permettre à chacun de trouver sa place tout en satisfaisant ses besoins.

- Mesurer ce qui compte vraiment. Sortir de la fascination pour la croissance du PIB et remettre l'économie à sa place : au service du bien-être de tous. Créer les outils de mesure adaptés et s'assurer des progrès accomplis.

- Renforcer les relations entre acteurs. La clé d'une économie locale vivante est la qualité et la densité des liens entre paysans et mangeurs, commerçants et consommateurs, entrepreneurs et investisseurs, entreprise et communauté locale, mais aussi entre économies locales et avec la nature.

Dans chacun des principaux secteurs d'activité de l'économie locale, « briques de base » de la transition vers une économie locale vivante (systèmes locaux de nourriture, écoconstruction, finance, industrie manufacturière, santé, vente au détail, énergie locale, médias indépendants, etc.), les réseaux identifient et testent les modèles d'affaires et des modalités de coopération qui fonctionnent bien. Mais l'existence d'îlots de réussite ne suffira pas à changer les choses de façon significative.

Or la vision que tous ces entrepreneurs partagent traduit une grande ambition :

La vision de BALLE

« Créer, en une génération, un mouvement mondial d'économies locales interconnectées qui travaillent en harmonie avec la nature afin de rendre possible une vie saine, prospère et joyeuse pour tous et partout. »

Une opportunité historique se présente : la dimension locale de l'économie est de plus en plus considérée comme importante. Même Michael Porter, le gourou du courant dominant de la stratégie d'entreprise à Harvard, considère désormais que les entreprises enracinées et engagées sur le long terme dans une relation avec leurs parties prenantes locales connaissent au bout du compte une plus grande réussite que les autres[1].

BALLE et ses membres ont maintenant acquis la maturité et l'expérience leur permettant d'apporter quelques réponses et de multiplier le nombre de réseaux locaux.

Ils ont décidé de relever plusieurs défis :

- accompagner les coordinateurs de réseaux locaux, pour éviter le burnout de ces infatigables militants et développer leurs compétences ;
- faciliter la capitalisation et les échanges d'expériences entre eux, pour démultiplier de façon exponentielle l'impact de leur travail ;
- renforcer la diversité au sein du mouvement, tant dans sa composition que dans ses modèles d'affaires ;

---

1. Article de la *Harvard Business Review* cité par A-P Hurd, « Regional Approach to Economic Success », *the Seattle Times*, 10 avril 2011. *seattletimes.nwsource.com/html/opinion/2014724461_guest11ap.html.*

- collecter les données concrètes et chiffrées correspondant à tous les nouveaux modèles d'affaire qui réussissent, pour en faciliter l'analyse et la réplication à grande échelle ;
- développer, dans la société environnante, la conscience des enjeux, au-delà des aspects les plus superficiels. « Acheter local » est un bon début, mais se limiter à cela ne permet pas de passer à un engagement concret et responsable en faveur d'une société soutenable ;
- renforcer les moyens financiers nécessaires au travail du réseau.

L'action du mouvement est sous-tendue par une croyance puissante en la prospérité pour tous. À la base d'une nouvelle économie, il y a une société équitable qui valorise les talents de chacun. BALLE concentre ses efforts sur quatre stratégies qui lui sont apparues comme les plus porteuses d'impact.

Quatre stratégies de « prospérité pour tous »

1. Priorité au local

Une demande croissante s'exprime pour des entreprises créées et développées localement et qui proposent des produits et services utiles à la communauté. Le mouvement identifie et met en valeur les modèles d'affaires efficaces, les campagnes, politiques locales et programmes qui permettent d'une part, à plus de personnes de se lancer dans l'aventure de l'entreprise locale et d'autre part, de renforcer le mouvement de localisation des habitudes d'achat.

2. Entrepreneurs au service de leur communauté locale

Dans l'esprit du *Do It Yourself*[1], de nombreux entrepreneurs recherchent des occasions d'affaires à monter et développer là où ils vivent, au service de la prospérité de leur communauté. Qu'il s'agisse de légumes, de vêtements, de meubles ou d'énergie, il existe une mine de leçons tirées de l'expérience et d'idées à partager. BALLE met en vedette les modèles et les exemples innovants de réussite qui contribuent le mieux à l'autosuffisance économique locale.

---

1. « Faites-le vous-même. »

3. Finance communautaire

Il s'agit de libérer l'épargne locale pour financer des économies saines et diversifiées. À travers les nouveaux modèles prometteurs de *crowdfunding*, d'entreprises soutenues par les habitants, le « Triple résultat », les clubs d'investissement locaux et bien d'autres façons de connecter les entreprises locales avec les investisseurs, les bailleurs de fonds publics, les fondations et les prêteurs locaux.

4. Ensemble, c'est mieux

Aucune entreprise ne peut devenir soutenable de façon isolée. BALLE identifie et dissémine les méthodes reliant le mieux entre elles les entreprises locales, pour leur permettre de générer du pouvoir d'achat, des changements de politique, un impact durable, etc. Travailler ensemble permet non seulement d'accomplir plus mais aussi de s'épauler en chemin.

DES OUTILS POUR AIDER LES COMMUNAUTÉS LOCALES À ÉVALUER L'IMPACT D'UNE LOCALISATION DE LEUR ÉCONOMIE

Pour accompagner la mutation engagée par les entreprises et communautés locales, Michael Shuman et l'équipe de BALLE ont conçu une série d'outils, dont trois calculateurs[1].

Premier calculateur : à la recherche des emplois cachés

Le premier analyse l'impact, en termes d'emploi, des décisions économiques. Il va indiquer à l'utilisateur le nombre potentiel de nouveaux emplois dans sa communauté, grâce au gain possible d'autonomie dans chacune des catégories du NAICS 1 100. Sur cette base, il pourra alors hiérarchiser les secteurs d'activité les plus porteurs en termes d'emplois et de revenus.

Cet outil peut aider à définir une stratégie adaptée au potentiel d'un territoire. Mais il apporte aussi des éléments propres à enrichir la compréhension que les décideurs ont de la situa-

---

1. Calculateurs BALLE : *bealocalist.org/leakage_calculators#three_calculators*.

tion. BALLE leur apporte des faits, des chiffres et des idées qui ouvrent de nouvelles pistes à la discussion.

Plusieurs partenaires et membres de BALLE l'utilisent. L'AEO (Association for Enterprise Opportunity), association professionnelle des agences de micro-entreprises[1], en a fait usage pour estimer l'impact qu'aurait la création d'un seul emploi par les micro-entreprises dans les cinquante catégories du NAICS dans lesquelles elles sont les plus représentées. Les chiffres sont impressionnants. Un tiers des micro-entreprises généreraient de 10 à 16 millions d'emplois (contre 14,8 millions alors sans travail). Investir dans une start-up est souvent risqué et nécessite des fonds importants. En revanche, le modèle d'affaires des TPE est bien connu et peu risqué ; la clé du succès y est la qualité de l'exécution. Or si les micro-entrepreneurs font généralement preuve d'une grande détermination, le principal obstacle à leur développement est l'accès aux ressources (microfinance, formation, marketing, produits) C'est là qu'on peut le mieux les aider. Le calculateur de BALLE a donc permis à l'AEO de préciser son diagnostic et de définir une stratégie adaptée[2].

Un entrepreneur souhaitant faire une étude de marché pourra l'utiliser pour avoir une première idée de la demande locale et du niveau de saturation de la demande par d'autres producteurs. Quand BALLE y aura introduit plusieurs années de données, le calculateur permettra d'examiner les évolutions de la structure de l'activité locale. On pourra en tirer des enseignements utiles : « Notre niveau d'autosuffisance locale a augmenté dans cent vingt secteurs ; dans deux cents secteurs, il est resté stable et a diminué dans sept cent quatre-vingts secteurs pendant cette période. Pourquoi ? Que pouvons-nous faire ? ». Cela donnera

---

1. Pour AEO, cette catégorie comprend les entreprises de quatre employés ou moins.

2. *www.aeoworks.org/pdf/one_in_three.pdf*.

des repères pour progresser vers le deuxième principe proposé par Shuman, celui de la diversification économique[1].

Deuxième calculateur : accroître l'autosuffisance alimentaire

Le second calculateur porte sur la nourriture. Il traite actuellement six catégories de produits (fruits, légumes, bœuf, poulet, porc et produits laitiers) et permet de comparer ce que l'on sait de la consommation et de la production dans une zone. Il donne une vision concrète de ce qu'il manque pour permettre à la zone de devenir plus autonome dans ce secteur.

Cet outil permet par exemple à un créateur d'entreprise ou à un responsable du développement local d'estimer le cheptel supplémentaire dont son territoire aurait besoin pour couvrir sa consommation de viande et de produits laitiers ; ou quelles opportunités d'affaires permettraient une « substitution des importations » dans l'élevage des poulets ou la culture des fruits, légumes ou céréales.

Troisième calculateur : estimer le potentiel d'épargne locale

Le troisième calculateur traite de finance. En rapportant à la population de la collectivité visée les données nationales publiées par la Réserve fédérale sur les ressources agrégées des ménages, il donne une idée du potentiel théorique susceptible d'être investi dans les PME du territoire. Bien sûr, tous les habitants n'envisagent pas d'investir leurs fonds localement. Pour une communauté qui se lance dans une démarche d'encouragement à la localisation de l'investissement, il importe d'identifier la part de cet argent qui pourrait être investie dans des PME et TPE locales. Elle pourra, sur cette base, construire une stratégie de communication et d'accompagnement.

---

1. Voir p. 55.

On retrouve cette même préoccupation en France, où le cabinet de conseil en développement durable Utopies[1] et le laboratoire d'idées Graines de changement[2] proposent Local Footprint©, un outil permettant d'évaluer les retombées économiques et sociales d'une entreprise, d'un site ou d'une activité. Une version personnelle, Mes courses pour l'emploi, aide le consommateur à vérifier l'impact économique de ses achats sur l'emploi. Depuis l'été 2013, le site Colbert 2.0[3], commandé par le ministère du Redressement productif, est destiné à accompagner la réflexion des entreprises qui souhaitent relocaliser tout ou partie de leur activité en France.

Les praticiens locaux, nouveaux experts

BALLE travaille à d'autres outils pour aider les réseaux locaux d'entreprises à améliorer l'efficacité de leur travail. Sur son site, un grand nombre de références sont disponibles, ainsi que des manuels[4] destinés à aider les groupes de base. L'idée directrice est de faire passer le développement économique des mains d'une élite qui démontre chaque jour le peu de confiance qu'on peut lui faire, vers celles des acteurs de terrain.

Le mouvement veut aider les communautés locales à développer leurs compétences pour mieux maîtriser leur avenir, notamment par un programme intensif de coaching des leaders locaux, par des webinaires autour de thèmes clés. Michael Shuman travaille en particulier à la construction d'une bibliothèque interactive des modèles d'entreprises de la nouvelle économie ayant fait leurs preuves sur le terrain. Cet outil permettra, dans le monde entier, aux entrepreneurs et aux communautés locales d'échanger en ligne sur leurs pratiques les plus efficaces pour créer des entreprises compé-

---

1. *www.utopies.com.*
2. *www.grainesdechangement.com.*
3. *www.colbert2-0.fr.*
4. *bealocalist.org/balle-manuals.*

titives contribuant à renforcer l'autosuffisance locale. L'objectif général de toutes ces démarches est de parvenir à ce que les entrepreneurs locaux deviennent les experts d'un processus permanent de formation mutuelle.

« Il est temps, estime Michael Shuman, que les communautés locales regagnent le contrôle démocratique de leur destin. C'est un retour aux sources non seulement de notre économie mais aussi de notre démocratie. »

CHANGER D'ÉCHELLE

Mobiliser les collectivités

Les réseaux locaux d'entrepreneurs travaillent souvent en lien avec les collectivités, car la cause qu'ils défendent a un impact direct sur la santé économique du territoire.

Local First Arizona a obtenu la modification des politiques de commande publique. L'État d'Arizona avait lancé un appel d'offres au moins-disant et sélectionné Office Max, une chaîne de neuf cents magasins, plutôt qu'un fournisseur local. Local First Arizona fit alors réaliser une étude d'impact de ce choix sur l'économie de l'État. L'étude montra que 62 % des emplois proposés par cette entreprise étaient à temps partiel et sans avantages sociaux ; alors que le fournisseur local proposait exclusivement des emplois à plein temps, avec avantages sociaux. La société locale contribuait à hauteur de 35 000 dollars aux associations locales (0 dollar pour Office Max). L'entreprise locale faisait appel à hauteur de 86 % à des fournisseurs implantés dans l'État (0 % pour Office Max). Avoir préféré l'offre de cette chaîne internationale générait chaque année une fuite d'un demi-million de dollars de l'Arizona vers l'extérieur, alors que cet argent aurait pu irriguer l'économie locale.

Découvrant ces résultats, la ville de Phoenix – capitale de l'État – changea radicalement sa politique de marchés publics. Désormais, au-dessous de 50 000 dollars, les services de la municipalité doivent sélectionner une entreprise dans la base de données des entreprises locales de l'Arizona, créée et mise à jour par Local First Arizona. Une proposition équivalente a reçu l'appui du sous-comité des marchés publics de la chambre de l'Arizona, mais a été retirée de l'ordre du jour plénier suite à un lobbying intensif de l'Association des entreprises de construction. Mais pour Kimber Lanning, directrice de LFA, ce n'est que partie remise ; le mouvement continuera à faire valoir l'importance de cette question jusqu'à ce qu'il obtienne gain de cause.

Kimber insiste à la fois sur l'importance et la difficulté de ce type de combat. Ces idées nouvelles sont soumises à un double obstacle : le conservatisme des institutions publiques – « si c'était possible, on l'aurait déjà fait ! » – et l'opposition de lobbies qui n'ont pas intérêt à ce que prévale l'idée d'économie locale (entreprises nationales et multinationales, notamment dans la grande distribution, la construction, etc.). Il faut donc être très professionnel ; connaître à fond ses dossiers et s'appuyer sur des chiffres précis ; enfin, pouvoir compter sur des professionnels qualifiés au sein de son réseau local (avocats, etc.).

Dans les collectivités où la relation est fluide avec la municipalité et le comté, de multiples synergies se mettent en place. Parfois c'est même la collectivité, une fondation ou la chambre de commerce locale qui prend l'initiative de mobiliser les entreprises du territoire.

Construire des alliances

Plus on s'éloigne de l'échelon local – pour s'adresser à l'État ou au gouvernement fédéral –, plus il importe de construire des alliances. Notamment avec d'autres réseaux nationaux, tels qu'AMIBA[1] (American Independent Business Alliance) qui rassemble, dans un esprit similaire à celui de BALLE, plus de quatre-vingts associations locales d'entreprises. Les deux organisations tendent désormais à partager réflexion et actions ; ainsi, depuis 2011, à l'occasion des fêtes de fin d'année, leurs réseaux locaux promeuvent-ils ensemble la campagne Shift Your Shopping[2] qui soutient les entreprises et les commerces locaux.

ASBC : les entreprises soutenables à la Maison Blanche

Les dirigeants d'entreprise font en permanence le siège de la Maison Blanche et du Congrès. Ce n'est généralement pas pour demander une augmentation des impôts ou un renforcement de la réglementation. C'est pourtant ce que fit, en juin 2012[3], l'American Sustainable Business Council (ASBC)[4] en lançant son « Appel des entreprises pour une nouvelle économie[5] ».

Les entrepreneurs d'ASBC sont notamment favorables à des taxes plus élevées pour les grandes entreprises ; la fermeture des paradis fiscaux ; des crédits d'impôt pour les énergies renouvelables ; une législation agricole plus favorable à l'installation des jeunes et à l'achat de produits frais et sains par les cantines ; l'étiquetage des OGM ; une réglementation des émissions de gaz à effet de serre et des normes plus strictes pour l'usage des produits chimiques.

Il s'agit de freiner les tendances destructrices du capitalisme, la surexploitation des ressources et l'augmentation extrême du

---

1. *www.amiba.net.*

2. « Bougez votre shopping ».

3. Gunther M., « Sustainable business comes to the White House », GreenBiz.com, 12 juin 2012, *www.greenbiz.com/blog/2012/06/12/sustainable-business-comes-white-house.*

4. Conseil américain des entreprises durables.

5. L'appel est téléchargeable sur : *asbcouncil.org/sites/default/files/files/A_BUSINESS_CALL_FOR_A_NEW_ECONOMY_June_11_2012.pdf.*

fossé entre riches et pauvres. « Quand trop peu ont trop et trop ont trop peu, la société ne peut pas être soutenable », déclarait à cette occasion Roger Smith, P-DG de American Income Life, compagnie d'assurance vie s'adressant aux familles de travailleurs. Pour lui, il est nécessaire de renforcer les investissements publics, créateurs d'activité. Mais aussi de conforter le rôle des syndicats, qui contribuent à défendre les intérêts de la classe moyenne, garante d'une économie prospère.

ASBC a été lancé en 2009 par Jeffrey Hollender[1] et l'entrepreneur David Levine. Leur but est d'offrir un contrepoids au conservatisme des lobbies comme la Chambre nationale de commerce, qui défend les intérêts des grandes entreprises. Coalition de cinquante-six réseaux d'entreprises d'échelle locale ou régionale[2], ASBC représente plus de cent cinquante mille entreprises commerciales et sociales. Elle veut non seulement mettre les PME sur un pied d'égalité avec les grosses entreprises face aux élus et à l'administration, mais aussi et surtout voir ses valeurs traduites en politiques et stratégies publiques.

Car, comme le souligne Stacy Mitchell, les décisions d'achat des consommateurs ont une limite. Malgré la renaissance de l'achat local, du soutien des consommateurs aux petites fermes, entreprises locales et petites banques, le mouvement risque de rester à la marge face au pouvoir des grands groupes qui, depuis des décennies, utilisent leur position dominante et leur influence politique pour emporter la mise.

« Il va nous falloir changer les lois qui façonnent l'économie. Mais nous ne pouvons le faire à travers la seule somme de nos comportements individuels sur le marché. Cela ne sera possible qu'en exerçant notre pouvoir collectif de citoyens[3]. »

---

1. Voir p. 212.
2. Parmi lesquels BALLE, AMIBA, B Lab, Evergreen Cooperatives, Green Chamber of Commerce, etc.
3. « Why We Can't Shop Our Way to a Better Economy », Stacy Mitchell's TEDx Talk, 20 octobre 2012. *www.ilsr.org/ted*.

Villes soutenables

Les villes jouent aussi un rôle clé. Sans surprise, les grandes villes de la côte ouest sont dans le peloton de tête de l'urbanisme durable. Seattle, n° 1, mais aussi San Francisco, Portland, Oakland, San José, Austin, Sacramento, etc. Le manque d'empressement du gouvernement fédéral à engager une politique de développement soutenable et de lutte contre le réchauffement climatique les a amenées à agir. Fin 2012, mille cinquante-quatre maires des cinquante États, représentant 88,9 millions de citoyens, avaient signé l'agrément de la Conférence des maires pour la protection du climat[1]. Ils s'engagent à tout faire pour atteindre ou dépasser, sur leur territoire, les objectifs du protocole de Kyoto et à intervenir auprès de leur État et des autorités fédérales pour que la politique du pays évolue dans ce sens. À l'échelon international, il est intéressant de noter que, lors de la conférence des Nations unies sur le climat à Doha, face à la modestie des résultats de leurs négociations intergouvernementales, les représentants de plusieurs États (dont les États-Unis, l'Union européenne, le Brésil, le Mexique et l'Indonésie) ont annoncé leur intention de se tourner vers les collectivités régionales et locales pour hausser le niveau d'ambition des accords internationaux.

Villes « entrepreneuses »

Les années Reagan ont vidé les caisses des collectivités en réduisant l'impôt et les années Bush en tarissant les subventions fédérales. De nombreuses villes ont connu la faillite. Les infrastructures ont souffert, parfois disparu. Mais cela a aussi obligé les villes à innover, par exemple en créant – elles-mêmes ou à travers des partenariats public-privé – des entreprises municipales non financées par l'impôt. Cette tendance est nette dans

---

1. *www.usmayors.org/climateprotection/agreement.htm.*

l'immobilier. La ville de San Diego en tire un revenu annuel supplémentaire de plus de 40 millions de dollars[1].

Pour faire face à la dégradation de leurs quartiers, les habitants eux-mêmes ont, à partir des années soixante, dû prendre l'initiative, pour restaurer et construire le patrimoine immobilier de leur quartier, mais aussi apporter des services à la population et appuyer la création d'entreprises. La première CDC (*community development corporation*/entreprise de développement communautaire) est née dans le quartier Bedford-Stuyvesant, à Brooklyn, New York, avec l'appui des sénateurs Robert Kennedy et Jacob Javits. Les habitants de ce quartier tombé en déréliction se sont mobilisés. Il fallait créer une nouvelle forme juridique, combinant le service sans but lucratif à la communauté et la capacité de création de richesse et d'acquisition de biens que permet une entreprise. En 2005, on comptait quatre mille six cents CDC au niveau national, avec deux cent mille employés, produisant en moyenne quatre-vingt-six mille logements par an. 45 % d'entre elles produisaient et géraient également des projets autres que résidentiels (industriels et commerciaux)[2].

Les États, bénéficiaires de la décentralisation ?

Les États sont appelés à jouer, au sein de la Fédération, un rôle croissant. En effet, ils sont le niveau de gouvernement vers lequel on se tourne car on n'attend plus grand-chose des autres[3].

Or les accords internationaux (NAFTA, OMC…) signés et défendus par le gouvernement fédéral dans le cadre de la mondialisation le poussent à réduire la marge de manœuvre

---

1. *www.racialequitytools.org/resourcefiles/alperovitz.pdf.*
2. *www.community-wealth.org/strategies/panel/cdcs/index.html.*
3. Ehrenhalt A., « The Monkey or the Gorilla », *Governing*, vol. 15, n° 10, p. 6-8, 2002.

des États afin de laisser libre cours à une libéralisation accrue. Les États réagissent d'autant plus qu'ils se sentent remis en cause dans les missions qui fondent leur identité (environnement, protection des consommateurs, appui aux minorités et aux petites entreprises, régulation des grandes institutions financières, structure des revenus et des dépenses de l'État…). Cette tension croissante devrait, pense Gar Alperovitz[1], contribuer à modifier les équilibres institutionnels futurs, probablement au bénéfice des États.

D'autres tendances lourdes vont dans le même sens. La population des États-Unis augmente rapidement du fait d'une immigration majoritairement mexicaine. Avec 400 à 500 millions d'habitants en 2050[2], le pays sera bientôt trop peuplé pour que la répartition actuelle des pouvoirs puisse concilier démocratie et gouvernement efficace. On pourrait également voir apparaître un échelon nouveau entre les États et la fédération, la région (ou super-État). Cette tendance est préfigurée par les nombreux accords inter-États déjà en place pour la gestion des biens communs, le développement durable, les transports, l'énergie, etc. Autant de facteurs qui devraient favoriser une décentralisation accrue.

D'autre part, si le pays veut un jour sortir de l'insoutenable spirale de l'hyperconsommation, il lui faudra aussi trouver le moyen de freiner la course aux revenus, tirée par l'accroissement exponentiel des revenus de l'infime minorité des hyper-riches qui monopolisent une part croissante de la richesse et renforcent – par leurs comportements ostentatoires –, le modèle consumériste déconnecté de toute notion de besoin réel ; il faudra taxer les plus riches, en renouant

---

1. Asperovitz G., *America Beyond Capitalism*, Takoma, Democracy Collaborative Press, Park et Boston, Massachusetts, Maryland, Dollars & Sens, 2011.
2. Selon les estimations officielles du US Census Bureau, fourchettes moyenne et haute. Cité par Alperovitz.

avec l'imposition progressive pratiquée avant l'ère Reagan. Le taux d'imposition des tranches de revenus supérieurs est en effet passé de 91 % au temps d'Eisenhower ou Kennedy à 35 % dans les années 2000 ; et les impôts fédéraux sur les entreprises ont été réduits de 35 % en 1945 à environ 8 % aujourd'hui. Un retour, même partiel, sur cet abandon remplirait les caisses publiques. Le mouvement est déjà amorcé par le New Jersey démocrate qui, en 2002, a plus que doublé la fiscalité des entreprises, après vingt ans de déclin ; ou par le sénat de Virginie, républicain, qui a accru le taux d'imposition des tranches supérieures[1].

Un petit nombre de sociétés multinationales ont, depuis les années Reagan, pris en otage le système économique et politique américain. Elles contrôlent totalement plusieurs secteurs stratégiques (le financement de la santé, mais aussi les complexes militaro-industriels, Washington-Wall Street et Armée-Pétrole-Transport) ; elles financent les grands partis politiques, leurs hommes occupent alternativement les plus hauts postes des secteurs public et privé, ce qui leur permet de déréguler et d'adapter la loi à leurs besoins. Cette prise de contrôle, corruption endémique du système, a entraîné une double spirale apparemment sans limite : celle de l'enrichissement et du renforcement du pouvoir de cette minorité ; et celle de la paupérisation et de la perte de pouvoir de l'immense majorité.

Pourtant, la prise de contrôle du système politique par cette élite richissime n'est peut-être pas irrésistible. Comme l'ont montré les élections présidentielles de 2012, les fortunes dépensées pendant la campagne n'ont pas empêché[2] un candidat républicain aux positions conservatrices d'être

---

1. *www.racialequitytools.org, id.*

2. *articles.washingtonpost.com/2012-12-06/politics/35673810_1_fec-reports-show-sheldon-adelson-final-report.*

nettement battu par un démocrate appuyé par une majorité sociologique avec laquelle il était plus en phase ; la population change. De protestante blanche, elle va devenir plus majoritairement latino et noire. Combinée avec une prise de conscience des limites environnementales de la croissance, cette évolution démographique pourrait entraîner une mue de la culture politique vers moins d'individualisme égocentré, plus d'exigence de solidarité, de sens de la communauté et de respect des biens communs.

Ces tendances pourraient favoriser la recherche d'une synergie accrue entre initiatives citoyennes, entrepreneuriales et publiques au service d'une meilleure maîtrise des communautés locales sur leur propre devenir. Ceci est d'autant plus intéressant que les thèmes localistes font écho tant aux valeurs chères aux progressistes (telle que la solidarité) qu'à celles portées par les conservateurs (autonomie, responsabilité). Le clivage se manifeste plutôt, au sein des deux grandes formations politiques, entre les madisoniens tenants d'un État central fort (nos Jacobins) et les jeffersoniens, promoteurs de la décentralisation (nos Girondins).

Au sein du mouvement de la nouvelle économie, on voit les interactions se renforcer. En juin 2012, cinq cents entrepreneurs, militants, chercheurs et responsables d'organisations à travers le pays se réunissaient, pour la première fois, au Bard College, dans l'État de New York, autour du thème « Stratégies pour une nouvelle économie », en vue d'esquisser les prochaines étapes de la construction d'une économie juste et soutenable. Début 2013, un nouveau pas était franchi vers la coordination d'un mouvement national enraciné dans les communautés locales : deux leaders historiques, les chercheurs du New Economics Institute et les réseaux économiques et militants du New Economy Network fusionnaient, donnant naissance à la Coalition pour une nouvelle économie.

DES RÉSEAUX LOCAUX D'ENTREPRISES EN FRANCE

Créer un réseau local

Fin 2006, ma femme Anne et moi habitions Lodève, au pied du Larzac. Nous décidâmes, avec quelques amis entrepreneurs, de créer l'association Réseau d'entreprises pour une économie locale durable-Hérault[1]. Trois ans plus tard, près de soixante-dix petits entrepreneurs de tous secteurs prenaient part aux activités. Souvent, ils témoignaient du plaisir de sortir de leur isolement quotidien pour partager valeurs et projets avec d'autres entrepreneurs animés d'une même vision.

Le message de l'achat local n'était pas encore très mobilisateur[2] auprès des consommateurs, hormis dans le domaine de la nourriture. Il nous fallait donc imaginer un moyen d'associer « local » avec « éthique », « durable » et « offre compétitive ». Et cheminer vers une plus grande qualité de l'offre de nos entreprises sur leurs marchés respectifs. Aucun outil d'aide à la décision n'était alors disponible[3] pour associer la dimension locale aux thèmes habituels de la RSE[4] et répondre aux contraintes spécifiques des TPE. M'inspirant des démarches de progrès que j'avais pilotées dans le cadre de mon activité professionnelle[5] et d'approches étudiées au Québec et en Suède, je conçus le

---

1. *www.reel34.net*. Voir aussi l'article de M. Mack, « Émergence d'une économie locale vivante, l'expérience de Lodève et du réseau REEL Hérault », *Transitions*, n° 2, 2ᵉ semestre 2009, *co-evolutionproject.org/index.php/boutique/revue-transitions*.
2. Six ans plus tard, la sensibilité à l'achat local a heureusement beaucoup progressé tant dans la population qu'au sein des collectivités et des entreprises.
3. Afaq-Afnor travaillait au projet ISO 26000 et l'Union européenne sur l'adaptation aux PME de son label EMAS. Nous n'avons pu nous joindre à ces démarches alors en cours d'élaboration. Six ans plus tard, L'ADEME, Afnor et les CCI lançaient pour les TPE EnVol/Engagement volontaire de l'entreprise pour l'environnement, qui porte sur cette seule dimension.
4. RSE : responsabilité sociale de l'entreprise.
5. En particulier les démarches Magisthère, Med-Eco-Quartiers et Qualicities.

cadre d'un référentiel « maison ». Pendant quelques mois, nous avons tous ensemble identifié, parmi nos pratiques, celles qui pouvaient constituer des références, puis rédigé et affiné le référentiel. Une aide de l'ADEME permit de le tester et un accord fut passé avec la délégation régionale d'ECTI[1] pour l'audit des entreprises labellisées.

Les activités du réseau alliaient la célébration (« Ateliers en Fête », « Place de la Planète ») et la promotion des entreprises, notamment lors de fêtes votives et de foires professionnelles. En 2008, une Rencontre internationale de l'économie locale vivante et de la biodiversité fut l'occasion de découvrir d'autres expériences de France, d'Europe et d'Amérique du Nord, avec notamment le témoignage de Doug Hammond, alors directeur de BALLE. Chaque année, nos entreprises décernaient un prix de 1 500 euros, suscitant une émulation autour du développement local durable entre différents types d'acteurs du territoire. Il fut d'abord attribué à des lycéens, puis à un média local indépendant, enfin à Ouattitude, PME éco-innovante imaginée lors d'échanges au sein du réseau puis développée avec succès par son créateur, Jean-Michel Bœuf. *Last but not least*, nous avions établi une collaboration fructueuse avec les collectivités territoriales et des enseignants-chercheurs de la faculté de gestion (ISEM-ERFI) de l'université Montpellier-1. Pendant ces trois années, mon épouse et moi-même avons, avec quelques collègues entrepreneurs, consacré une bonne part de nos loisirs à la création et à l'animation du réseau. Quand nous avons quitté le Languedoc pour la Bretagne, l'association s'est quelque peu assoupie ; mais au printemps 2013, une équipe renouvelée reprenait le flambeau[2] et un second réseau naissait dans le terroir viticole voisin du Pic-Saint-Loup, à l'occasion d'un atelier sur la loca-

---

1. *www.ecti.org.*
2. *reseau-transitions.org.*

lisation de l'économie que j'animais, chez Daphné et Patrice Pellissier de Féligonde[1], en partenariat avec le mouvement citoyen Colibris[2].

Parmi les leçons tirées de cette expérience de création et d'animation, trois me reviennent ici : d'une part construire et enraciner un réseau local peut prendre des années, s'essouffler puis reprendre vie sous une forme nouvelle ; on ne sème jamais en vain. D'autre part, construire une gouvernance collaborative demande attention, écoute et formation des membres. Enfin, nous avons aussi pu vérifier que cette approche de l'économie localisée fleurit avec joie là où le sol est fertile.

Groupements locaux d'entreprises et développement soutenable

Marie da Fonseca a consacré sa thèse en sciences de gestion aux stratégies de développement durable des groupements d'entreprises. Elle est partie du constat que, pour la plupart des PME qui constituent 98 % du tissu économique, le développement durable demeurait théorique et difficile à mettre en œuvre. « On le confond généralement avec la RSE ou avec les problèmes de pollution. » Il est en outre souvent difficile, pour les patrons de petites entreprises, d'accéder à l'information sur ces questions. Quand elle existe, c'est rarement sous une forme adaptée et les outils opérationnels font défaut.

Une difficulté tient à la légitimité perçue de la démarche : la promotion du bien commun est trop rarement reconnue comme faisant partie de la mission de l'entreprise. La fameuse phrase de l'économiste ultra-libéral Milton Friedman. « La responsabilité sociale de l'entreprise est d'accroître ses profits » tient lieu de gouvernail à nombre de dirigeants. La RSE

---

1. *www.LesJardinsduVillage.com*.
2. Mouvement créé par Pierre Rabhi – *www.colibris-lemouvement.org*.

constitue donc une porte d'entrée, mais reste souvent considérée comme une notion plus périphérique que stratégique.

Sous divers vocables – pôles de compétitivité, groupements, clusters, grappes, etc. – la France compte des centaines de réseaux locaux d'entreprises. Quelques-uns travaillent sur le développement durable au sein de l'entreprise, d'autres regroupent des filières ayant trait à ce thème. Mais au sein même de cette minorité, peu se focalisent sur la synergie entre entreprise et territoire. Marie da Fonseca a identifié une trentaine de groupements d'entreprises dont l'objectif est de favoriser l'adoption de politiques de RSE ou de développement durable. La plupart furent créés pendant les années 2000, par des entrepreneurs ou à l'initiative de chambres de commerce, d'organisations professionnelles et/ou de collectivités territoriales.

CEM2D : entreprises et développement durable au pays du Mont-Blanc

Le CNM (Centre de la nature montagnarde) rassemble des passionnés de découverte et de protection de la montagne. Afin de renforcer son partenariat avec les entreprises, il lance en 2009 une nouvelle initiative. CEM2D[1] offre aux entrepreneurs un cadre leur permettant d'agir concrètement pour un développement respectueux des territoires de montagne. Le club réunit aujourd'hui près de cinquante membres, entrepreneurs engagés au service d'un environnement local exceptionnel menacé par des pollutions préoccupantes, dont ils ressentent que l'action publique ne les prend pas toujours suffisamment en compte.

Entreprises durables 77 : naissance d'un réseau local

L'apparition d'un réseau local d'entreprises peut aussi être le fruit d'un long processus. C'est le cas dans le sud de la Seine-et-

---

1. *www.cem2d.org.*

Marne. En 2006, le territoire était en voie de désindustrialisation. Après avoir fait réaliser un état des lieux, Seine-et-Marne Développement[1] lançait PME & Développement Durable en Seine-et-Marne, programme d'incitation et d'accompagnement des entreprises désirant faire du développement durable un vecteur de réussite et de pérennité de leur activité.

Financé par un partenariat public[2], ce programme accompagne gratuitement chaque année une nouvelle « promotion » de huit PME sélectionnées par l'agence. Constatant le succès du programme, les partenaires l'ont rapidement étendu à l'ensemble du département. En cinq ans, une quarantaine d'entreprises en ont déjà profité.

Pour Harold Chénard, chargé par Seine-et-Marne Développement de coordonner le programme, « le liant, la clé du succès, a été la démarche TNS[3] ». Elle a permis aux équipes d'acquérir les réflexes du développement durable et de créer dans l'entreprise une dynamique d'innovation permanente. Les participants découvrent vite que mille progrès – petits et grands – sont possibles, simplement parce qu'ils portent désormais sur leur activité un regard nouveau.

Pionnier du programme dès 2007, Jean-Luc Roger, le patron de la fonderie éponyme située à Egreville, reconduit année après année sa participation. Une stratégie qu'il juge payante. Neutralisation du bilan carbone de l'entreprise, transport, réduction des déchets, agrandissement des locaux aux normes HQE, optimisation de l'usage de l'énergie, etc., tous les secteurs sont progressivement passés en revue, sans oublier l'implication des clients et fournisseurs. Plusieurs entrepreneurs d'un

---

1. Agence pour le développement économique de Seine-et-Marne.
2. La première année, Seine-et-Marne Développement a reçu un cofinancement de la DRIRE, relayé pendant quatre ans par l'ADEME, puis par le FEDER pour 2011-2013.
3. TNS-The Natural Step, voir p. 279.

même secteur ont pris l'habitude d'échanger des informations techniques. D'autres sensibilisent leur syndicat professionnel. La confiance née au sein du réseau favorise les collaborations commerciales. Et la dimension locale n'est pas en reste. En réponse à une suggestion du programme, plusieurs ont aussi pris contact avec leur collectivité, pour envisager avec elle comment faire progresser l'Agenda 21 local. Les entrepreneurs les plus impliqués travaillent à la création d'un système de parrainage des TPE, pour lesquelles la démarche est plus difficile, faute de personnel et de moyens. Chaque PME volontaire apportera à une TPE un parrainage sous la forme d'un appui technique et humain.

À partir de 2014, les partenaires publics auront financé seuls pendant huit ans le lancement du programme. Ils continueront à appuyer le nouveau réseau, mais son financement devra être assuré par les entreprises et un éventail plus large de partenaires (CCI, collectivités). La mue s'effectuera alors vers une véritable coalition locale des acteurs de l'économie.

DE MULTIPLES INITIATIVES NATIONALES

À l'échelle nationale, les chambres consulaires et les organisations professionnelles interviennent traditionnellement à la jonction entre entreprise et territoire. On peut aussi noter qu'une série de réseaux d'entrepreneurs volontaristes se sont donné pour but de progresser ensemble vers une entreprise à la fois plus humaine et durable. En voici quelques exemples.

CJD : « Objectif Oikos »

Le CJD-Centre des jeunes dirigeants[1] est né en 1938 et forme, depuis, les nouvelles générations de chefs d'entreprise et cadres

---

1. *www.jeunesdirigeants.fr.*

dirigeants[1] dans une perspective humaniste. Il a lancé il y a quelques années le concept de « performance globale » (économique, sociale, sociétale et environnementale) qui place le développement durable au cœur des pratiques managériales tout en mettant l'accent sur les dimensions de responsabilité sociale et sociétale. Ce réseau a essaimé dans une dizaine de pays et compte des correspondants un peu partout sur la planète. Il porte aujourd'hui un nouveau projet de « révolution culturelle » intitulé « Objectif Oikos », visant à « remettre l'économie à sa vraie place », à savoir au service de l'« Homme, des générations futures et de la biosphère ».

Entreprise et Progrès : dépasser les blocages

Depuis bientôt un demi-siècle, ce mouvement d'entrepreneurs et de dirigeants humanistes[2] insiste sur la dimension sociale, la valeur de l'entreprise ne pouvant se réduire à sa dimension économique et financière. Pour son président, Denis Terrien, elle est nécessairement complétée par la « valeur RSE », liée à son impact sur l'environnement et à la « valeur entrepreneuriale », qui reflète la vie de l'entreprise sur le long terme et s'édifie à travers la qualité des relations humaines en son sein comme avec ses parties prenantes. Insistant sur la nécessité de dépasser les antagonismes caractéristiques de la société française, E&P prône un dépassement des blocages – plus culturels qu'économiques – pour parvenir à une véritable stratégie de développement durable valorisant les atouts du pays.

---

1. Un « jeune dirigeant » est un chef d'entreprise ou un cadre dirigeant qui dispose d'une autonomie en matière de management et de gestion et d'une marge de manœuvre suffisante pour pouvoir conduire le changement, innover et faire progresser son entreprise.

2. *www.entreprise-progres.com.*

Les Entreprises humaines : valoriser le vrai trésor

L'entreprise n'est pas, le plus souvent, le cadre d'un épanouissement des personnes et de leurs potentiels. Pourtant, le travail occupe une place importante dans la vie de la plupart d'entre nous. L'association Les Entreprises humaines[1] est née en 2003 de la rencontre de trois dirigeants[2] convaincus que l'amélioration des comportements éthiques et solidaires est une clé du succès de l'entreprise. Pour ces entrepreneurs militants, la performance durable de l'entreprise découle en effet de l'épanouissement des personnes qui la constituent comme de celles qui interagissent avec elle. Les membres des Entreprises humaines se retrouvent régulièrement, localement et nationalement, pour échanger et progresser ensemble.

BGE : accompagner la réussite

Plusieurs organisations françaises aident les créateurs d'entreprises à préparer et lancer leur projet. Parmi elles, BGE[3] (l'ancien réseau des boutiques de gestion) a fêté ses trente ans en 2010. Ses neuf cent cinq conseillers implantés dans toutes les régions sont également spécialisés dans l'aide à la reprise d'entreprise. Pour aider ses poulains à pérenniser et développer leur entreprise, l'association met aujourd'hui l'accent sur les opportunités nouvelles ouvertes par la collaboration en réseaux, mais aussi sur la force que procure un bon ancrage territorial.

À l'échelle internationale sont également apparus des réseaux facilitant l'émergence de nouvelles formes de collaboration économique au service d'une société soutenable, notamment

---

1. Les Entreprises humaines : *www.entreprises-humaines.com.*
2. Éric Bouchet, DG puis président de Botanic, Gilles Panteix, créateur d'Oliban, conseil en développement des organisations et des personnes et Jacques Tassi, ancien d'Ernst & Young, aujourd'hui président d'Handicap International.
3. *www.bge.asso.fr.*

à travers les entreprises sociales. Ashoka est emblématique de cette mouvance.

Ashoka : un monde à changer

Visionnaire et solidaire, Bill Drayton fut marqué par le combat de Martin Luther King et participa au mouvement des droits civiques. Après avoir été consultant, puis membre de l'Agence de protection de l'environnement sous l'administration Carter, il créa en 1980 l'ONG Ashoka[1], devenue depuis le premier réseau mondial d'entrepreneurs sociaux, expression qu'il a lui-même façonnée : « Un entrepreneur social met ses qualités entrepreneuriales au service de la résolution d'un problème sociétal à grande échelle ; il se donne comme critère majeur de réussite l'ampleur de son impact sur la société. »

L'objectif du réseau est de faciliter l'émergence d'entrepreneurs sociaux. Il en a déjà identifié plus de trois mille dans soixante-dix pays[2]. Ces pionniers sont sélectionnés à travers un processus rigoureux, sur la base de la qualité de leur éthique, de leur innovation, de leur performance, et de leur potentiel de développement. Ashoka leur apporte l'effet de levier d'une communauté de pairs et de partenaires sensibilisés à l'entrepreneuriat social, un accompagnement par des spécialistes ainsi qu'un soutien financier quand cela s'avère nécessaire. Depuis 2006, près de cinquante entrepreneurs ont été

---

1. Ashoka signifie « absence de souci, de souffrance » en sanscrit. C'est le nom d'un empereur indien du IIIe siècle avant notre ère. Après s'être montré un guerrier expansionniste, Ashoka avait réalisé l'impasse de la violence. Il décida alors d'édifier son gouvernement sur une administration efficace et innova dans bien des domaines. Il mit notamment en place les premiers services médico-sociaux, lança un immense programme d'irrigation, développa des infrastructures routières et établit des coopérations avec les états voisins. Dans la République indienne contemporaine, son nom est symbole de gouvernance éthique.

2. Ashoka : *france.ashoka.org.*

sélectionnés en France dans différents secteurs. L'organisation encourage ses membres à établir des collaborations avec les pouvoirs publics et les grandes entreprises pour faire émerger des solutions nouvelles à l'échelle des enjeux sociétaux.

Mouves : passer à l'échelle supérieure

Créé en 2010, le Mouvement des entrepreneurs sociaux[1] veut démultiplier et faire grandir les entrepreneurs sociaux en révélant le métier d'entrepreneur social et en donnant envie de l'exercer ; et créer un environnement favorable au développement de cette forme d'entrepreneuriat. Le Mouves a réalisé en 2013 son premier « Tour des régions de l'entrepreneuriat social ». Il a pu constater à cette occasion un accueil positif, partout en France, et l'attachement des entrepreneurs sociaux à conjuguer efficacité économique et intérêt général et à démontrer que performance économique et partage des richesses peuvent aller de pair.

Nombre de collectivités y voient l'opportunité de répondre aux défis sociaux, économiques et écologiques de leurs territoires. Soit, comme en région Ile-de-France, en intégrant les entrepreneurs sociaux dans leur stratégie de développement économique et d'innovations (SRDEI), voire dans l'ensemble de leurs programmes territoriaux de soutien à l'activité des TPE/PME et à l'innovation. Soit, comme à Toulouse Métropole, en créant des plans ambitieux d'accompagnement des initiatives économiques et solidaires. Ou encore, à l'initiative des entrepreneurs sociaux, en s'attachant à recréer et à relocaliser de l'activité sur les territoires, à travers les pôles territoriaux de coopération économique (PTCE) pilotés par le Labo de l'ESS[2]. Avec pour objectif de construire une économie réellement durable sur tous les territoires.

---

1. *mouves.org.*

2. *www.lelabo-ess.org.*

STRATÉGIES TERRITORIALES

Soucieuses d'établir une meilleure synergie entre vie économique et développement soutenable du territoire, les collectivités territoriales savent qu'elles ont un rôle clé à jouer pour l'économie locale. Mais le lien entre la prospérité des entreprises et celle du territoire n'est souvent pris en compte que quand il est trop tard, alors que des entreprises périclitent ou délocalisent leur activité.

RTES : coopérer pour une économie locale solidaire

À Romans, Pôle Sud Archer a su relancer la production de chaussures éthiques en valorisant matières premières et savoir-faire du territoire, recréant des emplois dans cette ancienne filière industrielle. À Saint-Étienne, une vingtaine de structures artistiques et culturelles se sont associées depuis 2005 au sein de Culture et Coopération. Ce « cluster local » anime la vie culturelle locale et gère des équipements importants (musique, cinéma).

Bien d'autres projets territoriaux montrent que la coopération et la mutualisation entre acteurs publics, associatifs et privés fonctionnent bien et qu'une forme d'économie locale solidaire et durable est souhaitable et possible.

Comme le fait Shuman aux États-Unis, les responsables de ces projets, réunis au sein du réseau des territoires pour l'économie solidaire[1], soulignent que les politiques de développement centrées avant tout « sur la compétitivité et l'attractivité des territoires, la concentration de l'investissement sur la seule innovation technologique et la ré-industrialisation négligent le potentiel de création d'activités et d'emplois durables issus

---

1. Le Réseau des territoires pour l'économie solidaire réunit près de quatre-vingts collectivités locales qui s'engagent autour d'une charte pour le développement de l'économie sociale et solidaire – *www.rtes.fr.*

des processus de coopérations territoriales entre acteurs de l'ESS[1], PME et collectivités locales[2] ».

Cette forme innovante de coopération et de mutualisation économique à l'échelle locale – les pôles territoriaux de coopération économique (PTCE) – est apparue récemment. Il s'agit du regroupement, sur un territoire donné, d'initiatives, d'entreprises et de réseaux de l'ESS associé à des PME socialement responsables, des collectivités locales, des centres de recherche et organismes de formation, afin de développer une stratégie partagée et continue de coopération et de mutualisation au service de projets économiques innovants de développement local durable. Cela nécessite de relever plusieurs défis :

> « *Atteindre une taille critique pour répondre à une demande croissante de services de proximité, de consommation responsable et investir dans l'innovation sociale ; créer, pérenniser ou reprendre des activités tout en sauvegardant des emplois dans un contexte de crise ; faire face à la rationalisation des finances publiques et s'organiser face à la mise en concurrence croissante des services d'intérêt général.* »

Les régions Île-de-France, PACA et Rhône-Alpes ont activement soutenu une première génération de pôles, en partenariat avec les collectivités locales. Constatant leur impact positif, notamment en termes de « délocalisations évitées[3] », l'État prévoit de généraliser le soutien à ces initiatives. Alors que celui-ci voit s'amoindrir sa capacité d'intervention sur la redistribution des revenus, les entreprises seront probablement amenées à voir leur responsabilité sociale élargie. Gageons que les territoires dont les collectivités et entreprises auront appris à collaborer étroitement pour un avenir local soute-

---

1. Économie sociale et solidaire.
2. *www.rtes.fr/IMG/pdf/PTCE_propositions_19062012.pdf.*
3. Girard H. et Thouvenot A., entretien avec Benoît Hamon, ministre de l'Économie sociale et solidaire et de la consommation, 26 avril 2013.

nable seront demain les mieux armés pour affronter les turbu-lences économiques et environnementales qui s'annoncent. L'expérience montre[1], cependant, que ce type d'approche ne peut être institué par le haut. D'où l'intérêt, d'une part, de susciter des synergies à la base entre réseaux d'acteurs et, d'autre part, de partager les expériences entre territoires.

S'il n'est pas encore fréquent, en France, de voir des réseaux d'entrepreneurs travailler à la fois sur l'appropriation en interne du développement durable et sur le renforcement de la prospérité du territoire, cette préoccupation progresse pourtant en de nombreux endroits, où l'on voit les diffé-rents acteurs (entrepreneurs, politiques, administrations, asso-ciations) intégrer leurs différences pour servir une nouvelle vision partagée faisant toute sa place à une économie locale revivifiée.

---

1. Voir notamment Buclet N., *Écologie industrielle et territoriale. Stratégies locales pour un développement local,* Villeneuve d'Asq, Éditions universitaires du Septentrion, 2011, chap. V.

Chapitre 11

Vers une économie régénératrice

« Les problèmes du monde ne peuvent être résolus par des sceptiques ou des cyniques dont les horizons se limitent aux réalités évidentes. Nous avons besoin d'hommes capables d'imaginer ce qui n'a jamais existé. »

John F. KENNEDY

Rééquilibrer l'activité économique en la localisant davantage est une nécessité. Mais continuer à gaspiller localement ne résoudrait pas grand-chose. Comment alors faciliter l'émergence de dynamiques vertueuses ? Comme le dit Paul Hawken, avoir un impact positif doit devenir « simple comme bonjour ; les actes quotidiens naturels de la vie et du travail s'additionnent et produisent un monde meilleur, comme allant de soi, sans nécessiter qu'intervienne un altruisme conscient[1] ».

L'écologie industrielle va dans ce sens. Elle propose une approche globale du système de production, conçu comme un écosystème tendant à devenir compatible avec les écosystèmes naturels. La rareté des ressources rendant leur prix élevé et volatile, elles acquièrent une fonction et une valeur nouvelles. On optimisera donc l'efficacité, en éco-concevant les produits, en réduisant la consommation des ressources, les émissions polluantes et la production de déchets et en recyclant systématiquement. On associera les industries complémentaires, recherchant les entreprises dont les sous-produits constituent une ressource pour d'autres, installant ces unités de production à proximité immédiate les unes des autres – au sein de « parcs éco-industriels », comme à Kalundborg, au Danemark. Cette démarche amènera à mettre en place des systèmes régionaux et à plus vaste échelle, la participation de la collectivité permettant d'optimiser les échanges de matières et d'énergie dans tous les secteurs (agriculture, industrie, habitat, transport, etc.) et à tous les niveaux.

De nombreuses industries manufacturières commencent à appliquer les principes de l'économie circulaire, notamment dans l'industrie automobile. Les modèles les plus avancés – comme la série *Leaf* de Nissan – sont conçus pour que 95 % de la masse du véhicule soit récupérée et réutilisée en

---

1. Hawken P., *L'Écologie de marché, ou l'économie quand tout le monde gagne*, Barret-le-Bas, Le Souffle d'or, 1995.

fin de vie. Felix Preston, du *think tank* londonien Chatham House, calcule[1] que cette approche peut permettre à l'Union européenne d'économiser chaque année 260 à 480 milliards d'euros en coûts matière, soit 3 % du PIB de l'Union.

Réparer ce que nous détruisons

Au-delà des seuls enjeux industriels, la transition vers l'économie circulaire devrait être considérée comme une priorité de toute stratégie de réponse au réchauffement climatique, à la raréfaction des ressources et aux tensions sociales et géopolitiques consécutives. L'utilisation actuelle des ressources interdira aux générations futures de faire face à leurs propres besoins. Au rythme présent, la demande mondiale en ressources primaires serait en 2040 deux fois celle de 2010. Leur substituer des matières « secondaires » recyclées permettrait de revenir à un niveau inférieur à celui de 2010. Et les matières enfouies en décharge n'augmenteraient que de 1,5 fois[2] au lieu d'être multipliées par 3,5.

Le couplage prospérité-consommation des ressources matérielles est devenu dangereux. Il nous faut le remplacer par un cercle vertueux : le nouveau système de production devra gagner à restaurer ce que le système actuel gagne à détruire. Sa généralisation va demander un mouvement planétaire de diffusion des bonnes pratiques, d'innovation et de partenariats. Le mouvement est lancé. En deux ans, la fondation Ellen MacArthur[3] a sensibilisé plus de 100 millions de personnes à l'économie circulaire. En France, l'Institut de l'économie circulaire[4], créé début 2013, vise notamment à obtenir le vote d'une loi en faveur de cette approche avant 2017.

---

1. *www.thecirculareconomy.org/*.
2. *fr.scribd.com/doc/125302862/EMF-Towards-a-Circular-Economy*.
3. Fondation Ellen McArthur : *www.ellenmacarthurfoundation.org/fr*.
4. Institut de l'économie circulaire : *www.institut-economie-circulaire.fr*.

Pourtant, l'économie circulaire et le recyclage ne suffiront pas à réduire la croissance insoutenable des flux de matière et d'objets.

LE PRODUIT S'EFFACE DERRIÈRE L'USAGE

Les promoteurs de l'économie fonctionnelle[1] prônent donc une baisse de la demande en énergie et en matières, en optimisant la gestion des richesses existantes (produits, connaissances, capital naturel). L'objectif étant de créer une valeur d'usage la plus élevée possible le plus longtemps possible, tout en consommant le moins de ressources matérielles et d'énergie possible, pour atteindre une meilleure compétitivité.

L'intérêt du fabricant n'est plus de fabriquer et de vendre un maximum d'objets. Il doit plutôt concevoir des produits performants et pérennes tout en offrant un service de qualité, avec le moins possible d'impacts négatifs, car l'entreprise demeure responsable de ses produits « du berceau au berceau ». Schindler ne vend plus des ascenseurs, il loue de la mobilité verticale sûre. Interface loue des surfaces de sol résistant et de qualité quand son intérêt était de vendre des hectares de moquette au moindre coût de fabrication. Xerox vendait des photocopieurs. Aujourd'hui, elle offre à ses clients un service de reproduction sur mesure tout en restant propriétaire des machines, dont elle a intérêt à préserver la valeur.

Visualiser ce qu'une situation sera devenue quand on l'aura améliorée est un puissant vecteur de changement. C'est ce que propose la démarche TNS–The Natural Step du scientifique suédois Karl Henrik Robert.

---

1. *www.product-life.org.*

THE NATURAL STEP : PENSER ET AGIR EN RESPECTANT LA NATURE ET LES HOMMES

En 2003, dans le cours « Business & Sustainable Development » que nous donnions, Jean-Loup Ardoin et moi, dans le cadre du MBA d'HEC Paris, j'avais remarqué l'intérêt que la démarche The Natural Step (TNS)[1] éveillait chez les participants. Scientifiques et ingénieurs y voyaient une sorte d'évidence, tant dans la compréhension des phénomènes que dans les étapes proposées pour l'action ; d'autres étaient d'abord touchés par les métaphores puissantes.

Les lunettes de la soutenabilité

Rigoureuse et scientifiquement reconnue, la démarche TNS apporte aux organisations des outils qui vont leur permettre de chausser les « lunettes de la soutenabilité » pour analyser l'écart entre la situation actuelle et le futur souhaité, puis travailler à combler cet écart. Cette démarche complète et renforce les autres outils de développement soutenable, analyse du cycle de vie et systèmes de gestion environnementale. Elle les enrichit d'éléments tels que l'analyse du contexte et la vision à long terme.

À la fin des années quatre-vingt, un réseau international de scientifiques avait montré comment la société humaine endommage l'écosystème, altérant ses fonctions et structures vitales.

---

1. *www.naturalstep.org.*

TNS : Quatre principes scientifiques

Ils déterminèrent que pour redevenir viable, notre société doit d'urgence respecter quatre principes :

- cesser d'extraire des matières de l'écorce terrestre,
- cesser de polluer la Terre avec des produits chimiques de synthèse,
- cesser de détruire les ressources naturelles de la planète,
- et cesser de porter atteinte aux besoins fondamentaux qui permettent aux humains d'assurer leur survie.

TNS est née de ces travaux. Cette « démarche stratégique pour des sociétés soutenables » a permis à des centaines de collectivités et entreprises dans le monde d'intégrer ces principes dans leur planification et de générer des changements significatifs et pérennes. Elle est utilisée, testée, ajustée et développée par le réseau The Natural Step International. Fabrice Millet, DG du groupe français éponyme, considère que s'être approprié cette démarche et l'avoir mise en œuvre est l'un de ses meilleurs investissements.

Millet, ouvertures sur le monde

Fabrice Millet[1] tient de son grand-père, artisan menuisier, l'amour du bois, du travail bien fait et du service. Compagnon du devoir, il s'est aussi formé à l'étranger et prend en 2003 la suite de son père à la tête de la société familiale. Il veut « montrer que l'on peut mener les affaires différemment, à condition de rechercher des solutions alternatives viables économiquement ». Quand les solutions n'existent pas, une équipe créative et compétente peut les inventer.

Pour inscrire cet engagement au cœur de la stratégie de l'entreprise, Millet a choisi TNS. Les sept cents collaborateurs et

---

1. Directeur général du groupe Millet Industries Atlantique, *www.groupemillet.com*.

les quatre sites de l'entreprise sont activement engagés dans la « mission d'entreprise » :

> *« Nous contribuons à l'amélioration de l'habitat et du cadre de vie, en respectant l'environnement tout au long du cycle de vie de nos produits, en concevant, fabriquant et commercialisant des ouvertures et fermetures, aux qualités techniques et esthétiques de référence. »*

Des groupes de travail ont été nommés sur chaque site et le personnel formé. Une fois validées, les idées deviennent des actions à mettre en œuvre. Millet a ainsi structuré son projet autour de trois grands axes, nourris par les propositions concrètes du personnel :

- l'amélioration de la qualité du produit en minimisant les déchets et le gaspillage ;
- l'éradication des matières considérées comme toxiques ;
- l'optimisation du recyclage des menuiseries.

Quand on propose des portes et fenêtres hautement isolantes, la limite vient vite de l'extérieur : une fenêtre mal posée ou posée dans un logement mal isolé est un investissement inutile. Pour résoudre cette contradiction, Millet a créé un centre de formation pour son personnel et ses clients. Et deux filiales spécialisées, La Porte à côté, qui propose au particulier un service sur mesure complet (ouvertures, installation, financement) et Sybois, spécialisée dans l'écohabitat en ossature bois, pour la construction et la rénovation.

La dimension humaine est un élément central de la culture de l'entreprise, attachée à renforcer le bien-être des collaborateurs et les relations de respect et d'estime réciproques en son sein.

En 2011, le groupe a généré un chiffre d'affaires de 80 millions d'euros. Si le développement et la rentabilité sont importants, Millet veut avant tout fabriquer des menuiseries dont chacun puisse être fier, tout en préservant la nature. Les employés sont intéressés par le moyen de primes sur le résultat.

Alors que beaucoup d'entreprises font le dos rond en attendant des jours meilleurs, Millet continue à innover. Car le secteur de la construction devra s'adapter à des contraintes réglementaires environnementales toujours plus exigeantes. Ceux qui ne se seront pas préparés les subiront de plein fouet. Le groupe voit sa philosophie et ses réalisations régulièrement distinguées. Ses dirigeants aimeraient cependant ne plus apparaître seulement comme des précurseurs, mais participer, avec l'ensemble d'une filière aujourd'hui encore frileuse, à l'émergence d'une économie viable.

UNE ÉCONOMIE RÉGÉNÉRATRICE

Qu'avait donc en tête Paul Hawken quand, en 1993, il parlait d'économie « régénératrice » (*restorative economy*) ? Il pensait que nous pouvons créer une économie qui restaurerait les écosystèmes tout en apportant la prospérité et du travail pour tous.

Les entreprises devraient être évaluées sur d'autres critères que les seuls profits et la performance à court terme : leur capacité à servir les besoins de l'entreprise, mais aussi de la société et de l'environnement naturel dans lesquels elles vivent. Même si ces critères restent à définir, comme le note Emmanuel Delannoy, fondateur de l'institut Inspire[1], cela n'interdit pas d'avancer[2].

Dans une économie devenue régénératrice, l'entreprise devra, pour réussir, comprendre les cycles naturels, s'y insérer et s'en inspirer afin d'optimiser production et distribution. La compétition et la rentabilité se joueront sur la capacité à restaurer la nature et non plus à l'épuiser. La préservation et le renouvellement de la capacité de charge des systèmes vivants deviendront essentiels.

---

1. *www.inspire-institut.org.*
2. *www.entrepreneursdavenir.com/blog/post/-/id/363.*

Les six clés de Paul Hawken

Hawken propose six principes de base pour les entreprises soutenables :

- utiliser les produits fabriqués localement ou régionalement de préférence aux produits importés, nationaux ou internationaux ;
- assumer la responsabilité de leur impact sur le monde naturel ;
- ne pas avoir besoin de capitaux externes pour se développer ;
- utiliser des méthodes de production intrinsèquement satisfaisantes, humaines, dignes et de qualité ;
- créer des objets soutenables et des services à long terme qui, après leur dernière utilisation, ne s'avéreront pas nuisibles pour les générations futures ;
- amener, par l'éducation, les clients à devenir des consommateurs responsables.

Il y a plus de vingt ans, Hawken estimait déjà que « la question dont nous devons manifestement discuter dans nos communautés et dans nos entreprises, est de savoir si l'humanité participera à cette guérison ou si elle est condamnée par son ignorance à disparaître de cette planète[1] ». Cette interrogation reste d'une troublante actualité.

Restaurer ou disparaître ?

« La perte de la diversité biologique est la deuxième menace la plus importante – après la guerre nucléaire – pour les humains et les autres formes de vie sur cette planète », alerte l'Agence de protection environnementale américaine. Or peu de gens perçoivent l'importance de la biodiversité. Ceci explique en partie pourquoi les espèces disparaissent à une vitesse fulgurante – de cent fois à mille fois le rythme naturel[2]. « Il y a

---

1. Hawken, *op. cit.*, p. 272.
2. Pimm Stuart L., Russell Gareth J., Gittleman John L., Brooks Thomas M., « The Future of Biodiversity », *Science*, New Series, vol. 269, n° 5 222 (21 juil. 1995).

urgence. Nous sommes à l'aube d'une rupture fondamentale de la vie sur la planète avec le risque de perdre 70 % à 90 % des espèces vivantes en quelques centaines d'années. » Or il suffit de perdre quelques espèces pour que la situation dégénère complètement. Et quand on constate la gravité de la situation, il est généralement trop tard.

La vague d'extinction actuelle a plusieurs causes[1] : la perte d'habitat des espèces ; les espèces envahissantes non indigènes ; la pollution de l'atmosphère, des sols et de l'eau ; la croissance démographique humaine ; la surconsommation par l'homme des populations animales ; les gaz à effet de serre, qui accélèrent le rythme du réchauffement climatique.

Leur effet cumulatif met de nombreux écosystèmes en danger. Mais ni l'opinion publique, de plus en plus urbaine et coupée de la nature, ni les politiques ne s'y intéressent vraiment. Pourtant, la biodiversité est indispensable au maintien des biens et services écologiques que nous rend la nature. Évalués en termes économiques, ils dépasseraient le PIB mondial[2].

Il faut agir à l'échelle de la planète. L'ONU a créé en 2012 un « GIEC de la biodiversité[3] ». Sans attendre les résultats de ce nouvel outil, on peut intervenir là où les problèmes se posent. Les associations jouent un rôle actif ; certains États, organisations internationales et organismes patronaux commencent à se doter d'instruments de mesure et de référentiels. La biodiversité peut devenir source d'emplois, d'innovations, de croissance, de bien-être et de renforcement du lien social, comme on le voit avec les systèmes locaux de nourriture ou la pêche contrôlée par les communautés d'artisans pêcheurs.

---

1. *www.mnr.gov.on.ca/fr/Business/Biodiversity/2ColumnSubPage/STEL02_176635.html.*
2. Costanza R. *et al.*, *Vivement 2050 ! Programme pour une économie soutenable et désirable,* éd. Les Petits Matins, 2013.
3. International Panel on Biodiversity Conservation (IPBC).

Dès 2002, Storm Cunningham[1] avait souligné les innombrables opportunités d'activité qu'offre aux entreprises et aux communautés locales la restauration des espaces et écosystèmes. Protéger la nature n'est pas un frein, c'est au contraire un formidable accélérateur de la créativité humaine. Il évaluait alors à 30 000 milliards de dollars le potentiel d'activité d'une économie qui déciderait de revitaliser le patrimoine naturel : les écosystèmes, les bassins-versants, les zones de pêche, les fermes et les économies rurales. Mais aussi le patrimoine bâti (friches, infrastructures, patrimoine historique, conséquences de désastres naturels ou causés par l'homme). Dix ans plus tard, constatant la difficulté et la lenteur avec lesquelles gouvernements et entreprises s'approprient ces dynamiques novatrices pourtant vitales, Cunningham pense désormais qu'il revient aux citoyens du monde entier d'agir. Les outils existent (*crowdsourcing*, *crowdmapping*, *crowdfunding*) qui peuvent leur permettre de construire de façon collaborative une nouvelle civilisation planétaire fondée sur la restauration et l'entretien du patrimoine de chaque communauté locale. Début 2013, il a mis ces outils à la disposition de tous sur la plateforme ReCitizen[2].

L'ÉCONOMIE BLEUE, MOINS CHÈRE QUE LA VERTE ?

Nos modèles économiques sont devenus obsolètes, car non viables. L'économie « verte » a bien ouvert une porte de sortie, permettant d'espérer une ère plus rationnelle. Cependant, même légèrement verdie, l'économie mondiale – dans sa logique extractrice inchangée – continuera de consommer beaucoup plus d'énergie et de ressources que la planète peut lui en offrir et de déstabiliser les grands équilibres naturels.

---

1. Cunningham S., *The Restauration Economy, the Greatest New Growth Frontier*, San Francisco, Berret-Koehler, 2002.
2. *www.recitizen.org*.

« Nous devons trouver une manière de répondre aux besoins fondamentaux de la planète et de tous ses habitants à partir des produits de la terre. Si des mesures d'envergure ont déjà été prises [...], on attend toujours les solutions qui permettront une percée majeure dans cette voie », écrivent Achim Steiner, directeur exécutif du PNUE[1] et Ashok Khosla, président de l'UICN[2] dans l'avant-propos d'un récent rapport au Club de Rome[3].

Gunter Pauli[4] estime que l'économie verte a eu un impact sur certaines productions, notamment avec l'agriculture bio ou le commerce équitable ; mais que son influence sur le système économique reste marginale. Il faudrait convaincre les entreprises d'investir plus et les consommateurs de payer plus. « C'est envisageable quand l'économie mondiale est en bonne santé, le chômage faible et les ressources financières disponibles ; mais plus difficile dans une période de crise et d'incertitudes. » Le moment est venu de passer à la vitesse supérieure et de reconnecter enfin l'économie à la nature. Mais comment ?

Cent innovations pour créateurs d'entreprises

Steiner et Kosla pensent que la physique, la chimie et la biologie peuvent, avec les matériaux renouvelables et les pratiques soutenables, nous permettre de nous inspirer des écosystèmes.

Il s'agit de généraliser de nombreuses innovations existantes ; inspirées de la nature, elles sont déjà opérationnelles à petite

---

1. Programme des Nations unies pour l'environnement.
2. Union internationale pour la conservation de la nature.
3. Avant-propos, *L'Économie bleue*, rapport présenté au Club de Rome, 2011.
4. Ancien élève de l'INSEAD, membre du Club de Rome, Gunter Pauli a fondé dix entreprises pionnières des technologies respectueuses de l'environnement. Il vit actuellement au Japon et enseigne notamment au Politecnico de Milan, *www.gunterpauli.com*.

échelle, un peu partout. Nos sociétés ont pris l'habitude de s'intéresser de façon anecdotique à telle ou telle caractéristique de telle plante, de tel minéral ou de tel phénomène naturel. Qui ne connaît pas le Velcro, qui imite la technique d'adhérence des graines de la lampourde ? Il nous faut maintenant opter pour une approche pragmatique et plus systématique des écosystèmes pour accéder enfin aux solutions urgentes dont l'humanité a besoin.

Pour Pauli, la priorité est d'ouvrir la voie à une nouvelle génération d'entrepreneurs utilisant de façon soutenable ce qui est disponible. Il a ainsi sélectionné cent innovations – dont des modèles complets de systèmes – pouvant générer jusqu'à 100 millions d'emplois dans le monde au cours des dix prochaines années.

Ces idées de modèles d'affaires sont mises à disposition de tout entrepreneur intéressé sur le site Blue Economy[1]. Leur point commun est de respecter cinq critères :

- utiliser des ressources disponibles sur place ;
- pouvoir être mises en œuvre de façon décentralisée ;
- créer des emplois locaux en nombre ;
- ne pas nécessiter de subvention publique ;
- ne pas entraîner de coût écologique supplémentaire pour la planète.

Ceci afin de favoriser une mutation des modèles d'affaires permettant de créer du capital social et de générer des niveaux plus élevés de compétitivité, de revenus et de durabilité, avec moins d'investissements. Imitant les processus de la nature, cette « économie bleue » vise à satisfaire de façon soutenable les besoins de la terre et de ses habitants.

---

1. *www.blueeconomy.eu.*

Les approches proposées par The Natural Step, Hawken, Hollender, Pauli, les B-Corps, Kelly ou Cunningham font partie des pistes méthodologiques novatrices aujourd'hui disponibles pour qui veut participer à la mutation planétaire en cours. Leur impact restera pourtant négligeable si elles ne sont pas rapidement généralisées.

UNE SOCIÉTÉ DE POST-CONSOMMATION

> *« Si nous n'allons pas vers une civilisa-*
> *tion de la modération, alors nous pouvons*
> *conclure que notre espèce est un accident. »*
> Pierre RABHI

Avec un nombre croissant d'observateurs et d'acteurs, Hawken estime désormais qu'une société écologique à l'échelle de la planète a peu de chances de naître de décisions venues d'en haut. Seule la confluence de millions d'initiatives locales, en réponse à des besoins réels, pourra la faire émerger.

Les milliards de jeunes nés récemment sont souvent présentés comme autant de bouches à nourrir. L'éco-économiste Robert Costanza souligne que la surpopulation n'est pas un problème ingérable, mais résulte pour un tiers de grossesses non désirées ; l'éducation et l'accès à la contraception permettraient probablement de la stabiliser[1]. Et si nous décidions de voir d'abord ces nouvelles générations comme les porteurs potentiels de trésors de créativité et d'intelligence collective ? Et si nous commencions à nous vivre non plus comme une juxtaposition de peuples en concurrence à mort pour leur survie, mais comme une même espèce intelligente au destin irrémédiablement mêlé ? Comme les protagonistes d'une

---

1. Costanza, *op. cit.*, 2013.

phase nouvelle de l'évolution ; coproducteurs du saut qualitatif que doit opérer l'espèce humaine depuis son actuelle inconscience chaotique vers le choix conscient d'un avenir viable. Un rêve, peut-être. Mais avons-nous le choix ?

Pour passer ce cap délicat, nous disposons de deux nouvelles alliées potentielles, la technologie et les structures de communication. Elles peuvent nous aider à repenser notre mode de vie en l'adaptant, et ce à une vitesse jusque-là impensable.

> « *Nous avons besoin,* remarque Jonah Sachs, *d'une société faite de personnes matures, qui décident de se mettre d'accord sur la direction à prendre à partir d'ici. Des millions, voire des milliards d'entre nous doivent insister pour que ce débat difficile quitte les marges de la société et s'installe en son cœur. Un monde de consommateurs délibérément immatures ne nous mènera pas là où il nous faut aller[1].* »

Un autre atout est qu'avec cette société de consommation et de communication instantanée est aussi apparue une culture de choix et de liberté individuelle. La prise d'autonomie consciente par des milliards de personnes faciliterait cette mutation. La conscience empathique[2], dont Jeremy Rifkin souligne l'émergence, constitue à son sens une opportunité de changement potentiellement aussi vaste et profond que celui apporté, en leur temps, par les philosophes des Lumières.

Mutation chez les émergents

Une partie de la solution réside aussi dans l'évolution de notre rapport à la consommation. Une étude internationale montrait[3] fin 2012 que les consommateurs des pays émergents

---

1. Sachs, Jonah, *Winning the Story Wars*, Boston, Harvard Business Review Press, 2012.
2. Rifkin, *op. cit.*, 2011.
3. « Regeneration Consumer Study Finds Consumers Buying Less and Buying Better », 22 novembre 2012, *theregenerationroadmap.com/reports.html#/rethinking-consumption-consumer-study.html.*

(Brésil, Inde, Chine…) se sentent beaucoup plus responsables (82 %) de réaliser des achats à impact social et environnemental positif que ceux des pays occidentaux (49 %). Si ces nouveaux consommateurs sont attachés à l'acquisition de biens matériels – dont ils considèrent qu'ils contribuent à leur bien-être – un modèle nouveau apparaît, véhiculé par un nombre croissant de consommateurs dits « aspirationnels » : ils veulent être soutenables tant dans leurs achats que leurs croyances ; ils recherchent la « valeur totale » du bien ou service et sa dimension « tribale » – apportant un bénéfice de reconnaissance mutuelle entre consommateurs partageant les mêmes valeurs. Si les entreprises jouent le jeu et leur proposent des produits « responsables » avec lesquels ils se sentent en phase, les consommateurs des pays émergents se montreront plus responsables que ceux du « Nord ». En revanche, la question demeure entière de savoir comment faire évoluer les comportements dans nos pays, où le consommateur accorde toujours la priorité absolue au prix, à la valeur et à la performance, l'impact sociétal n'intervenant que marginalement dans sa décision. La réponse viendra-t-elle de la « crise » ?

Collaboration : ensemble, faire plus avec moins

En Occident, la part des dépenses incompressibles dans le budget des ménages a récemment crû de façon significative. Il nous faut réduire ou reporter les dépenses, en particulier pour les soins de santé, et chercher des solutions alternatives pour d'autres charges « vitales » (déplacements, habitat, etc.). Les jeunes sont les plus touchés. Associant nécessité et créativité, ils inventent de nouveaux styles de vie : acheter auprès d'entreprises locales, réduire les intermédiaires, louer plutôt qu'acheter, partager, vivre la gratuité[1]. Ces démarches

---

1. Voir Novel A.-S., *La Vie share. Consommation, partage et modes de vie collaboratifs*, Éditions Alternatives, 2013.

citoyennes tendent à replacer l'activité économique au service de la société et de la vie.

Pourtant, aussi inventifs et courageux que soient quelques millions de citoyens, de collectivités et d'entrepreneurs pionniers, cela suffira-t-il à modifier la course qui semble mener notre modèle de société à l'implosion?

DÉVELOPPER LA RÉSILIENCE

Fin 2012, la Banque mondiale annonçait redouter une hausse de la température du globe de 4 °C dès 2060 en cas d'inertie politique – soit bien au-delà du garde-fou de 2 °C posé par la communauté internationale – et s'alarmait du « cataclysme » qui frapperait alors les pays pauvres, sans épargner les mieux lotis. « Un monde à + 4 °C […] déclencherait une cascade de changements cataclysmiques, dont des vagues de chaleur extrême, une chute des stocks alimentaires et une montée du niveau de la mer frappant des centaines de millions de personnes » résumait la Banque, ajoutant qu'il n'y avait « aucune certitude » que le globe puisse s'adapter à une telle situation. « Ce monde serait tellement différent de celui dans lequel nous vivons qu'il est difficile de le décrire », commentait son président, Jim Yong Kim, soulignant que la responsabilité de l'homme dans le réchauffement du globe est « sans équivoque ».

Vers des décennies difficiles

N'ayant pas su redresser progressivement la barre, l'humanité doit se préparer à des décennies difficiles. Les perturbations – climatiques, économiques, sanitaires –, l'accroissement des inégalités, ainsi que les importantes migrations humaines annoncées depuis quarante ans par les spécialistes prennent corps sous nos yeux. Et avec elles les tensions sociales, politiques, diplomatiques et militaires qui accompagnent les grandes phases d'instabilité. Pourtant, cette annonce fut précédée de nombreuses autres, tout aussi précises, sans susciter d'action corrective. En ira-t-il différemment cette fois-ci ?

Rappelons-nous. Dennis Meadows[1], le coordinateur de l'équipe de chercheurs du MIT chargé de rédiger le rapport au Club de Rome intitulé *Les Limites de la croissance*, pensait, en 1972, qu'il serait possible de maîtriser et de réorienter la croissance d'une économie mondiale dont tout montrait qu'elle avait emprunté une route périlleuse. Plusieurs scénarios possibles étaient envisagés. Le plus pessimiste (appelé *business as usual*) décrivait la poursuite sans modification des politiques et pratiques constatées à l'époque. Si les humains continuaient à consommer plus que ce que la nature était capable de produire, il prévoyait une implosion économique mondiale et un déclin précipité de la population dès les années 2030.

Trente ans plus tard, les prévisions du scénario le plus pessimiste de 1970[2] furent comparées aux données réelles constatées en 2000. La réalité confirme les calculs du scénario le plus pessimiste imaginé à l'époque : « C'est une très forte sonnette d'alarme, disait alors Turner. Nous ne sommes pas sur une trajectoire soutenable[3]. »

L'atterrissage en douceur, envisageable il y a quarante ans et dont l'urgence était rappelée il y a dix ans[4], n'a pas été

---

1. Coordinateur, en 1972, au sein du MIT, du rapport au Club de Rome intitulé *Les Limites de la croissance*. La seconde édition, remise à jour en 2004, est aujourd'hui disponible en français.
2. Meadows D. H., Randers J., Meadows D. L., *Limits to Growth: The 30-Year Update*, Vermont, White River Junction, Chelsea Green Publishing, 2004
3. *www.smithsonianmag.com/science-nature/Looking-Back-on-the-Limits-of-Growth. html*.
4. Turner G., *A Comparison of « The Limits to Growth » with Thirty Years of Reality*, Commonwealth Scientific and Industrial Research Organisation (CSIRO), 2008, *www.csiro.au/files/files/plje.pdf*.

amorcé. La Banque mondiale insiste aujourd'hui pour que des mesures correctives soient prises d'urgence. Mais ce message pressant n'a guère eu d'écho. Meadows n'est pas optimiste. Pour lui, la réalité extérieure va malheureusement se charger d'opérer des ajustements, avec moins de ménagement que ne l'aurait permis une décision humaine concertée. Nous nous acheminons, pense-t-il, vers l'effondrement d'un système qui n'a pas su évoluer.

Renforcer la résilience

Dans un tel contexte, la question de la résilience acquiert une forte actualité. C'est en effet « un moyen de construire le système de telle manière que, lorsque les chocs arrivent, vous puissiez continuer à fonctionner, vous ne vous effondriez pas complètement[1] ».

Six chemins vers la résilience

Meadows voit au moins six manières de renforcer la résilience :

- constituer des stocks tampons, comme le fait l'Autriche en prévision d'une possible fermeture des robinets de gaz russe ;
- renforcer l'efficacité (voitures hybrides, maisons autonomes) ; ériger des barrières ou des digues pour limiter l'impact des chocs prévisibles ;
- renforcer les réseaux et les liens d'échange et de solidarité ;
- mettre en place des dispositifs de surveillance permettant de mieux prévoir et se préparer aux événements ;
- enfin, la redondance, qui consiste à construire deux systèmes assurant la même fonction pour substituer l'un à l'autre en cas de défaillance.

---

1. Meadows D., « Nous n'avons pas mis fin à la croissance, la nature va s'en charger », Terraeco.net, 25 mai 2012.

Mais, conclut-il, « la résilience coûte de l'argent et ne donne pas de résultats immédiats. C'est pour cela que nous ne le faisons pas ». Or nous n'avons guère d'autre choix responsable que d'apprendre sans trop tarder à renforcer la capacité des personnes, des organisations et de nos sociétés à survivre aux chocs, si nous voulons qu'on puisse dire d'elles demain ce qu'on dit d'un sol résilient : après une inondation ou un incendie, la flore y reprend, même si c'est différemment.

Comme le montrent les études sur les difficultés du passage à l'action dans ce domaine, l'obstacle premier est, en réalité, plus psychologique que financier. Imaginer un désastre et ses conséquences est trop anxiogène pour les décideurs (comme pour la plupart d'entre nous). Ils se réfugient donc le plus souvent dans le déni ou la gestion courante. Mais il apparaît également que le moyen le plus efficace pour dépasser cet obstacle est l'échange d'expériences avec des interlocuteurs ayant vécu ce type de situation ou s'étant d'ores et déjà préparés à y faire face.

En cherchant à regagner la maîtrise de leur destin, en imaginant et en commençant à mettre en œuvre une autre forme d'économie, qui répare et prenne soin de la vie au lieu de la détruire, de nombreux pionniers – dont les membres de BALLE – s'attellent, à leur échelle, à rendre notre avenir commun un peu moins hasardeux. Ce qu'ils ont entrepris, chacun – citoyen, entreprise, collectivité – peut le faire là où il vit et travaille.

Se préparer à passer le moins mal possible le cap des décennies à venir tout en posant dès maintenant les bases d'une société plus soutenable passe sans aucun doute par cet apprentissage collectif. Un secret simple pourra nous y aider…

Que retenir ?

La solution réseaux

- Depuis sa fondation, en 2001, le réseau BALLE unit en Amérique du Nord des entrepreneurs locaux convaincus que la démocratie et l'économie doivent être remises au service des humains et de la nature ; et que cela est possible en agissant localement, en associant entreprises, consomm'acteurs et collectivités, à travers tous les secteurs d'activité.

- Ils partagent la vision ambitieuse d'une prospérité pour tous : « Créer un mouvement mondial d'économies locales interconnectées qui travaillent en harmonie avec la nature afin de rendre possible une vie saine, prospère et joyeuse pour tous. »

- Les membres du réseau – aujourd'hui plus de trente-cinq mille entrepreneurs dans plus de quatre-vingts villes et régions d'Amérique du Nord – sont animés par cette vision partagée, mais aussi par la conscience de leur responsabilité, le besoin de donner du sens à leur entreprise et la volonté d'agir ensemble pour le bien commun. Ils constatent tous les jours que cette approche créative et solidaire est bénéfique pour la santé de leurs entreprises et de leur communauté locale.

- La force des réseaux membres de BALLE est d'associer cette vision à une grande exigence de professionnalisme. En aidant leurs membres à prospérer, ils contribuent à rendre vie et résilience au territoire.

- En 2012, ce mouvement initié par des entrepreneurs s'est plus largement ouvert à tous les acteurs locaux – citoyens, collectivités et associations – qui militent pour la cause d'un « localisme » ouvert sur le monde.

- L'action menée sur le terrain par les pionniers et les convaincus – entrepreneurs et consommateurs – stimule et oriente l'engagement citoyen, auquel il ne peut cependant se substituer face à l'immense pouvoir que se sont octroyé les grandes compagnies. Pour passer à une échelle plus importante, les responsables de ce mouvement savent donc qu'il leur faudra donner à l'action économique un débouché politique. Les tendances lourdes de l'évolution démographique et politique du pays devraient leur offrir des opportunités nouvelles.

- En France, le développement local est traditionnellement dévolu aux collectivités, mais les entreprises sont appelées à jouer un rôle accru dans la construction des économies territoriales de demain.

Vers une économie régénératrice

- Une société soutenable ne pourra naître que d'un système de production et d'échange où chaque acte sera intrinsèquement soutenable et réparateur et non plus destructeur, comme actuellement.

- Du côté de la production, plusieurs approches se font jour, telles que l'économie circulaire, l'économie fonctionnelle, The Natural Step, l'économie régénératrice, l'économie bleue, etc. Toutes concourent à l'objectif de réorienter l'activité humaine pour rendre l'activité humaine enfin viable.

- Une clé réside dans le mode de consommation des biens matériels, dont la demande excède déjà largement la capacité de charge de l'écosystème de la planète. Seul un monde de consommateurs matures et responsables peut nous permettre de sortir de l'impasse dans laquelle l'humanité s'est engouffrée sur les pas de la société de consommation. Le mouvement des consommateurs « aspirationnels », dans les pays émergents et, en Occident, celui de la consommation « collaborative » montrent qu'une mutation sociétale vers une consommation non destructive commence à s'amorcer.

- Cette mutation indispensable, nous sommes appelés à la mener dans un contexte climatique qui s'annonce de plus en plus rude, faute d'avoir été pris en considération il y a plusieurs décennies. Le renforcement des économies locales est sans doute l'un des axes prioritaires pour qui souhaite rendre nos sociétés capables de passer le cap des décennies à venir.

Conclusion

« Un jour, quand nous aurons maîtrisé les vents, les vagues, les marées et la pesanteur, nous exploiterons l'énergie de l'amour. Alors, pour la seconde fois dans l'histoire du monde, l'homme aura découvert le feu. »

Pierre TEILHARD DE CHARDIN

DESSEIN GLOBAL, ANCRAGE LOCAL

Dans leur diversité, les entrepreneurs rencontrés au fil de ces pages partagent le même projet : construire – à partir de la base – une société planétaire viable, participative et compatible avec la vie, à côté d'un système qui se meurt d'avoir laissé au bord du chemin une grande partie de sa population. Le *mouvement de la nouvelle économie* renforce ses liens avec les autres initiatives de défense des « 99 % », la multitude de ceux qui se voient dépossédés de leur avenir face à l'enrichissement indécent d'une infime minorité.

Ces citoyens, communautés et entreprises locales veulent inventer de nouvelles façons de se réapproprier l'économie et la démocratie. Chacun y retrouverait l'usage de son pouvoir personnel. Ensemble, il s'agirait de remettre la finance et l'économie au service de la société, tout en réconciliant celle-ci avec l'écosystème qui lui prête vie. Un vrai défi.

Un tel changement demande que la vision et l'action soient enracinées. Non pas dans un repli sur soi sclérosant, mais par un ancrage des projets dans la réalité tangible. Pour mieux vérifier leur impact. Pour retisser aussi les liens de solidarité, sur place et ailleurs sur la planète. « La structure politique et le processus nécessaires à la création d'une société régionale, nationale et mondiale durable gagneront à être édifiés à partir des communautés locales[1]. » Car c'est là que les comportements et attitudes individuels contribuant à la soutenabilité trouvent force et vitalité. C'est là aussi que s'expriment les mille actions qui aident à un groupe humain de tisser au jour le jour les liens de solidarité qui lui permettront de se renforcer et de faire face aux épreuves plutôt que d'imploser.

La vision moderniste croyait libérer l'homme en fabriquant un individualisme qui s'est montré atomisé, compétitif, consommateur, finalement inerte et impuissant, manipulé dans ses désirs par et pour les « besoins du marché ». Elle a délaissé l'œuvre qui dure pour être transmise aux générations suivantes ; elle a réduit le travail en asservissement au monde des machines ; elle a dénaturé l'usage durable en consommation éphémère, le privant de son sens, qui est de conserver la vie[2]. Cette quête aveugle cache – tout en les renforçant – les dysfonctionnements d'un monde désorienté, agité de la seule et destructrice frénésie de produire.

---

1. Daly H., Prugh T., Costanza R., *The Local Politics of Global Sustainability*, Washington DC, Island Press, 2000.
2. Arendt H., *Condition de l'homme moderne*, Calmann-Lévy, Paris, Pocket, coll. « Agora », 1983.

Si rien ne change dans nos manières de faire, un scénario probable pour les prochaines années verra se poursuivre le durcissement et la déstabilisation générale de la scène planétaire ; avec une croissance économique inégalitaire, un affaissement de l'Ouest au profit de l'Asie, une stabilité mondiale menacée par les marchés volatiles et le climat désemparé. Dans ce scénario d'un monde « désintégré », les organisations multilatérales continueront leur course actuelle à la marginalisation, du fait de l'absence généralisée de volonté politique pour résoudre les problèmes mondiaux. Le risque de conflits interétatiques s'accroîtra en conséquence. Si des conflits militaires majeurs pourront être évités, notre monde marchera constamment au bord du gouffre[1].

Modifier nos actes passe par une compréhension de ce qui les engendre. « Ils sont mille à élaguer les branches du mal pour un qui frappe à la racine », observait Thoreau. C'est effectivement à la racine que la sagesse voudrait que nous intervenions. Là où nous sommes agis, manipulés par nos peurs. Nous craignons d'être isolés, menacés par les autres et par un environnement naturel que nous imaginons inerte, étranger, hostile.

Or il existe au moins une autre manière de voir les choses, tout aussi réaliste mais assurément plus féconde : nous faisons partie d'un écosystème auquel nous sommes intimement reliés et qui, en permanence, produit de la vie. Plutôt que de le détruire par ignorance et suffisance, il serait raisonnable de le reconnaître enfin, en l'observant, en le respectant et en le laissant inspirer notre action. David Korten le rappelait tout à l'heure, « ce système est extraordinaire dans sa capacité de s'organiser pour capturer et utiliser les nutriments

---

1. Scénario « au fil de l'eau » présenté par le National Intelligence Council américain dans son projet de rapport sur les « Tendances mondiales à 2030 », juillet 2012 – *gt2030.com*.

locaux, l'eau et l'énergie, en chaque endroit de la planète. Il est extrêmement local. Capturer les ressources, les utiliser, les échanger pour préserver la vie à travers un partage coopératif. Tous ces microsystèmes sont connectés entre eux et, finalement, ils constituent une biosphère globale interdépendante ».

À l'image de la vie, les grandes sociétés humaines forment le tissu conjonctif de millions de sociétés locales. La réparation du lien affaibli avec la nature pourra donc s'opérer à la fois au cœur de ces communautés et à travers leurs échanges incessants.

Nous pouvons porter sur l'aventure humaine un regard à hauteur d'univers. Considérer qu'après être sortie d'une enfance balbutiante, l'humanité s'apprête à dépasser le stade de l'adolescence, riche d'énergies mal maîtrisées, qui teste avec fracas un pouvoir perçu à tort comme sans limite. Peut-être le moment est-il venu pour notre jeune espèce d'agir en adulte, menant sa barque avec sagesse, bon sens et élégance ? Peut-être pouvons-nous remiser l'ancien récit de la séparation ? usé jusqu'à la corde, il nous mène au chaos. Et, délaissant les litanies d'impuissance, lancer vers l'avenir plutôt qu'un cri d'effroi, une polyphonie.

ENTREPRENEURS D'EUX-MÊMES

Judy, Michael, David, Michelle, Paul, Woody et tous les autres, ces personnes que nous venons de rencontrer ont en partage une vision du monde puissante et créative. La volonté, aussi, de traduire cette vision dans leur vie, leur travail et leurs relations ; un souci de cohérence ; le courage de se risquer, de se planter et de recommencer ; la volonté, enfin, de partager leur passion avec qui les entoure et qui prendra la suite.

Passant de l'outil économique au projet politique, il reste à prendre soin de cette ressource indispensable au changement qu'est la puissance collective[1], à la fois pouvoir d'action, moyen précieux de création partagée, alternative féconde à la domination par la force. Or cette puissance repose non sur la force mais sur l'autorité et donc sur la capacité d'une personne à être congruente, alignant ses paroles et ses actes. Et, dans la mesure où « la puissance jaillit parmi les hommes lorsqu'ils agissent ensemble, et retombe dès qu'ils se dispersent[2] », elle est entretenue par leur volonté de se dépasser collectivement et nécessite que la motivation soit elle aussi nourrie. D'où l'importance de se doter d'une vision partagée et d'une compétence dans l'art difficile de la mobilisation démocratique.

Des qualités que ces entrepreneurs développent dans l'œuvre au quotidien. Car ils sont d'abord entrepreneurs d'eux-mêmes, ne craignant pas de se questionner, ne s'imaginant pas victimes, mais cocréateurs d'un monde en mutation. Et puis ils aiment cette planète dont ils savent qu'elle est leur maison, et ses habitants si divers. Souvent, ils ont eu l'occasion de sortir de leur milieu d'origine et de partager la vie d'autres peuples ; ils sont curieux de la différence de l'autre plus qu'ils ne la craignent.

La nécessité de tenir la route, jour après jour, sur leurs marchés les garde attentifs à une réalité qui ne pardonne pas l'absence de rigueur. Mais la vision du monde qu'ils ont choisi de construire demeure leur meilleure boussole. C'est celle d'une planète qui sait nourrir tous ses enfants, pour peu que ceux-ci daignent se respecter et la respecter ; c'est la vision d'humains à l'aise, à la fois au sein de leur communauté, de leur commune humanité et de l'appartenance consciente au monde des vivants.

---

1. « Dans les conditions de la vie humaine, il n'y a d'alternative qu'entre la puissance et la violence », disait Hannah Arendt dans *Condition de l'homme moderne.*
2. Arendt, *op. cit.*, 1983.

Plus sûrement que par le seul mental, leurs décisions sont aussi informées par le cœur. Un indice ne trompe pas : il émane d'eux une forme de légèreté. Ils savent que les guerres extérieures prennent racine dans les guerres intérieures et qu'il est illusoire de prôner abondance et harmonie quand on ne tente pas de devenir soi-même plus mature, autonome, responsable et finalement heureux. Ils savent que tout interagit avec tout en permanence, dans une spirale qui peut être vitale, ou bien mortelle ; et que les solutions partielles n'existent pas. Selon les mots d'Ervin Làszlò[1], ces personnes savent l'urgence d'abandonner nos croyances obsolètes, d'oser enfin penser la civilisation pacifique et réparatrice que nous souhaitons et d'entreprendre pas à pas la mutation qui peut nous permettre de passer le cap délicat du moment.

« Ce qui est bon pour General Motors est bon pour l'Amérique », entendait-on dire autrefois. Parmi les mille changements qui fondent l'émergence d'une conscience nouvelle, pourquoi ne pas décider tranquillement − et une fois pour toutes − que « seul ce qui est bon pour les humains et pour la vie est bon pour l'entreprise » ? Car l'existence de cette dernière ne se justifie, en dernier ressort, qu'à la mesure de sa contribution au bien-être de l'humanité et à la vitalité de son écosystème.

Notre réalité n'est que le produit de nos croyances. Nous sommes capables de dessiner ensemble le pire, mais aussi le plus joyeux des mondes. Tel est le secret talent des humains.

Bellingham, Plescop, Ann Arbor
Juin 2011-juin 2013

---

1. Làszlò E., *Chaos Point 2012 and Beyond: Appointment with Destiny*, Hampton Road, 2010, p. 61.

Colporteur

Il faudra revenir
Le pêcher bientôt nous donnera son fruit
Les saisons sont plus longues

Il faudra revenir et conter cette histoire une nouvelle fois
Votre visage nous est maintenant familier
Et votre œil s'accorde aux rêves des enfants

Il faudra revenir et nous dire
Si le monde au-delà des collines
Reste digne de nos rêves ou de nos peurs encor.

Décembre 2010

Remerciements

Ce livre doit beaucoup à Anne, mon épouse, inspiratrice, première lectrice et soutien de chaque instant et à Sarah, pour sa patience et son art de la gastronomie au quotidien.

Une pensée toute spéciale pour William Penn, Henry David Thoreau et Wendell Berry, sources d'une constante inspiration ainsi que pour mes premiers guides sur le sol du Nouveau Monde, Dick Broholm, George et Lillian Willoughby, Ralph Spiker et les siens. À Cyril Dion et Élisabeth Nivert, pour leurs conseils, à Florian Migairou pour la qualité de son accompagnement éditorial et Isabelle Chave pour sa relecture attentive.

Pour leur amitié et leur générosité, ma pensée va à Judy Wicks, Michael Shuman, Fran et David Korten, Paul Saginaw, Laury Hammel, Guy Bazzani, Michelle Long, Derek Long, Sarah Van Gelder et les équipes de Balle ; à Doug Hammond et Woody Tasch, venus en pionniers découvrir ce que nous faisions de ce côté-ci de l'Atlantique.

À Kim Bayer, Lauren Beriont, Anthony Flaccavento, Stacy Mitchell, Michael Bartner, Jonathan Dawson, Mark Sardella, Bruce Cahan, Simran Sethi, Caroline Gervais, Alexandre Magnin, Emmanuel Delannoy, Aymeric Jung, Marie da Fonseca, Guénola Nonet et Tessa Berthon, pour nos échanges fructueux ; à Armelle Godeluck, Christophe Misrachi et Serge Maigne pour leur relecture attentive de certains chapitres.

À Amy Cortese, Jeffrey Hollender, David Suzuki, Marjorie Kelly, Maryvonne Le Roch-Nocera, l'association négaWatt, pour m'avoir autorisé à reproduire certains de leurs travaux.

Et, bien sûr, à tous les entrepreneur(e)s rencontré(e)s, pour leur vision, la qualité de leur action et leur bienveillance.

Bibliographie indicative

Ouvrages

En français

Alter N., *La Force de la différence, itinéraires de patrons atypiques*, Paris, PUF, 2012.

Arendt H., *Condition de l'homme moderne*, Paris, Pocket, 2001.

Benyus J. M., *Biomimétisme*, Paris, Rue de l'Échiquier, 2011.

Borello J.-M. *et al.*, *L'entreprise du XXIe siècle sera sociale (ou ne sera pas)*, Paris, Rue de l'Échiquier, 2012.

Caillé A., *Pour un manifeste du convivialisme*, Le Bord de l'eau, 2011.

Caplat J., *L'Agriculture biologique pour nourrir l'humanité*, Actes Sud, 2012.

CJD, *Livre blanc du CJD. Objectif Oïkos : Changeons d'R !*, Paris, Eyrolles, 2012.

Costanza R. *et al.*, *Vivement 2050 ! Programme pour une économie soutenable et désirable*, éd. Les Petits Matins, 2013.

Crifo P. *et al.*, *L'Économie verte contre la crise*, Paris, PUF, 2012.

Dartiguepeyrou C. *et al.*, *Les Voies de la résilience*, préface de E. Làszlò, avant-propos de E. Morin, Paris, L'Harmattan, 2012.

Delannoy E., Reeves H., *L'Économie expliquée aux humains*, Wildproject Éditions, 2011.

Drouot P., *La Révolution de la pensée intégrale*, Monaco, Alphée, 2010.

Drucker P., *Au-delà du capitalisme, la métamorphose de cette fin de siècle*, Paris, Dunod, 1993.

Foucauld J.-B. de, *L'Abondance frugale, pour une nouvelle solidarité*, Paris, Odile Jacob, 2010.

Gumuchian H., Pecqueur B., *La Ressource territoriale*, Paris, Economica, 2007.

Hawken P., *L'Écologie de marché, ou l'économie quand tout le monde gagne*, Barret-le-Bas, Le Souffle d'or, 1995.

Heinberg R., *Pétrole, la fête est finie*, Paris, Éditions Demi-Lune, 2008.

Hopkins R., *Manuel de transition. De la dépendance au pétrole à la résilience locale*, Écosociété Éditions, 2010.

Illich I., *La Convivialité*, Paris, Le Seuil, coll. « Essais », 1973.

Jackson T., *Prospérité sans croissance, la transition vers une économie durable*, préface de P. Viveret et M. Robinson, Bruxelles, Etopia, de Boek, 2010.

Lichtenstein N., Stresser S., *Wall-Mart, l'entreprise-monde*, Paris, Prairie ordinaire, 2009.

Lietar B. *et al.*, *Monnaies régionales : De nouvelles voies vers une prospérité durable*, Charles Léopold Mayer, 2008.

Lietar B. *et al.*, *Au cœur de la monnaie : Systèmes monétaires, inconscient collectif, archétypes et tabous*, Yves Michel Éditions, 2013.

Lovins A., El Kaïm A., Lhoste B., *Réinventer le feu. Des solutions économiques novatrices pour une nouvelle ère énergétique*, Paris, Rue de l'échiquier, 2013.

Mathevet R., *La Solidarité écologique, ce lien qui nous oblige*, Arles, Actes Sud, 2012.

Meadows D., Meadows D., Randers J., *Les Limites de la croissance (dans un monde fini)*, Paris, Rue de l'Échiquier, 2012.

Morin E., *Introduction à la pensée complexe*, Paris, Le Seuil, 2005.

Morin E., *La Voie. Pour l'avenir de l'humanité*, Paris, Fayard, 2011.

Novel A.-S., Riot S., *Vive la corévolution ! Pour une société collaborative*, Paris, Éditions Alternatives, 2012.

Novel A.-S., *La Vie share, Consommation, partage et modes de vie collaboratifs*, Éditions Alternatives, 2013.

Orléan A., *L'Empire de la valeur*, Paris, Le Seuil, 2011.

Pauli G., *L'Économie bleue*, rapport présenté au Club de Rome, Lyon, Caillade Publishing, 2011.

Pecqueur B., Zimmermann J.-B., *Économie de proximité*, Hermès Science Publications, 2004.

Puech M., *Développement durable : un avenir à faire soi-même*, Paris, Éditions le Pommier, 2010.

Rifkin J., *La Troisième Révolution industrielle. Comment le pouvoir latéral va transformer l'énergie, l'économie et le monde*, Paris, Les Liens qui libèrent, 2012.

Rifkin J., *Une nouvelle conscience pour un monde en crise, vers une civilisation de l'empathie*, traduit de l'anglais (États-Unis) par F. et P. Chemla, Paris, Les Liens qui libèrent, 2011.

Salomon T. *et al.*, *Manifeste Negawatt*, Arles, Actes Sud, 2012.

Scharmer O., *Théorie U. Diriger à partir du futur émergent*, Paris, Village Mondial, Pearson, 2012.

Stieglitz J. E., *Le Triomphe de la cupidité*, Arles, Actes Sud, coll. « Babel », 2010.

Thoreau H. D., *La Vie dans les bois*, Paris, Gallimard, coll. « L'imaginaire », 1922-2011.

Viveret P., *La Cause humaine, du bon usage de la fin du monde*, LLL, 2012.

En anglais

Alperovitz G., *America Beyond Capitalism, Reclaiming our Wealth, our Liberty, & our Democracy*, foreword by J. G. Speth, Takoma Park, MD, Democracy Collaborative Press, 2005, 2011.

Berry W., *The Unsettling of America. Culture & Agriculture*, San Francisco, Sierra Club Books, 1996.

Berry W., *The Art of the Commonplace*, Edited & Introduced by N. Wirzba, Berkeley, Hoboken, NJ, Counterpoint, 2002.

Cortese A., *Locavesting. The Revolution of Local Investing and How to Profit from It*, Wiley, 2011.

Cunningham S., *The Restoration Economy, the Greatest New Growth Frontier*, San Francisco, CA, Berret-Koehler , 2002.

Elgin D., *Promise Ahead, A Vision of Hope & Action for Humanities' Future*, New York, Quill, 2000.

Gilding P., *The Great Disruption: Why the Climate Crisis Will Bring On the End of Shopping and the Birth of a New World*, Bloomsbury Press, 2011.

Hollender J., Breen B., *The Responsibility Revolution*, San Francisco, Jossey-Bass, 2010.

Hopkins B., *The Transition Companion, Making your Community more Resilient in Uncertain Times*, Totnes, Devon, Green Books, 2011.

Kelly M., *Owning our Future*, foreword by D. Korten, San Francisco, Berret Koehler, 2012.

Korh L., *The Breakdown of Nations*, foreword by Richard Body et Neil Ascherson, Green Books, 2001.

Korten D., *The Great Turning, from Empire to Earth Community*, San Francisco, BK Currents, 2005.

Korten D., *The Post-Corporate World, Life after Capitalism*, San Francisco, BK Currents, 1999.

Laszlo E., *Chaos Point 2012 and Beyond: Appointment with Destiny*, Hampton Road, 2010.

Lovins A. B., Rocky Mountain Institute, *Reinventing Fire®, Bold Business Solutions for the New Energy Era*, Chelsea Green Publishing, 2011.

McKibben B., *Deep Economy, The Wealth of Communities and the Durable Future*, New York, Times Books, 2007.

Mitchell S., *Big-Box Swindle, The true Cost of Mega-Retailers & the Fight for America's Independent Businesses*, Boston, Beacon, 2006.

Lappé M. F., *EcoMind, Changing the Way We Think to Create the World we Want*, New York, Nation Books, 2011.

Oldenburg R., *The Great Good Place*, Philadelphia, Da Capo Press, 1999.

Rey P., Anderson S., *The Cultural Creatives: How 50 Million People Are Changing the World*, Harmony Books, 2000.

Robinson Ch., *It Takes a Village Books. 30 Years of Building Community, One Book at a Time*, Bellingham, Chuckanut, 2010.

Senge P. *et al.*, *Presence, An Exploration of Profound Change in People, Organizations, & Society*, New York, SOL, Doubleday, 2004.

Shuman M. H., *Local Dollars, Local Sense. How to Shift your Money from Wall Street to Main Street*, Chelsea Green, 2012.

Shuman M. H., *The Small Mart Revolution: How Local Businesses Are Beating the Global Competition*, San Francisco, Berret Koehler, 2006.

Shuman M. H., *Going Local, Creating Self-Reliant Communities in a Global Age*, New York, Routledge, 2000.

Tasch W., *Inquiries Into the Nature of Slow Money. Investing as if Food, Farms and Fertility Mattered*, White River Junction, VT, Chelsea Green Publishing, 2008.

Weinzweig A., *Zingerman's Guide to Good Leading, Part 1: A Lapsed Anarchist's Approach to Building a Great Business*, Ann Arbor, Zingerman's Press, 2010.

MAGAZINES

Yes ! Magazine : *www.yesmagazine.org*.

Esprit Village : *www.village.tm.fr*.

Bretagne durable : *www.bretagne-durable.info*.

La Revue durable : *www.larevuedurable.com*.

Kaizen Magazine : *www.kaizen-magazine.com*.

Alternatives économiques : *www.alternatives-economiques.fr*.

« Les placements solidaires », *Alternatives économiques*, hors-série poche, n° 55 bis, juin 2012.

Sites internet

En français

Consommation collaborative : *consocollaborative.com* – *www.co-lab.fr.*

Slow Money France : *www.slowmoney.fr.*

Finansol : *www.finansol.org.*

Miramap : *miramap.org.*

Forum FAIR pour d'autres indicateurs de richesse : *www.idies.org/index.php?category/FAIR.*

Réseau TEPos (Territoires à énergie positive) : *www.territoires-energie-positive.fr.*

Inspire Institut : *www.inspire-institut.org.*

Accompagnement des relocalisations industrielles Colbert 2.0 : *www.colbert2-0.fr.*

En anglais

David Korten :   *www.davidkorten.org.*

Michael Shuman : *www.chelseagreen.com/authors/michael_h_shuman.*

BALLE, Business Alliance for Living Local Economies : *www.bealoca-list.org.*

AMIBA, American Independent Business Alliance : *www.amiba.net.*

Civic Economics : *www.civiceconomics.com.*

Consommation collaborative : *www.collaborativeconsumption.com.*

Energy Cities :   *www.energy-cities.eu.*

Slow Money : *slowmoney.org.*

B Corporations : *www.bcorporation.net.*

Public Banking Institute : *publicbankinginstitute.org.*

Institute for Local Self Reliance : *www.ilsr.org.*

Note : les adresses et liens internet peuvent varier dans le temps. Ils ont été mis à jour au 30 août 2013.

Suivez l'actualité de :

Made in local : *www.madeinlocal.info.*

Raphaël Souchier : *www.raphaelsouchier.eu.*